Winfried Seimert
Microsoft Expression Web 2

D1665465

Winfried Seimert

Microsoft
Expression Web 2

Mit 472 Abbildungen

FRANZIS

Bibliografische Information der Deutschen Bibliothek

Die Deutsche Bibliothek verzeichnet diese Publikation in der Deutschen Nationalbibliografie; detaillierte Daten sind im Internet über http://dnb.ddb.de abrufbar.

Herausgeber: Jobst-Hendrik Kehrhahn
Satz: DTP-Satz A. Kugge, München
art & design: www.ideehoch2.de
Druck: Bercker, 47623 Kevelaer
Printed in Germany

ISBN 978-3-7723-6230-9

Vorwort

Mit Expression Web Designer bietet Microsoft anderen Webeditoren die Stirn und das Programm hat gute Chancen, seinen Platz zu finden. Obwohl das Programm einfach und intuitiv zu bedienen ist, eignet es sich sowohl für professionelle Webdesigner als auch für semiprofessionelle Anwender und Privatpersonen. Es handelt sich meiner Meinung nach um den ausgefeiltesten Webeditor, den ich in den letzten Jahren auf dem Rechner hatte. Ich bin mir sicher, dass er seinen Weg machen wird und alle, die bisher mit einem wesentlich teureren Programm liebäugelten, mehr als nachdenklich machen wird.

Mit Expression Web lassen sich vollständig kompatible Webseiten auf CSS-Basis gemäß dem aktuellen Standard XHTML 1.0 Transitional erzeugen. Das gewährleistet hohe Browserkompatibilität, da die Webseiten bei den Betrachtern auch tatsächlich so dargestellt werden, wie sie entworfen wurden. Ganz nebenbei führt dies auch zu angenehm kurzen Ladezeiten und vereinfacht die Pflege und Weiterentwicklung der Webseiten. So können Gestaltungsfaktoren wie beispielsweise die Positionierung von Objekten pixelgenau mit der Maus definiert werden. Dank der drei Anzeigemodi lässt sich aber auch manuell am Code arbeiten und man wird dabei durch bewährte Programmierhilfen wie IntelliSense zur automatischen Codevervollständigung unterstützt.

Besonders zu erwähnen sind die ausgefeilten Funktionen zum Anlegen und Verwalten externer sowie interner CSS-Stylesheets, die wertvolle Arbeitszeit sparen und zugleich eine beispiellose Flexibilität bieten. Darüber hinaus gefällt die übersichtlich und klar strukturierte Oberfläche, die einen raschen Wechsel zwischen Entwurfs- und Codeansicht zulässt. Ersteres ist zudem sehr akkurat, mit guter optischer Hilfe versehen. Was besonders auffällt, sind die Bedienfelder Tag- und CSS-Eigenschaften, die separat in einem eigenen Bedienfeld gesteuert werden. Wer sich mit HTML und/oder CSS auskennt, kommt hier sehr schnell zurecht. Alle wichtigen Tools, wie etwa die Verhaltensweisen, die Ebenen oder HTML-Tags, wurden zudem auf der rechten Seite in eigenen Arbeitsbereichen zusammengefasst, die einen zentralen Zugriff ermöglichen.

Das Buch habe ich übrigens an einem fiktiven Beispiel aufgebaut. Wenn Sie alle Kapitel der Reihe nach durcharbeiten, dürften Sie über eine recht ansprechende Beispielhomepage verfügen und sicherlich eine Menge gelernt haben.

Doch jetzt wünsche ich Ihnen beim Schmökern und Erstellen Ihrer Website so viel Spaß, wie ich es beim Schreiben für Sie hatte!

Würzburg, im Herbst 2008

Winfried Seimert

Inhaltsverzeichnis

Ins Web mit Expression!

Microsoft Expression Web 2 ist ein HTML-Editor, mit dem Sie sehr schnell eindrucksvolle Internetseiten erstellen, ohne auf Individualität verzichten zu müssen. Allerdings sind Kenntnisse in HTML und CSS für das bessere Verständnis empfehlenswert, denn Expression Web 2 ist nur ein Werkzeug. Das Wissen über die Einsatzgebiete muss der Anwender selbst mitbringen.

Was den großen Vorteil des Programms ausmacht, ist die Nähe zu den anderen Produkten der Microsoft-Office-Linie. Wer mit diesen vertraut ist, dem fällt das Arbeiten mit Expression Web 2 leichter und vieles lässt sich besser erschließen.

Bevor Sie das Programm starten, lassen Sie mich noch einen kleinen Ausblick auf die folgenden Seiten geben:

- Zunächst erfahren Sie, was es bei der Installation des Programms zu beachten gilt.

- Anschließend machen Sie sich mit dem Programm vertraut und lernen, wie Sie es an die eigenen Bedürfnisse anpassen.

- Schließlich erfahren Sie, wie Sie das Ergebnis im Browser betrachten und wie Sie weitere Browser einbinden und konkret einsetzen.

1.1 Expression Web 2 installieren

Das Programm ist ohne größeren Aufwand installierbar und nach wenigen Minuten einsatzbereit: Legen Sie einfach die Expression-Web-2-CD in das Laufwerk. Kurze Zeit danach beginnt das Programm die Installationsdateien zu laden, was einige Minuten dauern kann.

Anschließend sucht die Installationsroutine das Microsoft.NET-Framework und aktualisiert beziehungsweise installiert es – je nachdem, wie Ihre Installationsumgebung aussieht.

Bild 1.1: Expression Web braucht das .NET-Framework von Microsoft.

Folgen Sie hier einfach den Anweisungen des Dialogfensters, bis Sie zum Willkommensfenster von Expression Web 2 gelangen. Klicken Sie auf *Weiter*, damit Expression Web 2 die Software-Lizenz-Bestimmungen anzeigt. Wenn Sie einverstanden sind, aktivieren Sie die Option *Ich stimme zu* und klicken wieder auf *Weiter*.

Als Nächstes legen Sie den Speicherort des Programms fest: Als Entscheidungshilfe zeigt Ihnen das Programm im unteren Bereich des Dialogfensters die vorhandenen Laufwerke mit deren Belegung an. Über die Schaltfläche *Durchsuchen* stellen Sie das Laufwerk und den Pfad ein.

Ist alles eingestellt, geht es wie gewohnt mit *Weiter* ins nächste Fenster. Sind Sie stolzer Eigentümer der Studioversion, wählen Sie hier aus, welches Modul Sie zusätzlich installieren möchten.

Bild 1.2: Welche Komponenten der Studioversion sollen installiert werden?

Dazu stellen Sie lediglich den Status des entsprechenden Kontrollkästchens ein – die Speicherplatzangabe bietet Ihnen dabei eine gute Entscheidungshilfe.

Haben Sie Ihre Wahl getroffen, geht es mit einem Klick auf *Weiter* in ein zusammenfassendes Dialogfenster. Hier haben Sie Gelegenheit, die gewählten Optionen noch einmal zu überprüfen und gegebenenfalls mit der Schaltfläche *Zurück* in eine der vorherigen Dialogfenster zurückzuwechseln. Wählen Sie dagegen *Weiter*, beginnt das Programm mit der Installation und zeigt in einem Fortschrittsbalken den Status an. Ist der Vorgang abgeschlossen, erhalten Sie eine entsprechende Meldung und müssen nur noch auf *Fertig stellen* klicken. Jetzt kann es losgehen.

1.2 Expression Web 2 erkunden

Wie immer, wenn man mit einer neuen Arbeit beginnt, sollte man sich zunächst gründlich mit der Arbeitsumgebung vertraut machen. Deshalb machen wir im Folgenden einen Rundgang durch das Programm und lernen dabei die einzelnen Komponenten näher kennen.

Starten Sie zunächst das Programm: Klicken Sie dazu auf die *Start*-Schaltfläche und dort auf *Alle Programme.* Anschließend suchen Sie den Ordner *Microsoft Expression* und wählen ihn aus. In diesem Untermenü finden Sie die Schaltfläche *Microsoft Expression Web 2,* mit der Sie das Programm starten.

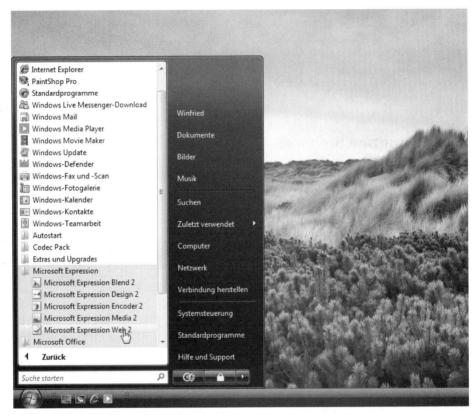

Bild 1.3: Microsoft Expression Web 2 starten

Beim ersten Aufruf erhalten Sie – sofern Sie noch einen anderen Webeditor auf Ihrem Rechner installiert haben – den Hinweis, ob Sie Microsoft Expression Web 2 als Standardeditor einrichten wollen. In diesem Fall bestätigen Sie dieses Hinweisfenster mit *Ja.*

In jedem Fall erhalten Sie aber ein Willkommensfenster, welches zwei Optionen anbietet: Zum einen können Sie entscheiden, ob das Programm eine Datei herunterladen darf, die Ihnen bei Systemproblemen weiterhelfen soll, und zum anderen können Sie sich *beim Programm zur Verbesserung der Benutzerfreundlichkeit anmelden.* Sind Sie damit einverstanden, aktivieren Sie das entsprechende Kontrollkästchen und bestätigen mit *OK.*

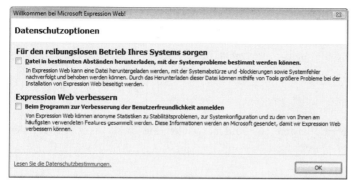

Bild 1.4: Die
Datenschutzoptionen
bei der Installation
von Expression Web

1.3 Programmfenster

Auf den ersten Blick ist die Vielfalt der Programmfenster vielleicht ein wenig verwirrend,
doch keine Sorge, Sie werden sich rasch zurechtfinden. Hier die wichtigsten Elemente im
Überblick:

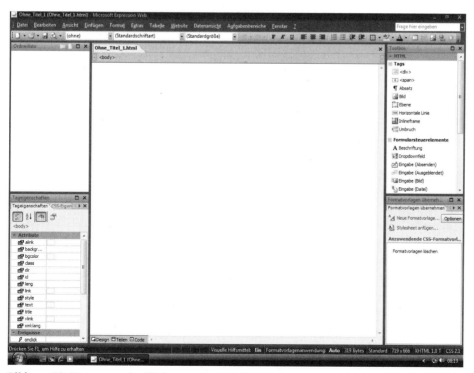

Bild 1.5: Die Programmoberfläche von Expression Web

Menü- und Symbolleiste

Am oberen Rand befindet sich die *Menüleiste,* von der aus Sie alle Befehle erreichen. Darunter finden Sie die Symbolleiste *Allgemein,* die die am meisten verwendeten Symbole enthält.

▲ Einblenden

Möchten Sie weitere Symbolleisten einblenden, wählen Sie diese nach Anwahl der Menüfolge *Ansicht / Symbolleisten* aus.

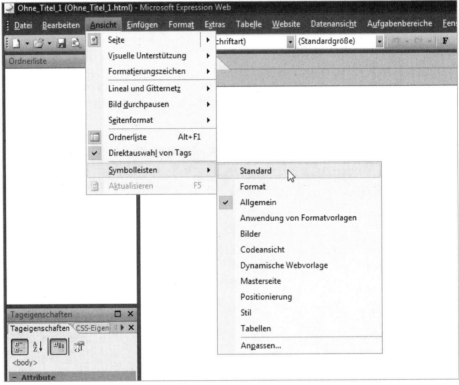

Bild 1.6: Über *Ansicht / Symbolleisten* blenden Sie weitere Symbolleisten über das Menü ein.

In dem Untermenü finden Sie eine Auflistung aller Symbolleisten, die Sie bei Bedarf durch Anklicken einblenden.

▲ Eigene Symbolleiste(n)

Insbesondere wenn Sie oft mit Expression Web 2 arbeiten, empfiehlt es sich, eine eigene Symbolleiste mit den von Ihnen bevorzugten Symbolen anzulegen.

Rufen Sie dazu den Menüeintrag *Anpassen* auf, den Sie ganz unten in der Befehlsfolge *Symbolleisten* finden. Im folgenden Dialogfenster klicken Sie auf die Schaltfläche *Neu* und geben der neuen Symbolleiste einen aussagekräftigen Namen, beispielsweise *Rollershop*. Mit *OK* bestätigen Sie Ihre Aktion.

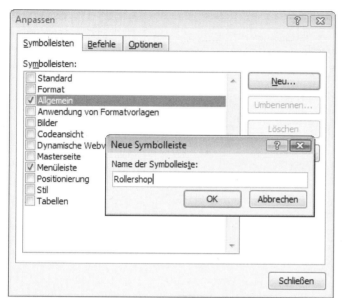

Bild 1.7: Eine neue Symbolleiste anlegen

 Hinweis: Im gesamten Buch finden Sie die Bilder eines durchgängigen Beispiels. Es handelt sich dabei um einen (Motor-)Rollershop, der mithilfe von Expression Web 2 sein vielfältiges Angebot im Web präsentieren möchte.

Expression Web 2 blendet nun auf der rechten Seite des Dialogfensters eine kleine, noch leere Symbolleiste ein. Hier sollen als Beispiel zwei Navigationspfeile eingefügt werden, mit denen Sie beim Arbeiten mit Expression Web 2 vor- und wieder zurückspringen können: Aktivieren Sie dazu die Registerkarte *Befehle* und suchen in den Kategorien den Eintrag *Ansicht*. Hier zeigt Ihnen Expression Web 2 im Feld *Befehle* alle zu diesem Befehl vorhandenen Schaltflächen an. Suchen Sie die Schaltflächen *Zurück* und *Vorwärts*. Um diese auf die neue Symbolleiste zu befördern, klicken Sie darauf und ziehen sie mit gedrückter Maustaste auf die neue Leiste. Wenn Sie dort einen kleinen T-Träger erkennen, lassen Sie die Maus los, und schon ist die Schaltfläche eingefügt. Haben Sie alle Schaltflächen Ihrer Wahl eingefügt, beenden Sie den Vorgang über *Schließen*.

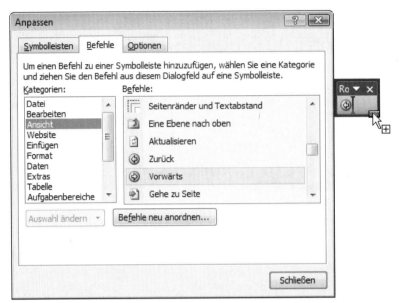

Bild 1.8: Eine Schaltfläche einer Symbolleiste hinzufügen

Aufgabenbereiche

Die meisten Werkzeuge und Optionen des Programms sind in sogenannten Aufgaben-bereichen untergebracht, von denen Sie auf der linken Seite zunächst zwei finden. An oberster Stelle blendet Expression Web 2 beispielsweise die – noch leere – *Ordnerliste* ein. Hier finden Sie später alle Dateien und Ordner Ihrer Website.

Bild 1.9: Die Ordnerliste

Darunter befindet sich das Aufgabenfeld *Tageigenschaften*, in dem die Eigenschaften der Tags eingestellt und angezeigt werden.

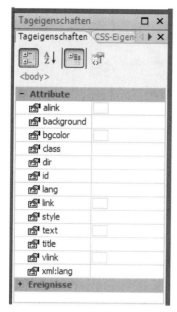

Bild 1.10: Die Tageigenschaften

 Tipp: Dieser Aufgabenbereich enthält noch zwei weitere Registerkarten: CSS-Eigenschaften und Layouttabellen. Diese aktivieren Sie ebenfalls durch Anklicken der Registerkarte und befördern sie mithilfe der beiden kleinen Pfeilschaltflächen am rechten Rand in den Vordergrund.

Möchten Sie in diesem Bereich mehr Platz haben, klicken Sie in der Titelleiste auf die Schaltfläche *Fenster maximieren*.

Bild 1.11: So schaffen Sie mehr Platz

Man kann die Aufgabenfelder aber auch frei auf der Arbeitsfläche bewegen oder in einem einzigen Aufgabenfeld zusammenfassen. Dazu zeigen Sie einfach mit dem Mauszeiger auf die Titelleiste des betreffenden Aufgabenfelds und ziehen es an die gewünschte Position.

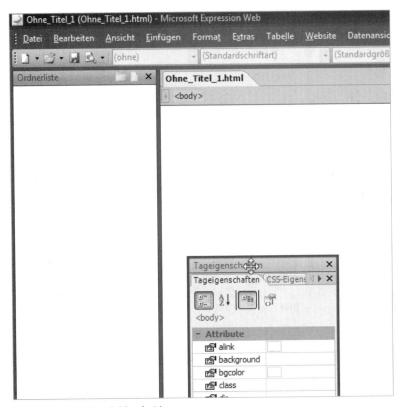

Bild 1.12: Aufgabenfelder frei bewegen

Auf der rechten Seite finden Sie weitere Aufgabenbereiche, beispielsweise die Toolbox, die Expression Web 2 standardmäßig an oberster Stelle einblendet.

Diese enthält die *HTML- und ASP.NET-Steuerelemente.* Dabei bestehen die ASP.NET-Steuerelemente (ASP = Active Server Pages) aus einer Reihe serverseitiger Technologien zur Entwicklung von Webanwendungen, die es Entwicklern ermöglichen, dynamische Webseiten, Webanwendungen und XML-Webdienste zu erstellen. Darunter befindet sich das Aufgabenfeld *Formatvorlagen übernehmen,* welches Ihnen beim Anwenden von Formatvorlagen hilft.

Bild 1.13: Die Toolbox

Bild 1.14: Der Aufgabenbereich
Formatvorlagen übernehmen

Webseiten-Fenster

Den größten Bereich nimmt das zentrale Fenster ein. Es zeigt die aktuell zu bearbeitende Webseite an und ist auch der Platz, an dem Sie die meisten Arbeiten an Ihrem Internetauftritt tätigen.

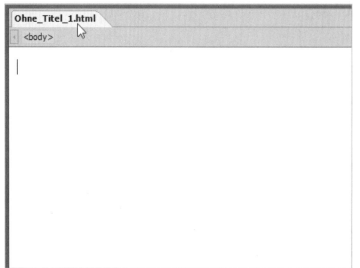

Bild 1.15: Das Fenster der Webseite

Die Bezeichnung *Ohne_Titel_1.html* auf der Registerkarte oberhalb des Fensters weist darauf hin, dass diese Seite bisher nicht gespeichert wurde. Darunter befindet sich die Anzeige des aktuellen Tags, hier *<body>*. Richten Sie Ihr Augenmerk auf den unteren Bereich dieses Fensters:

Bild 1.16: Der untere Bereich des Fensters

Hier finden Sie drei Schaltflächen, mit denen Sie die Ansicht der Webseite umschalten:

⬤ Standardmäßig befinden Sie sich in der Ansicht *Design*, in der Sie die Seiten gestalten können und die Ihnen einen sehr guten Überblick über das spätere Aussehen verschafft. Diese Ansicht zeigt Ihre Webseiten in einer Form, die einer Textverarbeitung sehr ähnlich ist. Es handelt sich um eine sogenannte WYSIWYG-Ansicht. Diese Abkürzung steht für »what you see is what you get« und bedeutet, dass man genau das erhält, was man im Browser auch sieht. In dieser Ansicht werden Sie wohl am meisten arbeiten, um Ihre Seiten zu gestalten.

⬤ Mit der mittleren Schaltfläche *Teilen*, erhalten Sie einen zweigeteilten Bildschirm.

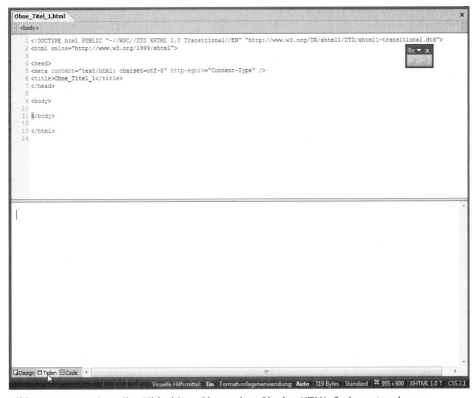

Bild 1.17: Der zweigeteilte Bildschirm: Oben sehen Sie den HTML-Code, unten dessen Darstellung.

Wenn Sie bisher mit HTML nicht vertraut sind, kommt Ihnen diese Ansicht sicher »spanisch« vor. Sie zeigt Ihnen nämlich im oberen Bereich den HTML-Quellcode und im unteren Bereich die dazugehörige Umsetzung an. Kennen Sie sich mit HTML dagegen aus, werden Sie diese Ansicht zu schätzen wissen, denn sie ermöglicht es, direkt Code einzugeben und die Auswirkungen im unteren Bereich sofort zu beobachten.

Bei Aktivierung der dritten Schaltfläche *Code* stellt Expression Web ausschließlich den HTML-Code dar, der Bildschirm ist in dieser Ansicht nicht geteilt. So haben Sie mehr Platz und Übersicht für die Code-Eingabe.

Wechseln Sie nun in die Design-Ansicht und geben Sie den Text »Homepageerstellung mit Expression Web« ein. Lassen Sie sich nicht durch die Umrandung mit dem *p* irritieren. Es handelt sich lediglich um eine visuelle Unterstützung, die Sie noch näher kennenlernen werden.

Bild 1.18: Bei der Eingabe von Text zeigt Expression Web die aktuellen Tags an.

1.4   Eine Website im Browser betrachten

Um diesen ersten Satz in Ihrem Browser zu betrachten, benötigen Sie die Browserliste, die Sie über die Menüfolge *Datei / Vorschau* erhalten. In dieser Liste finden Sie die gegenwärtig installierten Browser – und damit Sie das Ergebnis in verschiedenen Auflösungen testen können, finden Sie auch gleich die entsprechenden Einträge.

Da verschiedene Browser jedoch die gleiche Seite oft sehr unterschiedlich darstellen und nicht jeder Browser beziehungsweise jede Version eines Browsers alle Expression-Web-Funktionen unterstützt, sollten Sie zum Testen in jedem Fall die beiden gängigen Browser Internet Explorer und Firefox heranziehen. Im Regelfall ist der Internet Explorer installiert. Firefox erhalten Sie unter der Webadresse *http://www.mozilla-europe.org/de/products/firefox/* oder eventuell auf einer aktuellen Computerzeitschriften-CD nachzusehen.

Ist der Browser installiert, sollten Sie zunächst die Browserliste konsolidieren und den Menüpunkt *Browserliste bearbeiten* aufrufen.

Im folgenden Dialogfenster sind die auf Ihrem System befindlichen Browser aufgelistet, oft aber nur ein einziger Browser. Da Sie jedoch nicht wissen, mit welchen Browsern Ihre zukünftigen Leser die Seiten betrachten, ist das zum Austesten zu wenig. Sie sollten Ihre Webseiten also auf jeden Fall auch mit anderen Browsern als Ihrem Stammbrowser austesten.

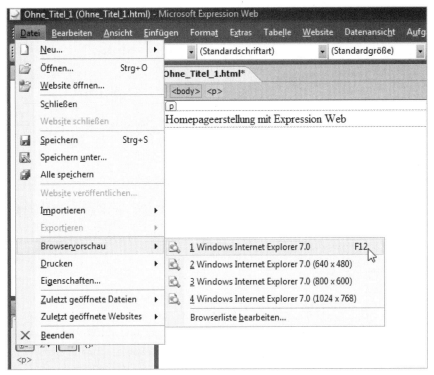

Bild 1.19: Die Browservorschau zeigt: Im Moment ist nur der Internet Explorer installiert.

Im folgenden Abschnitt lernen Sie, wie Sie einen weiteren Browser (in unserem Beispiel *Firefox*) einbinden. Dazu sei zunächst vorausgesetzt, dass Sie diesen Browser bereits auf Ihrem System installiert haben. Um nun einen von Expression Web noch nicht erkannten Browser in die Liste aufzunehmen, klicken Sie auf die Schaltfläche *Hinzufügen*. Es erscheint das Dialogfenster *Browser hinzufügen*.

Bild 1.20: Der Dialog, um einen weiteren Browser hinzuzufügen

Bild 1.21: Hier stellen Sie die Browserparameter ein.

In das Feld *Name* tragen Sie zunächst den Namen des neuen Browsers ein, also z. B. Firefox. Anschließend klicken Sie auf die Schaltfläche *Durchsuchen*, die sich neben dem Eingabefeld-Befehl befindet, und suchen in der entsprechenden Verzeichnisstruktur (die dürfte vermutlich anders aussehen als in der folgenden Abbildung) die Startdatei des Browsers (bei Firefox die Datei *firefox.exe*). Nun klicken Sie auf die Schaltfläche *Öffnen*. Expression Web 2 trägt diesen Pfad daraufhin in das Eingabefeld *Befehl* ein.

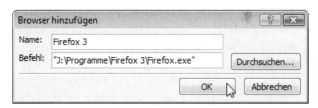

Bild 1.22: Die Pfadangabe für den neu hinzuzufügenden Browser

Bestätigen Sie Ihre Auswahl mit *OK*, um den neuen Browser der Liste des Dialogfensters *Vorschau im Browser* hinzuzufügen. Um den neuen Browser einzusetzen, klicken Sie auf das Kontrollkästchen vor dem neuen Eintrag.

Bild 1.23: Um den neu hinzugefügten Browser zu aktivieren, markieren Sie die entsprechende Checkbox.

Möchten Sie den neuen Browser auch mit verschiedenen Fenstergrößen testen, sollten Sie nicht vergessen, die entsprechenden Kontrollkästchen am unteren Rand des Fensters zu aktivieren. Hier finden Sie auch Kontrollkästchen für die Fenstergrößen der gebräuchlichsten Auflösungen, in denen Ihre Seite angezeigt werden soll (standardmäßig öffnet sich der Browser in genau der Größe, in der Sie ihn zuletzt geschlossen haben).

Damit Sie nicht vergessen, Ihre Arbeit zu speichern, sollten Sie gleich auch noch das Kontrollkästchen *Seite vor der Vorschau automatisch speichern* aktivieren, bevor Sie das Dialogfenster mit einem Klick auf *OK* schließen.

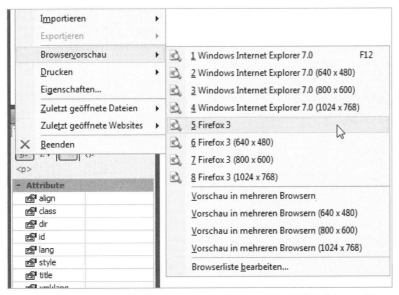

Bild 1.24: Die erweiterte Liste, nachdem Firefox zur Browserliste hinzugefügt wurde

Webseiten betrachten

Nun können Sie Ihre Webseiten in den verschiedenen Browsern betrachten: Wählen Sie dazu nach Aufruf von *Datei / Browservorschau* den von Ihnen bevorzugten Browser aus. Alternativ klicken Sie auf den Listenpfeil des Symbols *Vorschau in ...* . Da Sie bisher die Seite nicht gespeichert haben, erhalten Sie einen entsprechenden Hinweis, den Sie mit *OK* bestätigen.

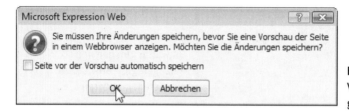

Bild 1.25: Vor einer Vorschau muss die Seite gespeichert werden

Dadurch erhalten Sie das Dialogfenster *Speichern unter,* in dem Sie den Speicherort, den Dateinamen und sonstige Einstellungen vornehmen. Belassen Sie es an dieser Stelle bei den Vorgaben (vermutlich der Ordner *Meine Website* und der Dateiname *default.html*) und bestätigen Sie die Vorgaben mit *Speichern.*

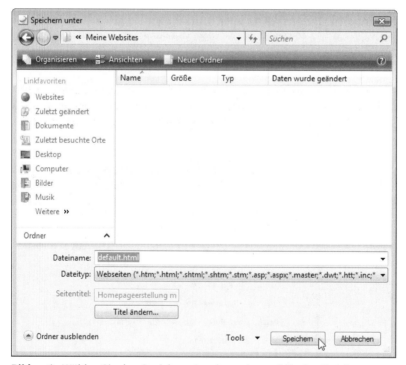

Bild 1.26: Wählen Sie den Speicherort und gegebenenfalls den Dateinamen.

Bild 1.27: Die Seite im Internet Explorer 7

Wenn Sie das Browserfenster durch einen Klick auf das *Schließen*-Feld schließen, befinden Sie sich wieder in Expression Web 2 und sollten an dieser Stelle auch einmal die Webseite schließen. Dazu klicken Sie auf das kleine *Schließen*-Feld am rechten Rand der Registerkarte mit dem Dateinamen.

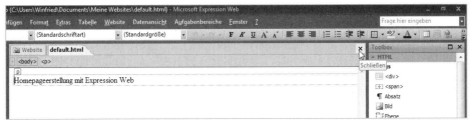

Bild 1.28: So schließen Sie eine Seite.

1.5   Die Website-Ansicht

In der Website-Ansicht finden Sie alle aktuell vorhandenen Dateien Ihrer Website, wie im Windows-Explorer dargestellt, vor.

Bild 1.29: Die Seite in der Website-Ansicht

Die Ordnerliste

Expression Web 2 blendet auf der linken Seite automatisch eine Ordnerliste ein. Vor allem bei umfangreichen Projekten ist sie sehr praktisch, aber an dieser Stelle eigentlich überflüssig. Schließen Sie sie deshalb über das kleine *Schließen*-Feld. Möchten Sie diesen Aufgabenbereich zu einem späteren Zeitpunkt rasch einblenden, erledigen Sie das über die Tastenkombination ⌈Alt⌋ + ⌈F1⌋ oder gehen über die Menüfolge *Aufgabenbereiche / Ordnerleiste*.

Dateinamenerweiterungen

In der Ordnerliste wie auch in der Website-Ansicht sehen Sie neben dem Namen unter anderem auch die Größe oder den Dateityp (über die Dateiendung beziehungsweise die Dateinamenerweiterung). Diese besteht typischerweise aus drei oder vier Zeichen, die durch einen Punkt vom eigentlichen Dateinamen getrennt sind. Allerdings ist Windows oft so eingestellt, dass die Dateinamenerweiterungen bei registrierten Dateitypen ausgeblendet, also nicht sichtbar sind. Bei der Webseiten-Entwicklung ist das störend, denn es ist nicht sofort ersichtlich, welches Format eine bestimmte Datei hat. Außerdem lassen sich Dateien umständlich umbenennen.

Diese Einstellungen lassen sich aber schnell und problemlos ändern: Starten Sie dazu am besten den Windows-Explorer, denn Sie brauchen dessen Menüleiste – es genügt aber auch jeder beliebige Ordner. In dem Menü wählen Sie die Schaltfläche *Organisieren* und anschließend den Menüeintrag *Ordner- und Suchoptionen*. In dem nun erscheinenden Dialogfenster wählen Sie das Register *Ansicht* und suchen in der Liste unter der Bezeichnung *Erweiterte Einstellungen* nach dem Kontrollkästchen mit der Bezeichnung *Dateinamenerweiterung bei bekannten Dateitypen ausblenden*. Damit Windows in Zukunft die

Dateiendungen anzeigt, deaktivieren Sie diese. Beenden Sie die Einstellung durch Schließen des eben geöffneten Fensters mit einem Klick auf *OK*.

Bild 1.30: Um Dateiendungen sichtbar zu machen, deaktivieren Sie dieses Kontrollkästchen.

1.6 Expression Web 2 beenden

Irgendwann kommt einmal der Zeitpunkt, wo Sie Ihre Arbeiten mit Expression Web 2 beenden und den Rechner herunterfahren. Das können Sie auf folgende Arten tun:

- Sie rufen den Menüpunkt *Datei / Beenden* auf.
- Sie drücken die Tastenkombination Alt + F4.
- Sie klicken auf das *Schließen*-Feld des Programms.
- Sie doppelklicken auf das Expression-Web-2-Symbol in der Titelleiste.

Eine Website planen

2

Im ersten Kapitel haben Sie sich zunächst mit dem Programm vertraut gemacht und grundlegende Schritte vorgenommen. In den folgenden Kapiteln geht es darum, Ihre persönlichen Vorstellungen und Wünsche mithilfe des Programms umzusetzen und gleichzeitig das nötige Wissen zu erwerben:

- Sie lernen, wie Sie einen Internetauftritt vorbereiten und auf was Sie dabei achten sollten.

- Dann erfahren Sie, wie Sie eine neue Website anlegen und welche grundlegenden Einstellungen dabei vorzunehmen sind.

- Anschließend erstellen Sie die Homepage und lernen deren grundlegende Bedeutung für eine Website kennen.

- Zuletzt erlernen Sie den richtigen Umgang mit der Website.

2.1   Eine Website vorbereiten

Wenn Sie das erste Kapitel durchgearbeitet haben, kribbelt es vermutlich in Ihren Fingern und Sie möchten sicher gleich loslegen. Doch bevor Sie Expression Web 2 starten, sollten Sie sich ein paar Gedanken machen, was Sie auf Ihrer Homepage präsentieren wollen und wie Sie das tun möchten, denn die Planungs- und Umsetzungsvorbereitungen eines Internetauftritts sind das A und O für Ihren Erfolg. Die »Fünf-Minuten-Homepage« gibt es nach meiner Erfahrung nicht und ein Design von der Stange macht Ihnen bestimmt nicht so viel Spaß wie das Verwirklichen eigener Kreationen.

Die Botschaft festlegen

Sie haben keine Idee oder keine rechte Vorstellung, wie das Umsetzen vonstattengehen soll? Kein Problem. Nehmen Sie einfach ein Blatt Papier und beantworten Sie folgende Fragen:

- Welche Botschaft soll es sein?

Was möchten Sie eigentlich der Öffentlichkeit präsentieren? Versuchen Sie zunächst die Aussage klar herauszustellen. Was möchten Sie anderen Menschen erzählen? Welche Vorzüge möchten Sie anpreisen? Welche Produkte oder Dienstleistungen haben Sie anzubieten? Schreiben Sie die Gedanken zu diesen Fragen einfach auf und gliedern Sie sie anschließend nach Themengruppen. Sie werden sehen, wie rasch Sie einen roten Faden entdecken.

- Welche Zielgruppe soll angesprochen werden?

- Im Regelfall kennen Sie Ihre Zielgruppe. Versuchen Sie sich in deren Gedanken einzufügen, um herauszubekommen, was diese erfahren möchte. Mein Tipp: Von einer guten Homepage erwartet ein Leser im Regelfall einen Nutzen, eine Anregung oder einen Vorteil. Eine Seite, die »nur so« ins Netz gestellt wird, zieht Interesse auf sich. Zahllose Homepages, die nach dem Motto, »ich bin jetzt auch drin!« veröffentlicht wurden, bewirkten beim Nutzer sehr oft das Gegenteil dessen, was man sich ursprünglich erhofft hat.

- Welche Informationen sollen geboten werden?

Vergessen Sie nie, dass ein Besucher im Regelfall auf Ihre Homepage schaut, weil er sich etwas davon erhofft, beispielsweise eine Antwort auf eine spezielle Frage. Erhält er diese Informationen nicht, wird er so schnell nicht wiederkommen.

Den Handlungsstrang festlegen

Steht die Kernaussage Ihre Homepage fest, dann sollten Sie sie ordentlich gliedern. Achten Sie darauf, dass die wichtigsten Informationen immer rasch zu finden sind. Nehmen Sie deshalb den Leser an die Hand und führen Sie ihn durch Ihr Angebot.

Das geht am besten mit einem Seitenablaufdiagramm. Dabei handelt es sich um eine Art Drehbuch, wie Sie es von Filmen her kennen. Ein solches Seitenablaufdiagramm legt insbesondere die Reihenfolge der einzelnen Seiten fest und lässt den Leser nicht allein, wenn er sich durch das Angebot bewegt. Wie ein solches Ablaufschema (im Folgenden mithilfe der SmartArt-Funktion von Office 2007 erstellt) aussehen kann, entnehmen Sie der folgenden Abbildung. Es zeigt Ihnen die im ersten Kapitel erstellte Homepage in der sogenannten Navigationsansicht.

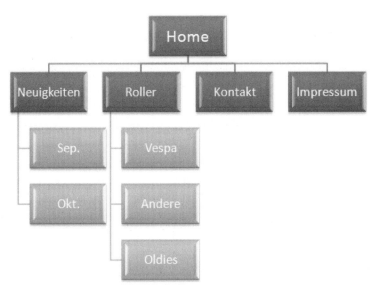

Bild 2.1: Zunächst sollten Sie die grobe Struktur des Internetauftritts festgelegen.

Sie erkennen deutlich, wie der Leser von oben nach unten und von den allgemeinen zu den spezielleren Themen geführt wird. Wenn Sie ein solches Schema gleich zu Beginn Ihrer Aktivitäten erstellen, kommen Sie mit der Umsetzung Ihrer Ideen besser zurecht und das Ergebnis überzeugt Sie und Ihre Leser.

Das Layout festlegen

Sicherlich machen Sie sich auch Gedanken, welche Garderobe Sie zu welcher Gelegenheit wählen sollen – bei Ihrem Internetauftritt sollte es nicht anders sein, denn die Site, das Sie erstellen, ist eine Art Visitenkarte: Sie repräsentiert Sie in der gesamten Welt – und sollte deshalb auf den Inhalt abgestimmt sein. Dabei macht ein ansprechendes Design der Seiten viel aus. Ein Besucher bleibt unter Umständen länger und findet Gefallen an Ihrem Werk. Wollen Sie eine Hobbyseite gestalten, die Spaß und Action vermitteln soll, fällt die Gestaltung sicher anders aus, als wenn Sie seriöse Geschäfte zum Ziel haben.

Aus diesem Grund sollten Sie zunächst Ihren Auftritt einmal grob durchplanen. Legen Sie fest, ob Ihre Inhalte einheitlich erscheinen sollen oder ob Sie Ihrer künstlerischen Freiheit Raum einräumen wollen. Entscheiden Sie, ob Sie Ihre Besucher mit Texten, Grafiken oder Schaltflächen durch die Site führen möchten.

Erst wenn Sie darüber Klarheit gewonnen haben, sollten Sie sich Gedanken über die detaillierte Gestaltung Ihrer Seiten machen. Ähnlich wie bei einem Briefbogen wirken hier viele Elemente zusammen und machen den Gesamteindruck aus. Planen Sie unbedingt die Gestaltung des Hintergrunds, die Schriftfarbe, die Schriftart, das Aussehen der

Logos, Grafiken und Bilder und die Aufteilung der Seiten. Was Sie hier im Vorfeld bereits festlegen, bewahrt Sie später vor unliebsamen Überraschungen.

Erst wenn Ihr Grobgerüst steht, begeben Sie sich an den PC und legen los!

2.2 Eine neue Website anlegen

Bei jedem neuen Projekt legen Sie zunächst eine neue Website an. Wenn Sie das Beispiel aus dem vorherigen Kapitel mitgemacht haben, sollten Sie zunächst die vorhandene Website über die Menüfolge *Datei / Website schließen* entfernen.

Website erstellen

Nachdem Sie Expression Web 2 gestartet haben, klicken Sie über das Menü *Datei* den Eintrag *Neu* an und anschließend *Website*.

Bild 2.2:
Eine neue Website anlegen

 Vielleicht fragen Sie sich, wo der Unterschied zwischen einer Website und einer (Web-)Seite ist? Der Begriff der Website (oft auch kurz nur Web genannt) umfasst alle Dateien eines Internetauftritts – also Texte, Bilder, Sounds, Animationen usw., kurz alles, was Sie in Ihrer Webpräsenz zeigen wollen. Eine Webseite ist dagegen eine einzelne Seite, die im Browser angezeigt wird.

Im folgenden Dialogfenster *Neu* nehmen Sie nun zwei Einstellungen vor: Sie wählen (sofern nicht das Programm das bereits erledigt hat) im Bereich *Allgemein* die Vorlage *Standardwebsite* aus. Im unteren Bereich wählen Sie den Speicherort der neuen Website.

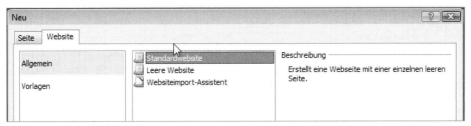

Bild 2.3: Die Standardwebsite auswählen

 Tipp: Auf die vollen Möglichkeiten von Expression Web können Sie nur zugreifen, wenn Sie für jedes Projekt eine eigene Adresse vergeben. Das bedeutet, dass Expression Web ein Verzeichnis für sämtliche Dateien (Texte, Bilder usw.) anlegt. Nur dadurch sind die vielen Funktionen des Programms überhaupt nutzbar, weil das Programm stets »weiß«, wo sich welche Datei befindet. Sie sollten deshalb für jedes Webprojekt eine eigene Adresse anlegen – auch wenn es sich nur um eine einzige Seite handelt.

Wie Sie aus dem ersten Kapitel wissen, speichert Expression Web 2 standardmäßig in das Verzeichnis \Users\Benutzer\Documents\Meine Websites.

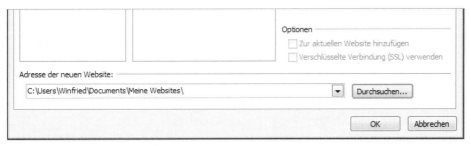

Bild 2.4: Den Speicherort einstellen

Sinnvoller ist es allerdings, für jedes Projekt einen eigenen – zusätzlichen – Ordner anzulegen. Klicken Sie auf die Schaltfläche Durchsuchen, die sich unterhalb des Felds Adresse der neuen Website befindet. Wählen Sie den vorgesehenen Speicherort aus und erstellen Sie dort einen eigenen Projektordner, z. B. mit dem Namen Rollershop.

Tipp: Sie könnten also an dieser Stelle auch Ihre Internetadresse eintragen. Praktischer ist es jedoch, zunächst mit einem festplattenbasierenden Web zu arbeiten (Expression Web 2 speichert die Dateien auf Ihrer Festplatte) und dieses erst nach Fertigstellung auf den Server zu kopieren. So vermeiden Sie Peinlichkeiten durch fehlerhafte, weil zu frühe Veröffentlichungen.

Nach dem Klick auf die Schaltfläche *Durchsuchen*, gelangen Sie in das Dialogfenster *Speicherort für neue Website*. Hier erstellen Sie mithilfe der Schaltfläche *Neuer Ordner* den entsprechenden Projektordner.

Bild 2.5: Einen Projektordner anlegen

Klicken Sie auf die Schaltfläche *Öffnen*, um das Dialogfenster zu schließen und den Projektordner zu übernehmen. Das war es dann auch schon: Geben Sie mit einem weiteren Klick auf *OK* den Befehl zum Erstellen der Website. Das Programm zeigt Ihnen kurz in einem Hinweisfenster, dass nun das Web erstellt wird.

Bild 2.6: Expression Web 2 erstellt nun Ihre Website.

Nach Abschluss öffnet das Programm die *Ordner*-Ansicht und zeigt Ihnen die automatisch erstellte Datei *default.htm*.

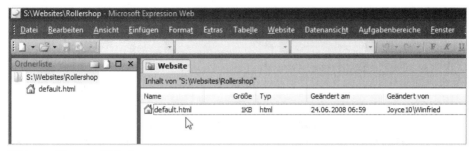

Bild 2.7: Die neue Website

Ordnerstruktur anlegen

Eine Website kann rasch auf eine beträchtliche Anzahl Dateien anschwellen, die es zu überblicken gilt. Ordner helfen, die Website zu strukturieren und die Übersicht zu bewahren. Wie viele Ordner Sie einsetzen, bleibt Ihnen überlassen. Sinnvoll ist es auf jeden Fall, für die Grafiken einen eigenen Ordner anzulegen. Diese Aufgabe erledigen Sie im Aufgabenbereich *Ordnerliste*, in dem Sie auf das Symbol *Neuer Ordner* klicken. Überscheiben Sie den Vorgabenamen mit *images* und bestätigen Sie mit Enter.

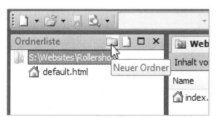

Bild 2.8: Klicken Sie auf das Symbol *Neuer Ordner* ...

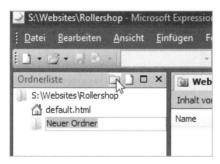

Bild 2.9: ... überschreiben Sie den Vorgabenamen ...

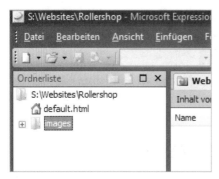

Bild 2.10: ... und schon ist der neue Ordner erstellt und richtig benannt.

2.3   Die Homepage einrichten

Die Homepage hat für den Internetauftritt eine besondere Bedeutung. Sie sollten ihr deshalb neben der eigentlichen Gestaltung auch unter den Aspekten der Auffindbarkeit im Internet besonderes Interesse widmen.

Dateiname der Homepage

Wie Sie sich sicherlich schon gedacht haben, handelt es sich bei der Datei mit dem Häuschen um die Homepage. Wenn Sie eine neue Website anlegen, erstellt Expression Web 2 diese Datei automatisch und vergibt dabei den Namen ebenfalls automatisch.

 Hinweis: Die Homepage ist die Startseite eines Internetauftritts. Diese Seite bekommt der Besucher zuerst zu sehen, wenn er Ihr Angebot betritt. Umgangssprachlich wird der Begriff auch für das gesamte Angebot verwendet.

Es handelt sich dabei um eine Standardbezeichnung für Homepages. Beim Surfen geben Sie im Regelfall nur den Domainnamen ein und erhalten dann die Homepage. Das liegt daran, dass der Browser bei einer solchen Eingabe automatisch ein Dokument mit einem Schlüsselnamen sucht, beispielsweise *default.htm*, weil er davon ausgeht, dass es sich um die erste aufzurufende Seite, also die Homepage, handelt.

Achten Sie auf die Unterlagen, die Sie von Ihrem Provider bekommen. Bei manchen Providern lautet die Bezeichnung nicht *default.htm*, sondern etwa *index.htm, home.htm* oder vielleicht sogar völlig anders. In einem solchen Fall benennen Sie die Datei nach diesen Angaben um.

Grundsätzlich sind Sie in der Benennung Ihrer Seiten frei. Sie sollten jedoch für die erste Seite Ihrer Website eine Bezeichnung wie index oder default wählen. Der Grund: Die meisten Webserver sind so konfiguriert, dass sie diese Seiten automatisch aufrufen, wenn Sie den Domainnamen (etwa *www.franzis.de*)eingeben. Es genügt also die Angabe des Domainnamens und die Homepage wird sofort angezeigt. Um ganz sicher zu sein, sollten Sie sich in jedem Fall vor dem Aufspielen Ihrer Seiten auf Ihren Webserver erkundigen, wie es der Provider mit diesen Namen handhabt. Klicken Sie mit der rechten Maustaste auf den Namen und wählen Sie aus dem Kontextmenü den Eintrag *Umbenennen*.

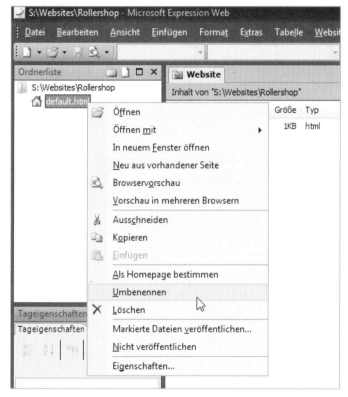

Bild 2.11: Die Homepage umbenennen

Geben Sie den neuen Namen ein und bestätigen Sie mit Enter. Aus den oben genannten Gründen weist Sie Expression Web 2 auf mögliche Folgen hin. Wenn Sie sicher sind, dass Ihr Provider den eingegebenen Namen verwendet, klicken Sie auf *Ja*.

Bild 2.12: Wollen Sie die Homepage wirklich umbenennen?

Seitentitel

Geben Sie der Homepage – das gilt für jede Seite Ihres Internetauftritts – einen aussagekräftigen Seitentitel. Die meisten Suchmaschinen werten nämlich diese Informationen aus, sodass Sie durch geschickte Wortwahl die Position Ihrer Seite in den Trefferlisten der Suchmaschinen erheblich verbessern. Zudem benutzen viele Anwender Lesezeichen (auch Favoriten oder Bookmarks genannt), um bestimmte Seiten schneller aufzurufen. Da der Browser die Bezeichnung der Lesezeichen der Titelleiste entnimmt, machen Sie Ihren Lesern eine Freude, wenn sie bereits in der Titelleiste einen aussagekräftigen Namen anstatt der Standardvorgabe *Neue Seite 1* vorfinden.

Machen Sie einmal folgenden Test: Geben Sie in einer Suchmaschine Ihrer Wahl den Begriff *index* oder *Untitled_1* ein. Sie werden überrascht sein, wie viele Seiten (und welche Seiten) die Suchmaschine findet.

Den Seitentitel zeigt Ihnen der Browser in der Titelzeile an. Vergeben Sie keinen Titel, so verwendet Expression Web 2 den nicht sehr aussagekräftigen Dateinamen. Das wollen wir nun ändern.

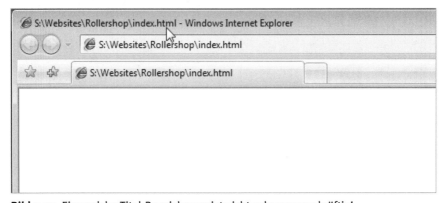

Bild 2.13: Eine solche Titel-Bezeichnung ist nicht sehr aussagekräftig!

Dazu klicken Sie doppelt auf das Symbol des Dateinamens. Das Programm öffnet die Seite in der Designansicht und der Dateiname wird in Form einer Registerkarte rechts neben dem Eintrag *Website* angezeigt. Zeigen Sie dann in die Seite, klicken auf die rechte Maustaste und wählen aus dem Kontextmenü den Eintrag *Seiteneigenschaften*. Sie erhalten das gleichnamige Dialogfenster.

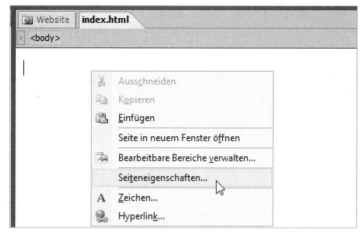

Bild 2.14:
Kontextmenü
Seiteneigenschaften

Im Feld *Titel* sollten Sie einen treffenden Text eingeben, der Sinn und Zweck Ihrer Homepage beschreibt. Stellen Sie sich dabei vor, Sie würden diese Seite in einer Suchmaschine suchen. Schreiben Sie dann die Worte, die Sie für die Suche eingeben würden, auf, und schon haben Sie Ihren Titel.

Bild 2.15: Hier geben Sie den Seitentitel ein.

Für unser Beispiel könnten Sie etwa wählen: *Rollershop Würzburg – der Laden für Rollerfreunde.*

 Tipp: Entgegen eingängigen Regeln, im Internet keine deutschen Umlaute zu verwenden, können (und sollten) Sie dies tun (also *Würzburg* statt *Wuerzburg*), da das Programm die Umlaute anzeigt. Die meisten Suchenden geben in die Suchmaschine die normale Schreibweise ein und dem sollten Sie entgegenkommen. Machen Sie auch hier einmal den Test und geben Sie ein Wort mit einem Umlaut, z. B. Würzburg einmal mit ü und einmal mit ue, ein. Sie erhalten eine unterschiedliche Anzahl von Treffern. Eine Fehlermeldung ist nur dann zu befürchten, wenn die Umlaute Bestandteil der Internetadresse Ihrer Website sind.

Wenn Sie möchten, geben Sie noch eine kurze *Seitenbeschreibung* in der Form *Motorroller aller Marken, insbesondere Vespa und Oldies* ein. Die Angaben in diesem Feld werden dazu verwendet, eine kurze und prägnante Beschreibung Ihrer Webseite wiederzugeben. Einfluss auf die Relevanz oder das Ranking des Suchmaschineneintrags haben diese Angaben allerdings nicht. Jedoch verwenden einige Suchmaschinen den Eintrag als Anzeige im Suchergebnis. Je genauer und aussagekräftiger Sie hier texten, umso eher dürfte diese Fundstelle von den Suchenden angeklickt werden.

Schließen Sie das Dialogfenster mit *OK* und speichern Sie diese Änderung über *Datei / Speichern* mit einem Klick auf die Schaltfläche *Speichern* oder noch schneller durch Strg + S ab. Wenn Sie jetzt die Seite erneut in den Browser laden, müssten Sie das Ergebnis Ihrer Bemühungen sehen.

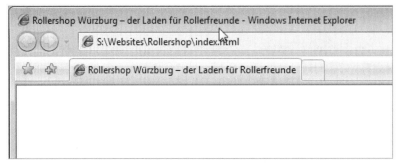

Bild 2.16: Diese Titelleiste ist deutlich informativer.

Meta-Tags

Viele Homepages werden über Suchmaschinen gefunden, in die Surfer ihre Suchbegriffe eingeben. Damit die Suchmaschinen Ihre Homepage leichter finden, sollten Sie neben einem aussagekräftigen Titel auf Ihren Webseiten sogenannte *Meta-Tags* einbauen. Diese Meta-Informationen können Sie selbst festlegen, und zwar im Kopf einer HTML-Datei mit dem Tag *<META>*. Der Browser zeigt diese Angaben nicht an, aber sie steuern bestimmte Funktionen.

Expression Web 2 bietet eine sehr komfortable Funktion, solche Schlüsselwörter zu vergeben: Öffnen Sie dazu erneut Ihre Homepage mit einem Doppelklick und rufen Sie über das Menü *Datei / Eigenschaften* das Dialogfenster *Seiteneigenschaften* auf (natürlich können Sie auch wieder mithilfe des Kontextmenüs an dieses Dialogfenster gelangen.) Im Dialogfenster klicken Sie auf das Register *Benutzerdefiniert*, um an die relevanten Einstellungen zu gelangen. Hier werden die meisten Meta-Tags eingetragen.

▲ Systemvariablen

Im oberen Bereich finden Sie den Bereich *Systemvariablen (http-EQUIV)*, die unter anderem das Verhalten des Browsers bestimmen, der eine Seite anzeigt. Die wichtigsten Variablen legen Sie direkt über die Registerkarte *Sprache* fest.

Um eine für deutsche Seiten gültige Deklaration zu erhalten, nehmen Sie folgende Einstellungen vor:

- Im Bereich *Sprache der Seite* legen Sie im Feld *Aktuelles Dokument* den Eintrag *Deutsch (Deutschland)* fest.

- Im Bereich *HTML-Codierung* wählen Sie im Listenfeld *Dokument speichern als* den Eintrag *Zentraleuropäisch (ISO 8859-2)*.

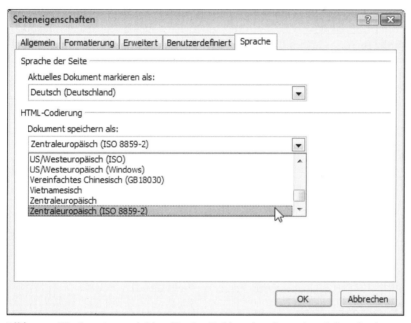

Bild 2.17: Die Benutzervariablen für eine Deklaration deutscher Seiten festlegen

```
 Website   index.html                                                              ×
 <body>
  1 <!DOCTYPE html PUBLIC "-//W3C//DTD XHTML 1.0 Transitional//EN" "http://www.w3.org/TR/xhtml1/DTD/xht
  2 <html xmlns="http://www.w3.org/1999/xhtml">
  3
  4 <head>
  5 <meta content="text/html; charset=iso-8859-2" http-equiv="Content-Type" />
  6 <meta content="de" http-equiv="Content-Language" />
  7 <title>Rollershop Würzburg - der Laden für Rollerfreunde</title>
  8 <meta content="Motorroller aller Marken, insbesondere Vespa und Oldies " name="description" />
  9 </head>
 10
 11 <body>
 12
```

Bild 2.18: Benutzervariablen im Dateikopf

An dieser Stelle können Sie viele weitere Variablen festlegen, beispielsweise wann die Seite wieder frisch vom Server geladen werden soll, anstatt aus dem lokalen Cache des Browsers, oder ob Betreiber von Proxyservern diese Seite speichern dürfen oder nicht und vieles andere mehr. Möchten Sie gewährleisten, dass der Surfer immer den aktuellen Inhalt zu sehen bekommt, dann sollten Sie wie folgt vorgehen:

Wechseln Sie auf die Registerkarte *Benutzerdefiniert* und klicken Sie im Bereich *Systemvariable (HTTP-EQUIV)* auf die Schaltfläche *Hinzufügen*. Tragen Sie im Feld *Name* den Eintrag *expires* und im Feld *Wert* eine Null (*0*) ein. Bestätigen Sie mit *OK*.

Bild 2.19: Damit sind Ihre Seiten immer up to date.

Durch diese Eingaben weisen Sie den Browser an, die Seite immer von der Originaladresse und nicht aus Zwischenspeicherungen eines Proxyservers zu laden.

```
  4 <head>
  5 <meta content="text/html; charset=iso-8859-2" http-equiv="Content-Type" />
  6 <meta content="de" http-equiv="Content-Language" />
  7 <meta content="0" http-equiv="expires" />
  8 <title>Rollershop Würzburg - der Laden für Rollerfreunde</title>
  9 <meta content="Motorroller aller Marken, insbesondere Vespa und Oldies " name="description" />
 10 </head>
```

Bild 2.20: Der Kopfbereich zum gegenwärtigen Zeitpunkt

▲ Benutzervariablen

Benutzervariablen sind von Ihnen selbst in einem Programm definierte Variablen, die Sie dazu verwenden, in einem Programm Werte oder Zwischenergebnisse zu speichern, die Sie später weiterverarbeiten oder ausgeben möchten. Sie enthalten im Gegensatz zu den Systemvariablen keine Angaben, die das Verhalten des Browsers beeinflussen. Vielmehr finden Sie dort weitergehende Informationen zum Ersteller der Seiten und dem Seiteninhalt. Wenn Sie im vorherigen Abschnitt das Feld *Seitenbeschreibung* ausgefüllt haben, haben Sie bereits ein Meta-Tag angelegt. Expression Web 2 fügt in diesem Fall nämlich das Meta-Tag *description* im Bereich *Benutzervariablen* ein.

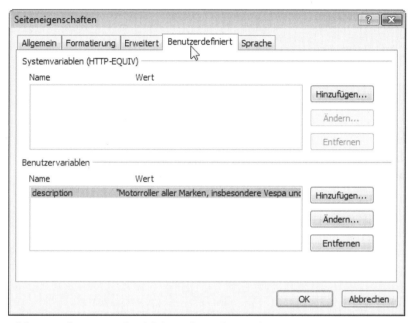

Bild 2.21: Hier tragen Sie wichtige Informationen ein.

Weitere Benutzervariablen tragen Sie über die Schaltfläche *Hinzufügen* ein, beispielsweise das Meta-Tag *keywords*. Wenn Sie diese Schaltfläche anklicken, erhalten Sie das Dialogfenster *System-Metavariable (HTTP-EQUIV)*, in dem Sie die folgenden Eintragungen vornehmen:

◌ Im Feld *Name* vergeben Sie den Schlüsselwert *keywords*.

◌ In das Feld *Wert* tragen Sie die Schlüsselwörter ein. Möchten Sie verschiedene Werte eingeben, trennen Sie diese durch Kommata. Allerdings können Sie hier maximal 256 Zeichen eingeben. Wenn es mehr sind, dann schneiden die Suchmaschinen den Rest einfach ab. Verzichten Sie bei der Vergabe von Schlüsselwörtern auch auf Wiederholungen, denn die allermeisten Suchmaschinen filtern doppelte Werte einfach heraus. Mehrfachnennungen haben damit keinen Einfluss auf die Auflistung (das sogenannte *Ranking*) in der Suchmaschine. In unserem Beispielfall bietet es sich an, dass die Begriffe *Rollershop*, *Motorroller* und der Firmenstandort *Würzburg* erscheinen. Ist alles zu Ihrer Zufriedenheit, bestätigen Sie abschließend Ihre Eingaben durch *OK*.

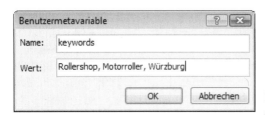

Bild 2.22: Verwenden Sie aussagekräftige Begriffe.

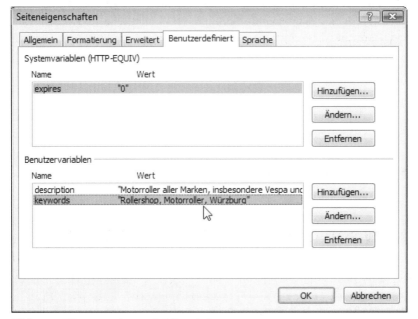

Bild 2.23: Die angegebenen Schlüsselwörter

Damit haben Sie sicherlich schon einiges dafür getan, dass Ihre Seite besser gefunden wird. Doch mit Meta-Tags können Sie noch weitaus mehr Informationen an die Suchmaschinen übergeben. Das Angebot an Meta-Tags ist ziemlich unüberschaubar und nicht alle werden von den Suchmaschinen ausgewertet. Wählen Sie die Schlüsselwörter deshalb bedachtsam aus und geben Sie nur die wichtigsten an. Und versprechen Sie sich nicht zu viel von diesen Tags. Manche Suchmaschinen ignorieren diese Markierungen nämlich völlig, während andere sie nur teilweise berücksichtigen.

Im Folgenden finden Sie einige interessante Meta-Tags, die Sie bei Bedarf einsetzen können:

- *audience:* Durch diese Angaben benennen Sie die Zielgruppe, die durch Ihre Seiten angesprochen werden soll, beispielsweise *Motorrollerfahrer.*

- *author:* Mit diesem Schlüsselwort verewigen Sie Ihren Namen als Ersteller der Seiten.

● *copyright*: kennzeichnet, wer das Urheberrecht an der Seite besitzt. Im deutschen Sprachraum ist das wegen des Urheberrechts eigentlich entbehrlich, aber Ihre Seiten werden ja sicherlich auch im Ausland gelesen.

● *Publisher*: bezeichnet den Herausgeber der Webseite.

● *Robots*: Tragen Sie hier den Wert *all* ein, wenn Sie wünschen, dass Suchmaschinen alle Seiten auslesen dürfen.

Haben Sie alle Einträge nach Ihren Vorstellungen vorgenommen, verlassen Sie das Dialogfenster *Seiteneigenschaften* mit einem Klick auf die *OK*-Schaltfläche. Die Änderungen können Sie in der Ansicht *Code* sehen.

```
 8 <title>Rollershop Würzburg - der Laden für Rollerfreunde</title>
 9 <meta content="Motorroller aller Marken, insbesondere Vespa und Oldies " name="description" />
10 <meta content="Rollershop, Motorroller, Würzburg" name="keywords" />
11 <meta content="Motorrollerfahrer und -interessierte" name="audience" />
12 <meta content="Winfried Seimert" name="publisher" />
13 <meta content="Winfried Seimert" name="author" />
14 <meta content="Rollershop Würzburg" name="copyright" />
15 <meta content="all" name="robots" />
16 </head>
```

Bild 2.24: Die Meta-Tags in der *Code*-Ansicht

2.4 Eine Website schließen und (wieder) öffnen

Wenn Sie Ihre Arbeiten an einer Website beenden möchten, können Sie natürlich über *Datei / Beenden* das gerade geöffnete Web schließen. Expression Web 2 weist Sie unter Umständen sogar darauf hin, dass Sie die eine oder andere Seite noch nicht gespeichert haben.

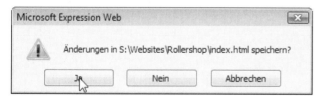

Bild 2.25: Das sollten Sie vielleicht doch besser speichern.

Klicken Sie auf *Ja*, wird die Seite geschlossen. Nun können Sie noch das Programm beenden und dann Feierabend machen.

Arbeiten Sie mit mehreren Webs oder möchten Sie ein zweites anlegen, dann ist es einfacher, das gerade geöffnete Web zu schließen. Ist bereits eine Website geöffnet und wird sie nicht geschlossen, dann wird jede weitere in einem neuen Fenster geöffnet. Über die Taskleiste oder mithilfe der Tastenkombination Alt + Tab können Sie schnell zwischen diesen einzelnen Fenstern wechseln.

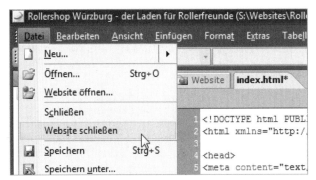

Bild 2.26:
Schließen der Website

Bevor Sie dann wieder (weiter) die Webseiten in Ihrem Web bearbeiten können, müssen Sie das Web (wieder) öffnen. Dazu rufen Sie die Menüreihenfolge *Datei / Website öffnen* auf. Der Fensterinhalt zeigt Ihnen die Webs, die Sie bisher auf Ihrer Festplatte abgelegt haben.

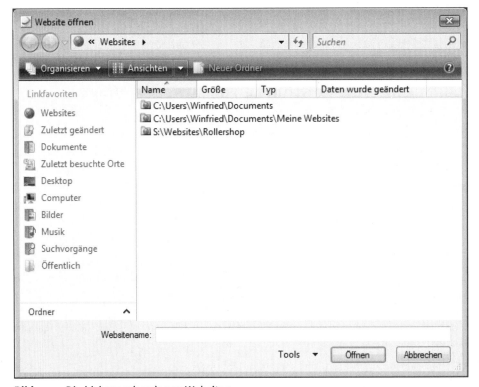

Bild 2.27: Die bisher vorhandenen Websites

Markieren Sie den gewünschten Webordner (der Globus im Ordnersymbol weist Sie darauf hin, dass es sich um einen Expression-Web-Ordner handelt) und bestätigen Sie die Wahl mit der Schaltfläche *Öffnen*. Falls Sie ein Web öffnen wollen, das Sie zuletzt bearbeitet haben, dann geht es schneller, wenn Sie im Menü *Datei* den Befehl *Zuletzt geöffnete Websites* anwählen.

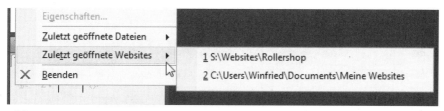

Bild 2.28: Schneller eine Website öffnen

Arbeiten Sie längere Zeit an einem bestimmten Projekt, ist es hilfreich, das zuletzt bearbeitete Web automatisch öffnen zu lassen. Dazu müssen Sie allerdings einen kleinen Eingriff an den Einstellungen vornehmen. Rufen Sie über das Menü *Extras / Anwendungsoptionen* das gleichnamige Dialogfenster auf.

Achten Sie darauf, dass die Registerkarte *Allgemein* aktiviert ist und suchen Sie das Kontrollkästchen *Zuletzt bearbeitete Website beim Start von Expression Web 2 automatisch öffnen*. Diese Option muss aktiviert sein.

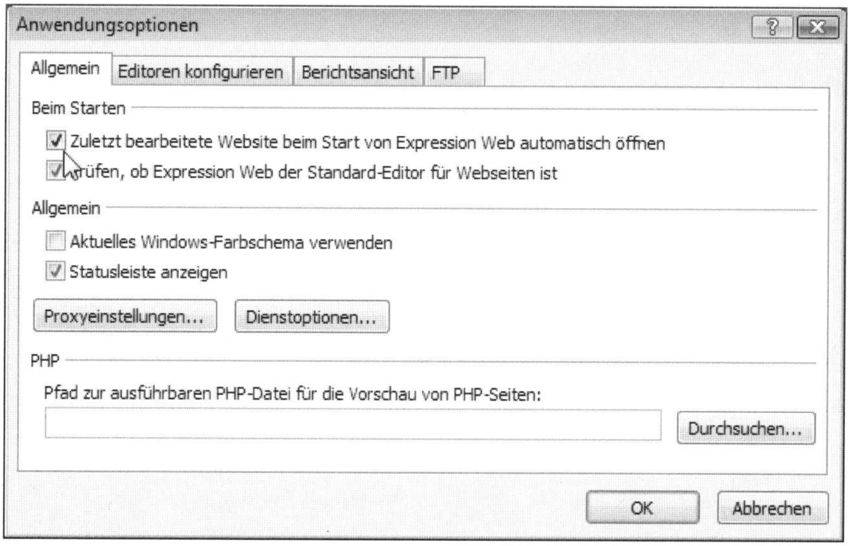

Bild 2.29: Diese Grundeinstellung erleichtert den Arbeitsalltag.

2.5   Eine Website löschen

Falls Sie ein Web nicht mehr benötigen oder es fehlerhaft angelegt haben, können Sie es natürlich wieder löschen. Blenden Sie dazu die Ordnerleiste mit ⎡Alt⎤ + ⎡F1⎤ ein, klicken Sie mit der rechten Maustaste auf das Web und wählen Sie im Kontextmenü den Eintrag *Löschen*.

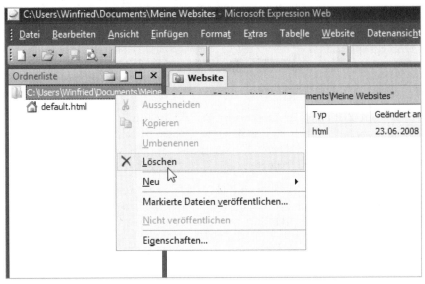

Bild 2.30: Das Web löschen

Sie erhalten ein Dialogfenster, in dem Sie eine wichtige Entscheidung treffen müssen. Entscheiden Sie sich für die erste Option, dann werden alle Expression-Web-Informationen aus der Webseite entfernt. Das bedeutet, dass beispielsweise die Systemordner sowie die dateiinternen Hinweise auf das Programm entfernt werden.

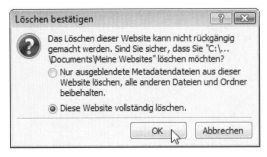

Bild 2.31: Überlegen Sie gut, ob Sie die Webseite physikalisch löschen möchten!

Entscheiden Sie sich dagegen für die zweite Option, ist das betreffende Web Geschichte. Dieser Vorgang kann nicht rückgängig gemacht und sollte deshalb gut bedacht werden.

2.6 Eine alte Website übernehmen

Vielleicht besitzen Sie schon einen Internetauftritt und denken jetzt mit Graus daran, dass Sie alle Seiten neu erstellen müssen? Keine Sorge! Das muss nicht sein, denn Sie können Ihre alte Website in Expression Web 2 importieren und dort weiterbearbeiten. Dabei spielt es übrigens keine Rolle, ob die Seiten auf einem Webserver oder auf Ihrem Computer gespeichert sind.

Um eine Webseite zu übernehmen, starten Sie zunächst Expression Web 2 und schlie-ßen gegebenenfalls eine vorhandene Website über *Datei / Website schließen*. Rufen Sie dann den Menüpunkt *Datei* auf und wählen Sie den Eintrag *Importieren*. Im Untermenü setzen Sie noch einen Klick auf *Websiteimport-Assistent*. Im darauffolgenden Dialog-fenster *Willkommen beim Websiteimport-Assistenten* wählen Sie zunächst den Speicher-ort der zu importierenden Webseiten aus. Außer bei der Wahl *Dateisystem* müssen Sie dabei in jedem Fall online gehen können, um die Dateien zu holen. Zudem kann der Vorgang – abhängig von Herkunft und Umfang der zu importierenden Dateien – einige Minuten dauern.

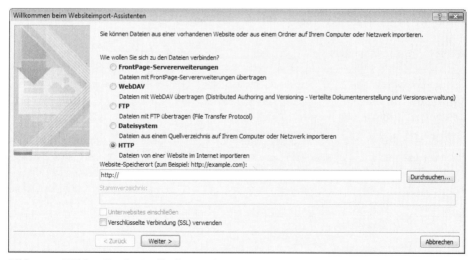

Bild 2.32: Wählen Sie die Quelle der Dateien.

Wenn Sie Ihre alte Website auf Ihrem PC gespeichert haben, wählen Sie die Option *Dateisystem* und klicken dann auf *Durchsuchen*.

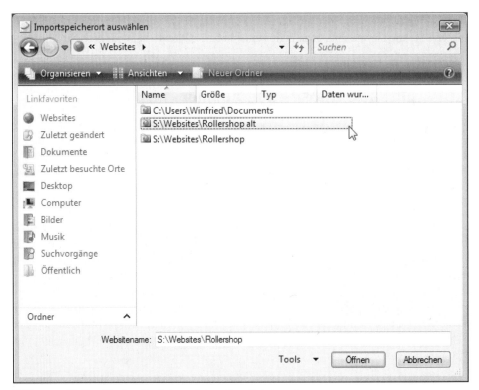

Bild 2.33: Stellen Sie den Speicherort der alten Dateien ein.

Wählen Sie im folgenden Dialogfenster den Speicherordner Ihrer Website aus und bestätigen Sie mit *Öffnen.* Expression Web 2 übernimmt diese Angaben im Feld *Website-Speicherort.* Mit *Weiter* gelangen Sie in den nächsten Dialog. Hier geben Sie den lokalen Speicherort an. Zu diesem Zweck klicken Sie auf die Schaltfläche *Durchsuchen* und stellen den entsprechenden Ordner ein.

Mit *Weiter* gelangen Sie in das letzte Fenster. Hier erhalten Sie die Mitteilung, dass alles geklappt hat und Sie nur noch die Schaltfläche *Fertig stellen* anklicken müssen. Expression Web 2 beginnt die Dateien zu kopieren und zeigt Ihnen das Ergebnis in der Website-Ansicht an. Dort finden Sie auf der rechten Seite, die die Remotewebsite repräsentiert, die gefundenen Dateien.

Bild 2.34: Wo sollen die importierten Dateien gespeichert werden?

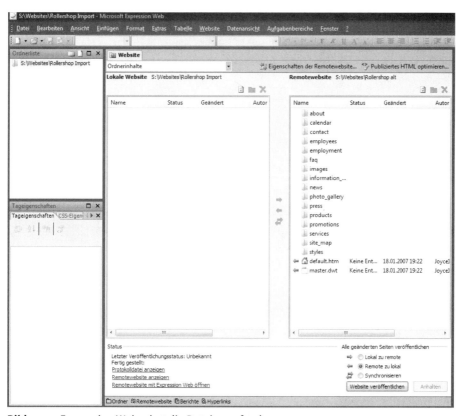

Bild 2.35: Expression Web 2 hat die Dateien gefunden.

Nun müssen Sie diese Dateien noch in die lokale Website kopieren. Da bereits im unteren Bereich die richtige Option, *Remote zu lokal*, aktiviert ist, klicken Sie nur noch die Schaltfläche *Website veröffentlichen* an. Expression Web 2 kopiert dann die Dateien auf Ihre lokale Website und Sie können mit dem Bearbeiten anfangen.

Webseiten gestalten

3

Wenn Sie das vorherige Kapitel durchgearbeitet haben, sollten Sie an dieser Stelle über eine Website inklusive der dazugehörigen Homepage verfügen, die allerdings noch keinerlei Informationen enthält (außer dem Seitentitel). Das ändern wir jetzt.

Dieses Kapitel erläutert Ihnen die grundlegenden Schritte, die Sie beim Anlegen von Webseiten durchführen müssen.

- Sie lernen, wie man Dokumentenfenster einrichtet.

- Sie erstellen neue Seiten und lernen alles Wissenswerte im Umgang mit diesen Dateien.

- Anhand praktischer Beispiele erfahren Sie, wie man Texte eingibt, korrigiert und/oder von anderen Quellen übernimmt.

- Sie werten Ihre Seiten durch Hintergrundgestaltung mit Farben oder Bildern auf.

- Danach lernen Sie, Seiten mithilfe bekannter Formatierungswerkzeuge zu gestalten.

- Schließlich zeige ich Ihnen, wie Sie Routinearbeiten mithilfe von Vorlagen erträglicher gestalten.

3.1   Dokumentenfenster

Wenn Sie Expression Web 2 starten, befinden Sie sich zunächst in der Website-Ansicht. Das Eingeben und Gestalten von Texten geschieht jedoch in der Design-Ansicht. Um die bereits existierende Homepage zu bearbeiten, klicken Sie doppelt auf das Symbol vor dem Dateinamen. Die Webseite wird daraufhin im Editorfenster in einer eigenen Registerkarte zum Bearbeiten angezeigt.

Bild 3.1: Ein Dokument in der Ansicht *Website* öffnen

Das Editorfenster ist das zentrale Element des Bildschirms. Hier führen Sie einen Groß-teil der Arbeiten mit dem Programm durch, da Sie hier die einzelnen Webseiten erstellen.

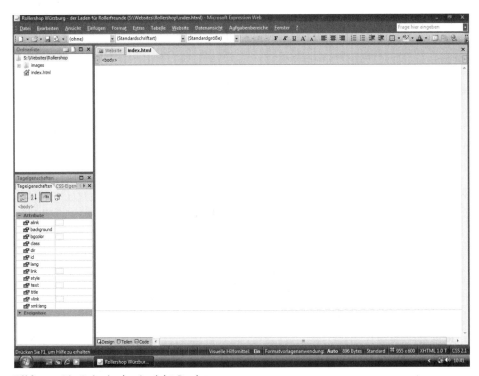

Bild 3.2: Die Seite in der Ansicht *Design*

Möchten Sie zur Ordneransicht zurückwechseln, können Sie das jederzeit über die Registerkarten am oberen Rand tun. Am unteren Rand des Fensters finden Sie in der sogenannten *Statusleiste* wichtige Informationen. Diese betreffen insbesondere die Größe der Webseite. Zwar könnten Sie den zu bearbeitenden Bereich an den Rändern so ausrichten, dass er optimal auf Ihren Bildschirm passt, doch sinnvoller ist es, die Option zu verwenden, mit der Sie das Dokument so anzeigen, wie es später im Browser erscheint.

Bild 3.3: Informativ: die Statusleiste

Um das Dokumentenfenster entsprechend einzurichten, klicken Sie mit der Maus auf das Feld *Seitengröße* in der Statusleiste. Hier sehen Sie die aktuellen Abmessungen des Dokumentenfensters (in Bildpunkten). Nach einem Klick auf eine der Vorgaben öffnet sich ein Menü, welches einige vordefinierte Größen zur Verfügung stellt. Diese Maße stellen die inneren Abmessungen des Browserfensters ohne Rahmen dar. In den Klammern werden die dazugehörigen Bildschirmgrößen angezeigt. Beachten Sie: Auch angesichts der Verbreitung größerer Monitore ist eine etwas kleinere Fenstergröße wie die Variante 4 mit 795 x 470 (832 x 624, maximiert) ratsam. Zum einen vermeiden Sie so horizontale Bildschirmlaufleisten und zum anderen nimmt die Verbreitung von Notebooks und damit von bauartbedingt kleineren Bildschirmen zu.

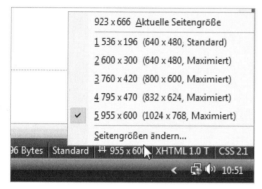

Bild 3.4: Mögliche Bildschirmgrößen

Sollte die von Ihnen bevorzugte Bildschirmgröße nicht auf der Liste sein, dann wählen Sie den Eintrag *Seitengrößen ändern*. Sie erhalten das Dialogfenster *Seitenformat ändern*. Um die gewünschte Größe einzustellen, klicken Sie auf die Schaltfläche *Hinzufügen*. Im folgenden Dialogfenster tragen Sie nun in den Feldern *Breite* und *Höhe* die gewünschten Ausmaße ein. Im Feld *Beschreibung* können Sie zudem eine Erläuterung eingeben, sodass Ihnen diese Einstellungen auch später noch etwas sagen.

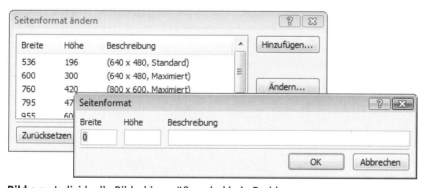

Bild 3.5: Individuelle Bildschirmgrößen sind kein Problem.

Wenn Sie jetzt die Auflösung Ihres Monitors erhöhen beziehungsweise über eine entsprechend größere verfügen, fällt Ihnen sicherlich auf, dass sich rechts und links ein mehr oder weniger großer Randstreifen befindet. Dieser rührt von den vorgenommenen Seiteneinstellungen her und zeigt Ihnen die Ausmaße der zu gestaltenden Seite an.

Bild 3.6: Bei einer größeren Auflösung wird ein Rand angezeigt.

3.2 Weitere Seiten anlegen

Sicherlich beschränkt sich Ihr Angebot nicht auf eine einzelne Seite. Wahrscheinlicher ist, dass nach und nach weitere Seiten hinzukommen.

Eine neue Seite erstellen

Um weitere Seiten zu erstellen, wechseln Sie zunächst in die Ordnerliste und klicken dort auf die Schaltfläche *Neue Seite*. Expression Web 2 erzeugt daraufhin eine neue Seite mit dem Dateinamen *Ohne_Titel_1.html*, den Sie mit dem Namen *kontakt.html* überschreiben. Anschließend öffnen Sie diese Seite mit einem Doppelklick auf das Dateisymbol.

Bild 3.7:
Eine neue Seite anlegen

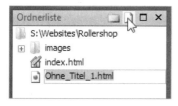

Bild 3.8: Die neue Seite wartet auf ihren Namen.

Bild 3.9: Die Datei öffnen

Nun sind beide Webseiten geöffnet. Durch einfaches Anklicken holen Sie die jeweils andere Seite in den Vordergrund, um sie zu bearbeiten. Schließen können Sie die betreffende Seite über das kleine *Schließen*-Feld am rechten Rand. Schließen Sie jetzt die Datei *index.html.*

Bild 3.10: Die neue Seite ist deutlich an der Registerkarte erkennbar.

Auf dieser Seite stellt sich der Rollershop näher vor: Geben Sie dazu nun den ersten Textblock ein. Achten Sie dabei einmal auf die Registerkarte mit dem Namen. Sobald Sie eine Eingabe machen, erhält diese ein kleines Sternchen hinter dem Namen als Zeichen, dass Sie diese Seite noch nicht gespeichert haben.

Bild 3.11: Der erste Satz

Vermutlich ist Ihnen gleich der gestrichelte Rahmen mit der kleinen Registerkarte um den Text aufgefallen. Es handelt sich dabei um eine visuelle Hilfe. In diesem Fall zeigt sie Ihnen an, dass es sich um einen Absatz handelt und wie weit sich dieser erstreckt. Diese visuelle Unterstützung kann sich auf das Layout der Seite auswirken, sie wird aber nicht im Browser angezeigt. Sind Sie einigermaßen firm in HTML & Co., dann ist diese Art der Unterstützung sehr hilfreich, zeigt sie Ihnen doch beispielsweise, dass Sie es hier mit einem Absatz zu tun haben. Doch entscheiden Sie selbst: Das Ein- und Ausschalten dieses Hilfsmittels erfolgt über die Statusleiste. Dort finden Sie den Eintrag *Visuelle Hilfsmittel*. Dieser Eintrag funktioniert wie eine Schaltfläche, sodass Sie mit einem Klick die Hilfsmittel aus- und wieder einschalten können. Mit der Tastenkombination Strg + #, schalten Sie schnell zwischen beiden Darstellungsformen hin und her.

Erstellen Sie nun den restlichen Text.

Bild 3.12: Die visuellen Hilfsmittel ein- oder ausschalten

Bild 3.13: Der komplette Inhalt der zweiten Seite

Bei der Eingabe fällt Ihnen sicherlich auf, dass Expression Web 2 die eingegebene E-Mail-Adresse automatisch als solche erkennt und sofort als Hyperlink darstellt. Möchten Sie das an dieser Stelle nicht, drücken Sie einfach Strg + Z, um diese automatische Formatierung zurückzunehmen. Damit ist die zweite Seite soweit vorerst fertig und sollte erst einmal gespeichert werden.

Seitentitel

Als Nächstes versehen Sie auch diese Seite mit einem aussagekräftigen Seitentitel. Klicken Sie mit der rechten Maustaste in die Seite und wählen Sie aus dem Kontextmenü den Eintrag *Seiteneigenschaften* aus, wobei Sie auf der Registerkarte *Allgemein* im Feld *Titel* bereits einen Eintrag finden. Wie Sie sehen, verwendet Expression Web 2 die Standardvorgabe *Ohne_Titel_1*, was allerdings sehr unpraktisch ist. Dazu ein Beispiel: Geben Sie doch spaßeshalber einmal *Ohne_Titel_1* in eine gängige Suchmaschine ein, beispielsweise in Google (*www.google.de*). Die Suchmaschine präsentiert Ihnen auf Anhieb über 9500 solcher Fundstellen! Fazit: Die Chance, mit einem solchen Seitentitel gefunden zu werden, dürfte sehr gering sein. Deshalb tragen Sie in das Feld besser einen aussagekräftigeren Titel ein, also etwa *Rollershop Würzburg – wir stellen uns vor*. Schließen Sie das Dialogfenster mit *OK*.

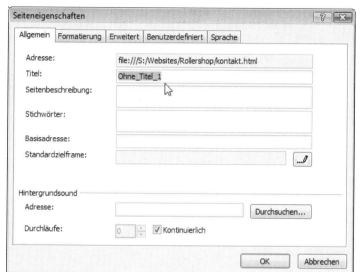

Bild 3.14:
Expression Web 2 schlägt standardmäßig *Ohne_Titel_1* als Seitentitel vor. Diesen zu übernehmen ist keine gute Idee.

Bild 3.15: Nicht gut: Google findet rund 9500 Seiten mit dem Seitentitel *Ohne_Titel_1*.

Bild 3.16: Mit einem ordentlichen Seitentitel sind die Chancen, gefunden zu werden, ungleich höher.

Jetzt haben wir alles zusammen und Sie sollten diesen Stand unbedingt speichern. Klicken Sie also auf die Schaltfläche *Speichern* oder drücken Sie $\boxed{\texttt{Strg}}$ + $\boxed{\texttt{S}}$. Als Kontrolle, dass diese Seite auch wirklich gespeichert wurde, verschwindet das kleine Sternchen hinter dem Dateinamen auf der Registerkarte.

3.3 Seitengestaltung

Vermutlich möchten Sie den Hintergrund Ihrer Webseiten nicht weiß lassen. Das brauchen Sie auch nicht, denn Sie können ihn entweder mit einer Hintergrundfarbe oder einem Hintergrundbild versehen.

Hintergrundfarbe

Wenn Ihnen der Standardhintergrund nicht gefällt, gehen Sie wie folgt vor: Klicken Sie über das Menü *Format* in der Seite, deren Hintergrund Sie verändern möchten, den Eintrag *Hintergrund* an. Sie erhalten das Dialogfenster *Seiteneigenschaften*, bei dem die entscheidende Registerkarte *Formatierung* bereits aktiviert ist.

Im Bereich *Farben* stellen Sie nun über das Listenfeld *Hintergrund* die gewünschte Farbe ein. Klicken Sie auf den kleinen nach unten weisenden Pfeil, um an den Farbwähler zu gelangen. Sie erhalten eine Auflistung von sechzehn Farben.

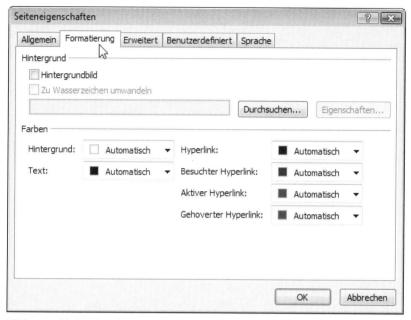

Bild 3.17: Die Registerkarte *Seiteneigenschaften*

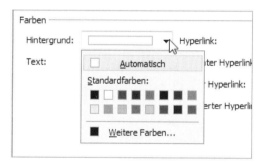

Bild 3.18: Auswahl der Farben

Sollte Ihnen die Auswahl aus den vorgegebenen sechzehn Farben nicht genügen, können Sie über den Eintrag *Weitere Farben* ein Farbdialogfeld aufrufen, in dem Sie weitere Farben einstellen können.

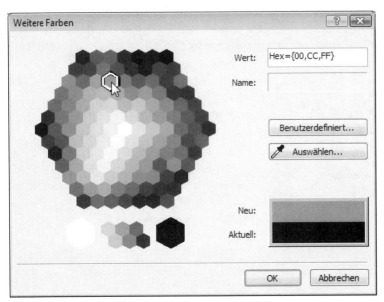

Bild 3.19: Der Farbwähler ermöglicht das Einstellen jeder gewünschten Farbe.

Sie erhalten eine Wabe mit den sogenannten websicheren Farben. Das sind Farben, die in allen Browsern gleich dargestellt werden und die Sie deshalb unbedenklich einsetzen können. Um eine Farbe auszuwählen, klicken Sie lediglich auf eine der kleinen Waben, und schon wird Ihnen dieses auf der rechten Seite im Feld *Neu* angezeigt.

Sollten Ihnen auch diese Farben nicht genügen, etwa, weil Sie eine bestimmte Firmenfarbe benötigen, dann können Sie mit einem Klick auf die Schaltfläche *Benutzerdefiniert* die gewünschte Farbe zusammenstellen.

Wie Sie sehen, erhalten Sie Zugriff auf die Farben des RGB-Farbspektrums. Dieses beruht auf dem Mischungsverhältnis der drei Farben Rot, Grün und Blau, deren Anfangsbuchstaben dem Schema den Namen geben. Durch die Kombination aller möglichen Werte lassen sich so rund 16,7 Millionen Farben erzeugen. Das dürfte reichen.

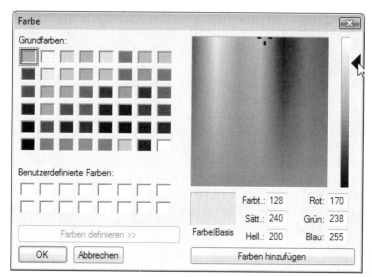

Bild 3.20: Welche Farbe soll es sein?

Hinweis: Wie Sie im unteren Teil des Dialogfensters erkennen, werden die Anteile der einzelnen Farben in einer Skala von 0 bis 255 angegeben. Rot, Grün und Blau sind Grundfarben, die nicht durch Mischen anderer Farbtöne erzeugt werden können und als additive Primärfarben bezeichnet werden. Durch Mischen zweier additiver Primärfarben entsteht jeweils eine Sekundärfarbe (Cyan, Magenta und Yellow). Schwarz erzeugt man durch das Fehlen der Primärfarben, also 0% Rot, 0% Grün und 0% Blau. Weiß besteht dagegen aus je 255 Anteilen Rot, Grün und Blau.

Um eine Farbe einzustellen, geben Sie einfach die entsprechenden Werte in die Felder ein. Alternativ können Sie die Farbe aber auch mit der Maus einstellen. Dazu zeigen Sie mit dem Mauszeiger auf das Farbspektrum und ziehen den veränderten Zeiger bei gedrückter Maustaste so lange, bis Sie die gewünschte Farbe eingestellt haben. Gegebenenfalls stellen Sie anschließend noch die *Helligkeit* der Farbe mit dem äußersten rechten Regler ein. Nun klicken Sie nur noch auf die Schaltfläche *Farben hinzufügen*, um Ihren neuen Farbton in die Palette der *Benutzerdefinierten Farben* aufzunehmen. Dann verlassen Sie dieses Dialogfenster über die Schaltfläche *OK*.

Wie Sie sehen, wird die richtige hexadezimale Schreibweise in das Farbfeld eingetragen. Expression Web 2 nimmt Ihnen die Umrechnungsarbeiten ab, sodass Sie dieses Dialogfenster nun ebenfalls mit *OK* schließen. Jetzt verfügt die Seite über eine einheitliche Hintergrundfärbung.

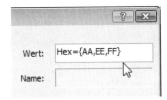

Bild 3.21: Expression Web 2 zeigt auch die hexadezimale Schreibweise an.

 Hinweis: Die Angabe von Farbwerten erfolgt im Internet in hexadezimaler Darstellungsform. Eine solche Farbdefinition entspricht dem Schema *#xxxxxx*, wobei je zwei Stellen den Rot-, Grün- und Blauanteil bestimmen. Bei der Definition sind jeweils Werte von 00 (dezimal 0) bis ff (dezimal 255) erlaubt. Je zwei Ziffern stehen dabei für den Rot-, Grün- und Blauanteil. Neben 0 bis 9 sind auch die Buchstaben A bis F gültig. Diese entsprechen den Zahlenwerten 10 bis 15.

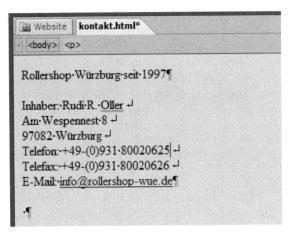

Bild 3.22: Die Seite verfügt nun über eine einheitliche Hintergrundfarbe.

Hintergrundbild

Möchten Sie statt einer Hintergrundfarbe ein Hintergrundbild einbinden, finden Sie im Dialogfenster *Seiteneigenschaften* die entsprechenden Einstellungsmöglichkeiten. Klicken Sie mit der rechten Maustaste und aktivieren Sie als Erstes das Kontrollkästchen *Hintergrundbild*.

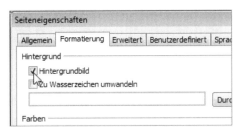

Bild 3.23: Aktivieren Sie das Kontrollkästchen, wenn Sie einen Hintergrund verwenden möchten.

Dadurch wird das untere Feld freigeschaltet. Starten Sie mithilfe der Schaltfläche *Durchsuchen* das Einbinden einer Hintergrundgrafik. Das kann eine Grafik oder ein Foto sein, das aber besser nicht zu groß sein sollte, um die Übertragung nicht zu einem Geduldsspiel werden zu lassen. Idealerweise sollte das Bild auch im GIF- oder JPG-Format vorliegen und so gestaltet sein, dass es sich »kacheln« lässt. Die Hintergrundgrafiken wiederholen sich nämlich im Regelfall vertikal und horizontal so oft, bis der gesamte Homepage-Hintergrund gefüllt ist.

Kennen Sie den Namen der Grafik, dann tragen Sie ihn direkt in das Feld ein. Ist Ihnen die Quelle des Hintergrundbilds nicht geläufig, klicken Sie auf die Schaltfläche *Durchsuchen*. Sie erhalten das Dialogfenster *Hintergrundbild wählen*, welches dem *Datei-öffnen*-Dialogfenster entspricht.

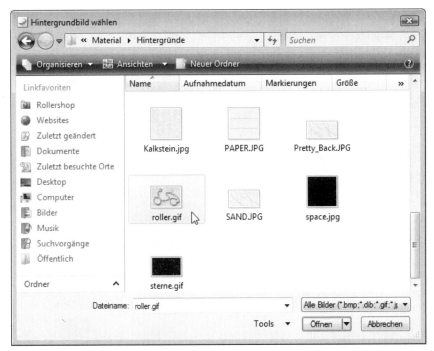

Bild 3.24: Die Auswahl eines Hintergrundbilds

Wechseln Sie in Ihren Projektordner und von dort in den Unterordner, der die betreffenden Hintergründe enthält. Damit Sie gleich die richtige Grafik finden, sollten Sie die Ansicht auf *Mittelgroße Symbole* einstellen. Sie erhalten so eine kleine Vorschau der Grafik und können diese besser aussuchen.

Markieren Sie nun die gewünschte Hintergrundgrafik (in der obigen Abbildung also die Grafik *roller.gif*) und schließen Sie dieses Dialogfenster über die Schaltfläche *Öffnen*. Daraufhin wird der Verzeichnispfad der Grafik in das Listenfeld der Hintergrundgrafik eingetragen. Übrigens: Wenn Sie möchten, können Sie an dieser Stelle auch noch das Kontrollkästchen *Zu Wasserzeichen umwandeln* aktivieren. Allerdings wird dadurch die Grafik nicht zu einem Wasserzeichen umgewandelt, wie man vielleicht vermuten könnte. Vielmehr tritt im Browserfenster danach der Effekt auf, dass das Hintergrundbild nicht mehr bewegt wird und der Text über die Grafik scrollt.

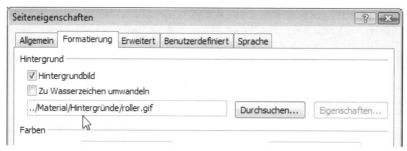

Bild 3.25: Das Dialogfenster zum gegenwärtigen Stand

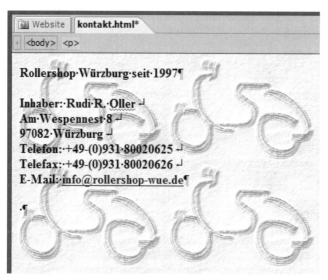

Bild 3.26: Die Seite mit einer Hintergrundgrafik

Wie Sie sehen, wird die Grafik – je nach Größe – im Hintergrund gekachelt dargestellt. Zudem handelt es sich um eine Datei, die noch nicht Bestandteil Ihres Webs ist. So liegt der Pfad des Hintergrundbilds noch auf dem Materialordner, was Sie schleunigst ändern sollten. Dazu klicken Sie lediglich auf die Schaltfläche *Speichern*. Es erscheint daraufhin das Dialogfenster *Eingebettete Dateien speichern*.

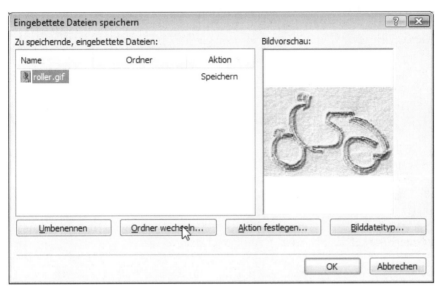

Bild 3.27: Das Dialogfenster *Eingebettete Dateien speichern*

Über die Schaltfläche *Umbenennen* können Sie der Grafikdatei einen neuen Namen zuweisen. Das ist dann sinnvoll, wenn sie beispielsweise nur eine Nummernbezeichnung trägt. Klicken Sie auf die Schaltfläche und nehmen Sie die Umbenennung vor. Des Weiteren ist es ratsam, gleich Ordnung in Ihr Web zu bringen. Expression Web speichert in der Regel die Grafiken zusammen mit den anderen Dateien in demselben Verzeichnis ab. Wenn Sie jedoch mehrere Webseiten erstellen, werden Sie merken, dass das leicht unübersichtlich werden kann. Deshalb sollten Sie an dieser Stelle die Grafikdatei gleich in den passenden Unterordner abspeichern.

Klicken Sie dazu auf die Schaltfläche *Ordner wechseln* und wählen Sie in dem erscheinenden Dialogfenster den Ordner *images* Ihres Webs aus. Schließen Sie das Dialogfenster mit *OK*.

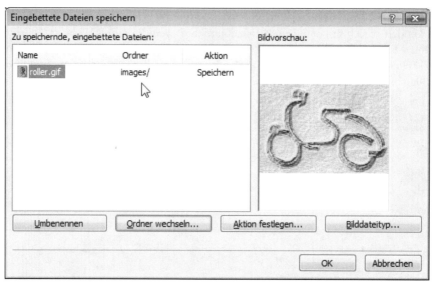

Bild 3.28: Eingebettete Dateien gehörten in Ihre Website gespeichert!

Um den letzten Schritt zu kontrollieren, klicken Sie an dieser Stelle einmal im Aufgabenfeld *Ordnerliste* auf das Pluszeichen vor dem Ordner *images*.

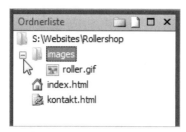

Bild 3.29: Den Inhalt des Ordners anzeigen lassen

Haben Sie alles richtig gemacht, wird die Datei mit der Hintergrundgrafik unterhalb des Ordners *images* angeordnet angezeigt.

Möchten Sie dagegen eine Hintergrundgrafik wieder entfernen, markieren Sie im Dialogfenster *Seiteneigenschaften* den Eintrag des Listenfelds *Hintergrundbild*, drücken die ⟨Entf⟩-Taste und verlassen das Dialogfenster wieder mit *OK*.

3.4   Vorlagen

Die zuvor gezeigten Schritte bei mehreren Webseiten durchzuführen kann schnell eintönig werden. Einfacher und schneller geht es, wenn Sie Vorlagen verwenden. Bei einer solchen Vorlage handelt es sich um eine vordefinierte Seite, die bereits alle wichtigen Elemente enthält und nur noch mit individuellen Elementen versehen werden muss. Wenn Sie mehrere ähnliche Seiten erstellen wollen und diese eine gewisse Einheitlichkeit aufweisen sollen, ist das sehr praktisch. Zudem sparen Sie eine Menge Zeit, denn die Vorlagen müssen nur einmal erstellt und können dann immer wieder verwendet werden. So etwas Ähnliches kennen Sie sicherlich bei Ihrer Textverarbeitung und Ihrem persönlichen Briefkopf.

Ein einfacher Weg, eine Vorlage zu gestalten, ist es, eine fertige Webseite als Vorlage zu speichern. Rufen Sie dazu lediglich das Menü *Speichern unter* auf. Vergeben Sie einen aussagekräftigen Namen und stellen Sie den Dateityp *Seitenvorlage* ein.

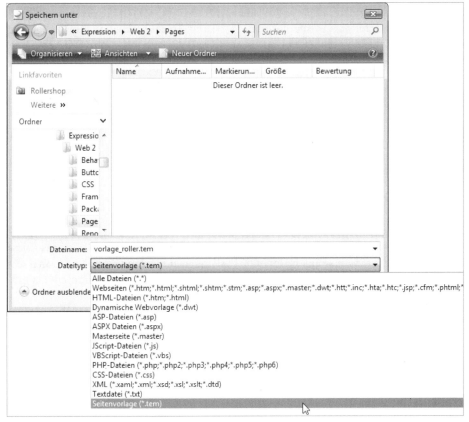

Bild 3.30: Auswahl des Dateityps

Nachdem Sie auf die Schaltfläche *Speichern* geklickt haben, erscheint noch ein Dialog-fenster, in dem Sie nähere Informationen zu dieser Vorlage einstellen können, die Ihnen dann als Beschreibung beim Öffnen angezeigt werden.

Bild 3.31: Versehen Sie die Vorlage mit hilfreichen Informationen.

Wenn die Vorlage genau auf diese Website abgestimmt ist, sollten Sie das Kontrollkäst-chen *Vorlage in aktueller Website speichern* aktivieren. So finden Sie diese später leichter wieder. Möchten Sie anschließend auf Basis dieser Vorlage eine neue Seite erstellen, rufen Sie den Befehl *Neu / Seite* auf.

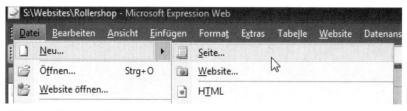

Bild 3.32: Der erste Schritt zur Vorlage

Im folgenden Dialogfenster finden Sie auf der Registerkarte *Seite* eine neue Kategorie mit der Bezeichnung *Meine Seitenvorlagen* mit Ihrer soeben erstellten Vorlage. Diese müssen Sie nur noch auswählen, mit *OK* bestätigen, und schon können Sie sich ans Eingeben der Texte machen. Über Angaben wie Seitentitel, Hintergründe oder Meta-Tags müssen Sie sich dann keine Gedanken mehr machen.

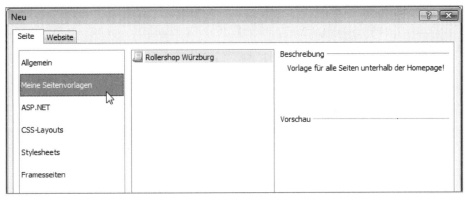

Bild 3.33: Und der zweite …

Spannende Texte, beeindruckende Formatierungen

Dieses Kapitel erläutert die grundlegenden Schritte, wie Sie Seiten mit Text füllen und mit einfachen Mitteln gestalten.

- Sie erfahren, wie man Texte eingibt, korrigiert und/oder von anderen Quellen übernimmt.
- Danach lernen Sie, die Seiten mithilfe bekannter Formatierungswerkzeuge zu gestalten.

4.1   Texteingabe

Das Arbeiten mit Texten funktioniert in Expression Web 2 im Prinzip fast genauso wie bei einer herkömmlichen Textverarbeitung – außer, dass Sie die Texte nicht so umfangreich gestalten können wie mit Ihrer Textverarbeitung.

Text direkt eingeben

Zunächst sollten Sie die Formatierungszeichen einblenden. Die dazu benötigte Schaltfläche finden Sie nicht auf der Symbolleiste *Allgemein*, sondern auf der Symbolleiste *Standard*. Um sie einzublenden, klicken Sie mit der rechten Maustaste hinter dem Menü *?* auf die Titelleiste und wählen aus dem Kontextmenü den Eintrag *Standard* aus. (Sie können auch den Weg über das Menü *Ansicht / Symbolleisten* gehen.)

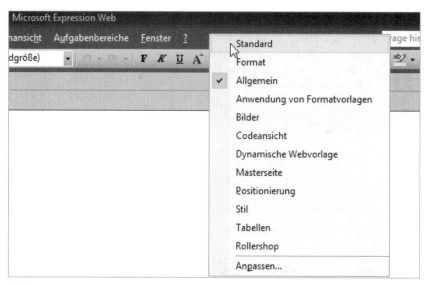

Bild 4.1: Die Symbolleiste *Standard* einblenden

Es wird nun die gewünschte Symbolleiste eingeblendet und Sie können das Symbol *Alle anzeigen* aktivieren. Dann werden alle Formatierungszeichen wie Absatzmarken, Zeilenschaltungen und ausgeblendeter Text angezeigt. Wenn Sie mit einer Textverarbeitung wie Microsoft Word gearbeitet haben, werden Sie dieses Hilfsmittel sicherlich zu schätzen wissen. Die Symbolleiste *Standard* können Sie anschließend entweder verankern oder über das *Schließen*-Feld ausblenden. Jetzt geben Sie den gewünschten Text über die Tastatur ein.

Bild 4.2:
Die Formatierungszeichen
einblenden

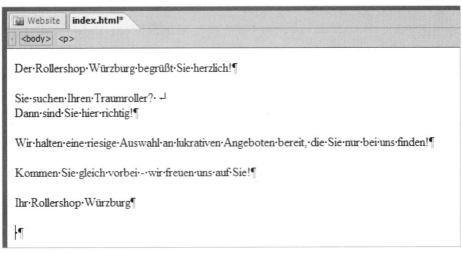

Bild 4.3: Text geben Sie wie bei der Textverarbeitung üblich ein.

Je nach gewünschtem Ergebnis können Sie Text mithilfe einer Zeilen- oder Absatzschaltung gestalten. Durch Drücken der Enter-Taste beenden Sie eine Zeile und führen dadurch eine *Absatzschaltung* aus, das heißt, Sie fügen einen neuen Absatz ein.

Eine Absatzschaltung erkennen Sie an einem sogenannten nicht druckbaren Zeichen (¶). Außerdem wird bei einer Absatzschaltung vor und nach einem Absatz ein Abstand eingefügt, der den Text übersichtlicher und besser lesbar gestaltet. Auf diese Art können Sie einen Text sehr schön inhaltlich strukturieren.

Wie groß dieser Abstand sein muss, legt der Absatzbefehl allerdings nicht fest. Das erledigen die Browser in eigener Zuständigkeit, wobei diese Abstände zum Glück bei nahezu allen Browsern annähernd gleich ausfallen.

Bild 4.4: Die Zeilen- und Absatzschaltungen in einem Text

Möchten Sie dagegen lediglich eine neue Zeile eingeben und keinen Absatz, müssen Sie die Tastenkombination Umschalt + Enter drücken. Sie erzeugen damit eine *Zeilenschaltung.*

Damit Sie einen Zeilenumbruch im Text auch erkennen, zeigt Ihnen Expression Web einen Zeilenumbruch in Form eines Hakens an. Mithilfe dieser Tastenkombination geben Sie das Ende einer Zeile vor; der nachfolgende Text wird in die nächste Zeile umgebrochen. Sie gelangen damit zwar in die nächste Zeile, beginnen aber keinen neuen Absatz. Wenn Sie keine Zeilenschaltung vornehmen, dann übernimmt der Browser den Zeilenumbruch in Eigenregie. Da Sie aber nicht wissen, ob Ihre Leser das Browserfenster im Vollbild- oder Teilbildmodus betrachten, kann das zu unerwünschten Effekten führen.

Text korrigieren

Expression Web 2 verfügt über eine automatische Rechtschreibprüfung. Machen Sie bei der Eingabe einen Tippfehler, erkennt das Programm diesen (im Regelfall) und zeigt Ihnen durch eine rote Wellenlinie an, dass hier etwas nicht stimmt. Allerdings ist diese Einrichtung nicht standardmäßig aktiviert. Um das zu ändern, rufen Sie das Menü *Extras / Seiteneditoroptionen* auf.

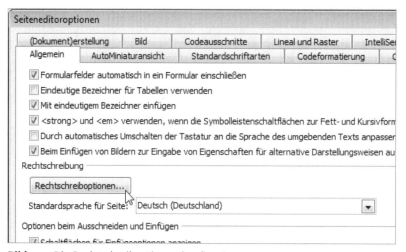

Bild 4.5: Die Rechtschreiboptionen konfigurieren

Hier klicken Sie im Bereich *Rechtschreibung* die Schaltfläche *Rechtschreiboptionen* an. Im folgenden Dialogfenster aktivieren Sie im Bereich *Bei der Rechtschreibkorrektur in Expression Web 2* das Kontrollkästchen *Rechtschreibung während der Eingabe überprüfen*. Ist das geschehen, kennzeichnet Expression Web 2 falsche oder nicht erkannte Wörter mit den besagten Wellenlinien.

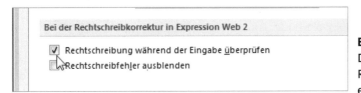

Bild 4.6:
Die automatische
Rechtschreibprüfung
einschalten

Um einen Fehler zu korrigieren, klicken Sie mit der rechten Maustaste in das gekennzeichnete Wort. In dem sich dann öffnenden Kontextmenü macht Expression Web 2 Korrekturvorschläge, die Sie durch Anklicken übernehmen können.

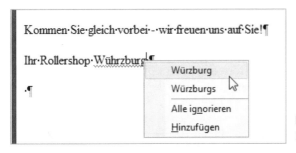

Bild 4.7: Die Rechtschreibprüfung bietet Lösungen an.

Was manchmal etwas stört, ist die Tatsache, dass auch viele Eigennamen oder spezielle Fachausdrücke fälschlicherweise markiert werden. In einem solchen Fall können Sie wählen, ob Sie das Problem ignorieren oder beheben wollen. Im ersten Fall wählen Sie aus dem Kontextmenü den Eintrag *Alle ignorieren.* Expression Web 2 blendet dann die rote Markierung aus und zeigt auch in Zukunft das Wort nicht mehr als fehlerhaft an. Möglichkeit 2: Sie nehmen das Wort in das Expression-Web-Wörterbuch auf. Dann wird das Wort in Zukunft nicht mehr rot gemarkt. Klicken Sie dazu einfach mit der rechten Maustaste in das betreffende Wort und wählen den Eintrag *Hinzufügen.*

Texte aus anderen Dateien übernehmen

Nicht immer möchten Sie beim Erstellen von Webseiten die Texte eingeben. Sehr häufig ist es so, dass Sie auf bereits vorhandene Dateien beziehungsweise Texte zurückgreifen möchten.

▲ Zwischenablage

In den meisten Windows-Programmen ist es üblich, dass Sie Texte in beliebigen Programmen öffnen und dann in die Zwischenablage kopieren können. Wenn Sie dann den Text in Ihre Webseite einfügen, zeigt Expression Web 2 ein sogenanntes *Smarttag* an. Dieses enthält die *Einfügen-Optionen,* mit deren Hilfe Sie entscheiden können, wie Sie den Text einfügen möchten. Klicken Sie dazu auf den kleinen nach unten weisenden

Pfeil, um an die entsprechenden Optionen zu gelangen. Sie haben folgende Möglichkeiten:

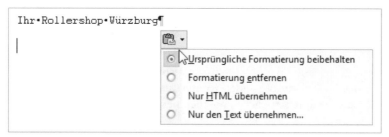

Bild 4.8: Entscheiden Sie, wie die Information eingefügt werden soll.

Sie können die *Ursprüngliche Formatierung beibehalten*. In diesem Fall wird der kopierte Text, so wie er in seiner Ursprungsform formatiert war, eingefügt. Soll lediglich die Formatierung entfernt werden, dann wählen Sie die zweite Option (*Formatierung entfernen*). Entscheiden Sie sich für *Nur HTML übernehmen*, werden die Formatierungen in Klassen umgewandelt. Wünschen Sie das nicht, wählen Sie über die gleichnamige Option *Nur den Text übernehmen*. Dadurch enthält der Text automatisch die Absatzformatierung Ihrer Webseite. Oder Sie weisen ihm gleich die Formatvorlage des Ziels zu, sofern Sie Ihren Text damit gestaltet haben.

▲ Importieren

Im Menü *Datei* finden Sie den Menüpunkt *Importieren* und dort *Datei*. Wenn Sie diese Menüfolge aufrufen, erhalten Sie das Dialogfenster *Fügt Datei zur Importliste hinzu*. Hier können Sie aus dem Listenfeld hinter dem Feld *Dateiname* unter anderem den Eintrag *Microsoft Office-Dateien* auswählen.

Bild 4.9: Das Menü für den Datei-Import

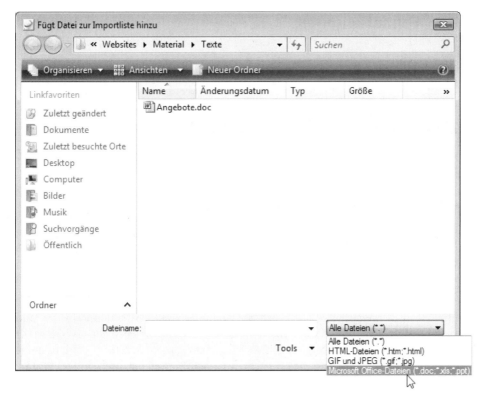

Bild 4.10: Microsoft Office-Dateien importieren

Wählen Sie beispielsweise ein Word-Dokument aus (Sie schließen das Dialogfenster mit einem Klick auf *Öffnen*), dann sehen Sie die entsprechende Pfadangabe im Dialogfenster *Importieren*. Bestätigen Sie mit *OK*, wird die komplette Word-Datei – und nicht nur der Text – in Ihre Website kopiert.

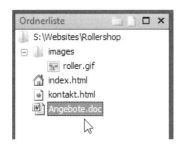

Bild 4.11: Eine importiere Word-Datei

4.2   Formatierungen

In Expression Web 2 haben Sie – fast wie bei einem Textverarbeitungsprogramm – die verschiedensten Möglichkeiten, Ihre Texte zu formatieren.

Zeichenformatierung

Sie können Schriftart, Schriftgröße, Format, Farbe oder Einzüge von Texten ändern und (fast) alles nach Ihren Wünschen und Vorstellungen anordnen.

▲ Schriftart

Eine Schriftart umfasst alle Zeichen mit einem bestimmten Design; sie ist ein vollständiger Satz sämtlicher Buchstaben des Alphabets, der Ziffern und Sonderzeichen. Dabei kann eine Schrift als grafisches Logo als Markenzeichen für das Unternehmen dienen – denken Sie nur einmal an den größten Hersteller besagter braunen Limonade. Bestimmt fällt Ihnen sofort der charakteristische Schriftzug ein.

Am besten ist es, wenn Sie sich lediglich für eine oder zwei Schriften entscheiden und diese dann durchgängig in Ihrem Internetauftritt verwenden. Hier gilt: »Weniger ist Mehr« – auch wenn auf Ihrem Rechner viele Schriftarten installiert sind und die Verlockung groß ist, möglichst viele verschiedene Schriftarten einzusetzen. Der Grund: Beim Betrachter Ihrer Website (also auf einem fremden Rechner) können nur diejenigen Schriften angezeigt werden, die dort auch installiert sind. Verwenden Sie auf Ihrem PC eine Schrift, die nur bei Ihnen installiert ist, die aber auf dem PC des Betrachters nicht vorhanden ist, dann verwendet dessen Browser eine Standardschrift – und dieses Ergebnis kann erschreckend sein. Deshalb sollten Sie sich auf die Standardschriften beschränken, die auf jedem Windows-Rechner vorhanden sind. Das sind *Arial*, *Times New Roman*, *MS Sans Serif* und *Courier New*. Nur bei diesen vier Schriften können Sie einigermaßen sicher davon ausgehen, dass sie auch beim Betrachter vorhanden sind.

Ein Praxisbeispiel: Öffnen Sie die Homepage und markieren Sie den einleitenden Satz der Homepage. Bevor Sie einem Textabschnitt oder Zeichen eine andere Schriftart zuweisen können, muss dieser Teil nämlich markiert sein. Haben Sie sich entschieden, mit den visuellen Hilfsmitteln zu arbeiten, können Sie das auf einen Rutsch durch Anklicken der Registerkarte des Absatzes erledigen. Andernfalls markieren Sie den Text auf herkömmliche Art und Weise.

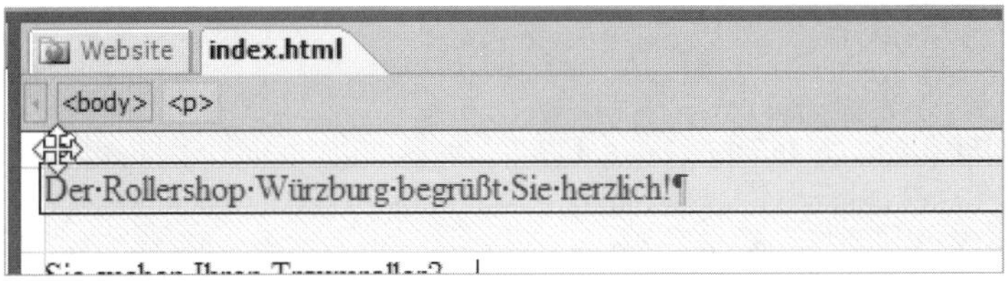

Bild 4.12: Das einfache Markieren dank visueller Hilfsmittel

Bild 4.13: Auswahl der Schrift

Der Text soll in einer serifenlosen Schrift angezeigt werden: Klicken Sie deshalb auf das Listenfeld *Schriftart* und wählen Sie die Schriftart *Arial* aus. Wie Sie sehen, taucht die Schrift *Arial* zweimal auf. Einmal oberhalb und einmal unterhalb der doppelten Linie.

Bei den Schriften oberhalb dieser doppelten Linie handelt es sich um sogenannte *Schriftfamilien*. Diese beheben das Problem, dass man nicht wissen kann, welche Schriften der PC hat, auf dem die Seiten betrachtet werden. Deshalb gibt Expression Web 2 eine Hauptschriftart und im Regelfall zwei weitere, sehr ähnliche Ersatzschriftarten an. So gibt es beispielsweise auf einem Macintosh-Rechner normalerweise nicht die Windows-Schriftart *Arial*, sondern eine Schriftart, die dieser weitestgehend entspricht. Sie heißt *Helvetica*. Bei beiden handelt es sich um eine serifenlose Schrift. Und damit auch auf einem Rechner, der über keine der beiden Schriften verfügt, Ihr Text noch einigermaßen korrekt dargestellt wird, findet sich an dritter Stelle der Eintrag *sans-serif*. In Browsern wird der Text folglich mit der ersten Schriftart in der Kombination angezeigt, die auf dem jeweiligen Computer installiert ist. Kennt der Browser die erste Schriftart nicht, probiert er es mit der nächsten Schrift.

Ein Dilemma bleibt allerdings: Ist dem Browser keine der angegebenen Schriftarten auf dem System des Betrachters bekannt, stellt er den Text in der Standardschrift des Browsers dar. Beim Microsoft Internet Explorer (Menü *Extras / Internetoptionen / Allgemein / Schriftarten*) und bei Firefox (Menü *Extras / Einstellungen / Allgemein / Schriftarten & Farben*) ist das die Schrift *Times New Roman*. Versehen Sie deshalb unbedingt jede Textpassage mit der von Ihnen gewünschten Schriftart, wenn Sie keine unliebsamen Überraschungen erleben möchten.

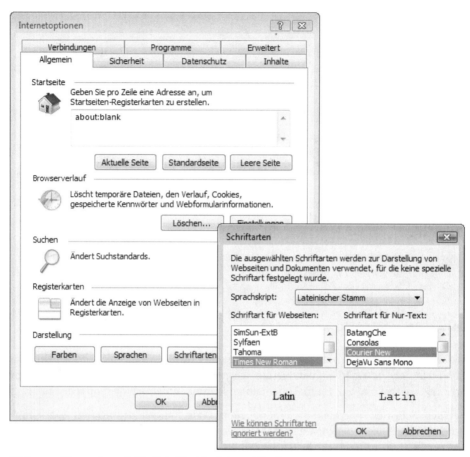

Bild 4.14: Die voreingestellte Schriftart im Internet Explorer

▲ Schriftgrad

Der Schriftgrad ist eine aus dem DTP-Bereich kommende Bezeichnung für die Größe einer Schrift. Schriftgrößen werden standardmäßig in der Maßeinheit *Punkt* angegeben.

HTML kennt sieben Abstufungen: von 1 (sehr klein) bis 7 (sehr groß). Diese Werte haben nichts mit der Schriftgröße in Punkt zu tun, wie man sie von der Textverarbeitung her kennt. Vielmehr handelt es sich um eine relative Größe, die sich nach der im Browser eingestellten Schriftart und -größe richtet. Die folgenden Angaben sind deshalb nur Richtwerte.

Danach entsprechen die jeweiligen Parameter folgenden Größen:

Abstufung	Entspricht Schriftgröße
xx-small	8pt
x-small	10pt
small	12pt
medium	14pt
large	18pt
x-large	24pt
xx- large	36pt

Achten Sie aber darauf, dass Ihre Texte lesbar bleiben. Zu kleine Texte sind auf vielen Bildschirmen nur schwer lesbar. Das Minimum ist bei Arial x-small, also 10 pt. Serifenschriften wie die Times New Roman sollten Sie erst ab *small*, also 12 pt, verwenden.

Auch hier markieren Sie zunächst den gewünschten Textbereich, bevor Sie auf den Listenpfeil des Felds *Schriftgrad* klicken.

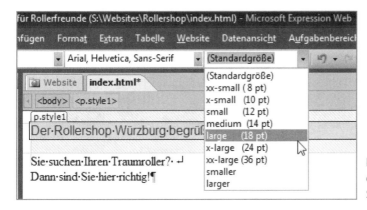

Bild 4.15: Die Wahl der »richtigen« Schriftgröße

Weisen Sie der Einleitung die Größe *large* zu. Die nächsten vier Absätze erhalten die Größe *small*. Sie können diese übrigens, wie von Ihrer Textverarbeitung gewohnt, durch einfaches Überstreichen mit der Maus markieren. Abschließend wird die Größe des letzten Absatzes auf die Stufe *x-small* gesetzt.

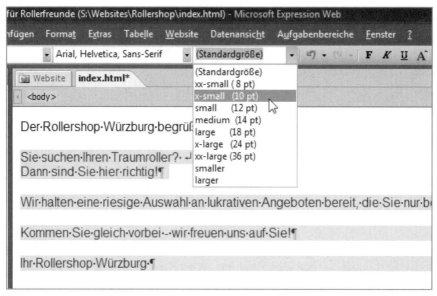

Bild 4.16: Die Größe für den letzten Absatz

Beim praktischen Arbeiten ist es hilfreich, die Schaltflächen der Symbolleiste *Formatierung* für das Vergrößern beziehungsweise Verkleinern zu verwenden.

Hier finden Sie die Schaltfläche *Schriftart vergrößern* beziehungsweise *Schriftart verkleinern*, die es Ihnen ermöglicht, mit je einen Klick den Wert des markierten Textbereichs um je eine Stufe zu erhöhen oder zu verringern. Ziehen Sie mit gedrückter Strg + Alt -Taste diese beiden Schaltflächen auf Ihre eigene Symbolleiste *Reisebüro*.

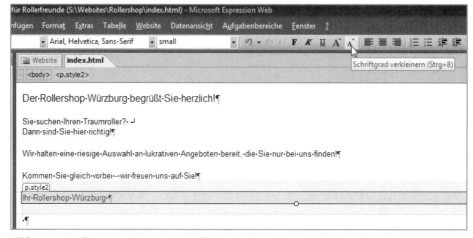

Bild 4.17: Mit dieser praktischen Schaltfläche ändern Sie rasch die Schriftgröße

▲ Schriftschnitt

Als Schriftschnitt bezeichnet man die sogenannten *Auszeichnungen*. Zu diesen zählen Formate wie *Fett*, *Kursiv* oder *Unterstrichen*. Einen Schriftschnitt weisen Sie in Expression Web 2 über die üblichen – wohl in jeder Textverarbeitung vorhandenen – Schaltflächen zu. Markieren Sie dazu zunächst die betreffenden Textteile und wählen Sie dann über die entsprechenden Symbole den gewünschten Schnitt aus.

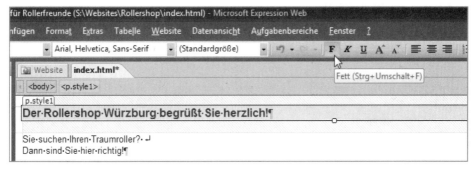

Bild 4.18: Einen Schriftschnitt zuweisen

▲ Schriftfarbe

Um besondere Textabschnitte oder auch einzelne Wörter hervorzuheben, können Sie diesen verschiedene Farben zuweisen – am schnellsten über die *Format*-Symbolleiste: Markieren Sie die zu färbende Passage und klicken Sie auf das Symbol *Schriftfarbe*, das Sie an dem großen unterstrichenen *A* erkennen. Wenn Sie auf den kleinen nach unten weisenden Pfeil klicken, klappt ein kleines Fenster mit 16 vordefinierten Farben auf.

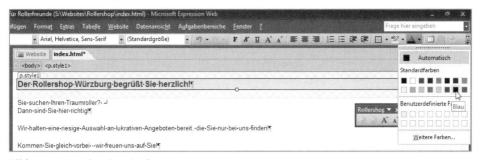

Bild 4.19: Vergabe einer Farbe

Die gewünschte Farbe wählen Sie einfach durch Anklicken. Noch mehr Farben finden Sie im Bereich *Benutzerdefinierte Farben* oder Sie aktivieren *Weitere Farben* am unteren Rand der Farbpalette, um aus dem Wabenmodell eine websichere Farbe auszuwählen.

Mit einem Klick auf die Schaltfläche *Benutzerdefiniert* greifen Sie schließlich auf alle 16,7 Mio. möglichen Farbkombinationen zu.

Bei der Wahl der Farben sollten Sie bedenken, dass eine helle, freundliche Seite im Regelfall mehr anspricht als eine dunkle Seite. Wenn Sie sich für ein dunkles Aussehen Ihrer Seite entscheiden, sollten Sie bei den Schriften mit Kontrasten arbeiten

▲ Weitere Zeichenformate

Die eben vorgestellten Zeichenformate sind beileibe nicht alle, die Expression Web 2 aufzuweisen hat. Das Programm bietet Ihnen viele weitere Möglichkeiten, Texte optisch zu gestalten: Rufen Sie dazu über das Menü *Format / Schriftart* das Dialogfenster auf.

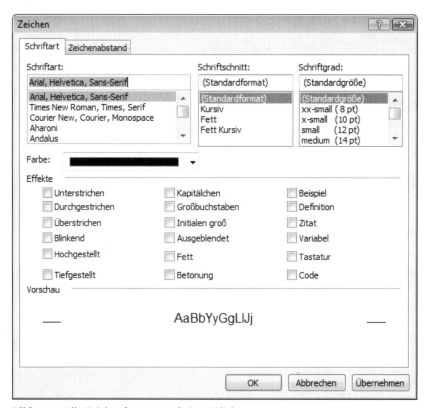

Bild 4.20: Alle Zeichenformate auf einen Blick

Hier finden Sie auf der Registerkarte *Schriftart* zunächst einmal im oberen Bereich die Attribute, die Sie auch auf den Symbolleisten einstellen können. Im unteren Bereich befinden sich die sogenannten *Effekte*.

Diese bedeuten im Einzelnen:

Effekt	Bedeutung
Unterstrichen	Hiermit unterstreichen Sie den Text. Sie sollten allerdings auf diese Option möglichst verzichten, denn im Internet ist es üblich, dass Unterstreichung auf Hyperlinks hinweist und der Anwender deshalb irritiert werden kann.
Durchgestrichen	Diese Option streicht den markierten Text durch.
Überstrichen	Möchten Sie einen Strich über dem Text, dann aktivieren Sie dieses Kontrollkästchen.
Blinkend	In der aktuellen Version ist dieses Kontrollkästchen deaktiviert. Blinkende Texte funktionieren nicht in allen Browsern.
Hochgestellt	Diese Option setzt das markierte Zeichen hoch.
Tiefgestellt	Diese Option setzt das markierte Zeichen tiefer.
Kapitälchen	Hierdurch wird der Text in Großbuchstaben umgewandelt, wobei der erste Buchstabe ein wenig größer dargestellt wird.
Großbuchstaben	Alle markierten Texte werden in Großbuchstaben dargestellt.
Initialen groß	Erstellt eine Initiale.
Ausgeblendet	Diese Auszeichnung verwenden Sie für Anmerkungen, denn so formatierter Text wird nicht ausgedruckt. Allerdings funktioniert dieser Effekt nicht bei allen Browsern.
Betont	Hebt den Text kursiv hervor und betont so seine Wichtigkeit.
Hervorgehoben	Der Text wird etwas stärker als beim gewöhnlichen Fettdruck hervorgehoben.
Beispiel	Damit deklarieren Sie ein Beispielmuster, wie z. B. bei Ausgabe von Programmen, Skripten usw. üblich. Falls keine Schriftart angegeben wurde, wird eine Festbreitenschrift verwendet.
Definition	Definitionen innerhalb eines Textes sollten so formatiert werden.
Zitat	Gibt ein Zitat oder einen Verweis auf andere Quellen an.
Variable	Variablen oder ein Programmargument erhalten diese Formatierung.
Tastatur	Zeigt dadurch an, dass der Text vom Benutzer eingegeben werden soll. Ist keine Schriftart angegeben, wird eine Festbreitenschrift verwendet.
Code	Kennzeichnet Beispieltext, wie z. B. Ausgabe von Programmen, Skripten usw.

Über die Registerkarte *Zeichenabstand* legen Sie den *Abstand* und die *Position* der Zeichen fest.

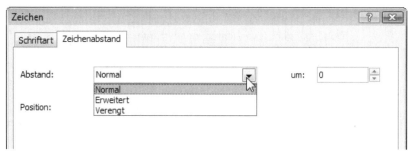

Bild 4.21: Den Zeichenabstand bestimmen

Damit erreichen Sie Folgendes:

Abstand	Bedeutung
Normal	Das ist die Standardeinstellung; der Text wird nicht verändert.
Erweitert	Mit dieser Option stellen Sie einen vergrößerten Zeichenzwischenstand ein.
Verengt	Die Wahl dieses Listenpunkts verengt den Abstand der Zeichen zueinander.

Über das Listenfeld *Position* stellen Sie folgende Optionen ein:

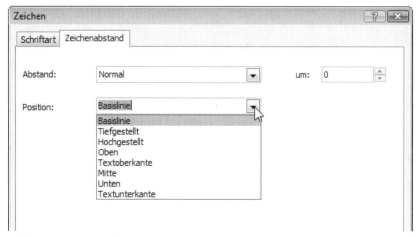

Bild 4.22: Optionen der Position

Position	Bedeutung
Basislinie	Richtet die Grundlinie des Textes am unteren Punkt, der sogenannten Basislinie, aus.
Tiefgestellt	Hier wird der gesamte Text, ohne ihn zu verkleinern, unterhalb der Basislinie platziert.
Hochgestellt	Wie *Tiefgestellt*, Platzierung allerdings oberhalb der Basislinie.
Oben	Hier wir der oberste Punkt des größten Zeichens in der Textzeile am obersten Punkt der Basislinie ausgerichtet.
Textoberkante	Die Grundlinie wird auf die Textoberkante ausgerichtet.
Mitte	Wie *Oben*
Unten	Wie *Unten*

Absatzformatierung

Neben der Vergabe der Zeichenformate ist für die Gestaltung eines Textes die *Absatzformatierung* von besonderer Bedeutung. Sie wird verwendet, um die Ausrichtung des Textes in Bezug auf die Seitenränder festzulegen.

▲ Ausrichtung

Wie von Ihrer Textverarbeitung her gewohnt, richten Sie mit Expression Web 2 die Absätze links- oder rechtsbündig sowie in der Mitte zentriert und im Blocksatz aus. Auch hier muss der entsprechende Textabschnitt für die Absatzformatierung vorher mit der Maus markiert worden sein. Allerdings ist es nicht erforderlich, dass alle Zeichen und Wörter eines Absatzes markiert werden. Es reicht vielmehr aus, wenn sich die Schreibmarke innerhalb eines Absatzes befindet, dessen Format geändert werden soll. Die Absatzformatierung selbst nehmen Sie über die Formatierungssymbolleiste vor.

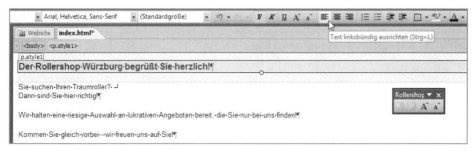

Bild 4.23: Ausrichten eines Absatzes

Wie üblich können Sie Absätze über die Schaltflächen schnell ausrichten: So stehen Ihnen die Symbole für links- und rechtsbündig ausrichten und Zentrieren zur Verfü-

gung. Und falls Sie das Symbol für den Blocksatz suchen: Sie finden es auf der Symbolleiste *Format*.

▲ Einzüge und Abstände

Die weiteren Optionen der Absatzformatierung sind ebenfalls in einem eigenen Dialogfenster zusammengefasst. Über das Menü *Format / Absatz* erhalten Sie das Dialogfenster
Absatz, in dem Sie weitere Einstellungen vornehmen können. Die Möglichkeiten sollen
am ersten Absatz des Beispiels verdeutlicht werden: Positionieren Sie deshalb zu Beginn
den Cursor im ersten Absatz.

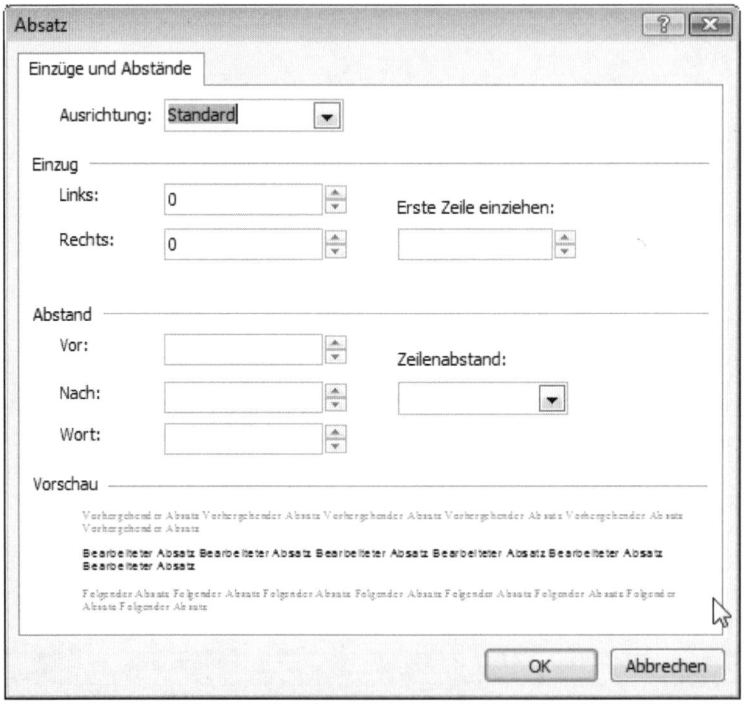

Bild 4.24: Alle Absatzformate auf einen Blick

Im oberen Bereich stellen Sie die eben erwähnten Ausrichtungen über ein Listenfeld ein,
und im Bereich *Einzug* legen Sie den Umfang der Absatzränder und zum anderen den
Erstzeileneinzug fest. Im ersten Fall ziehen Sie einfach die Bewegungspfeile der Felder
Vor dem Text beziehungsweise *Nach dem Text* in entsprechende Richtung. Im zweiten
Fall die des Felds *Erste Zeile einziehen*. Die Pfeile bewegen die Absätze mit jedem Klick
um jeweils einen Bildpunkt.

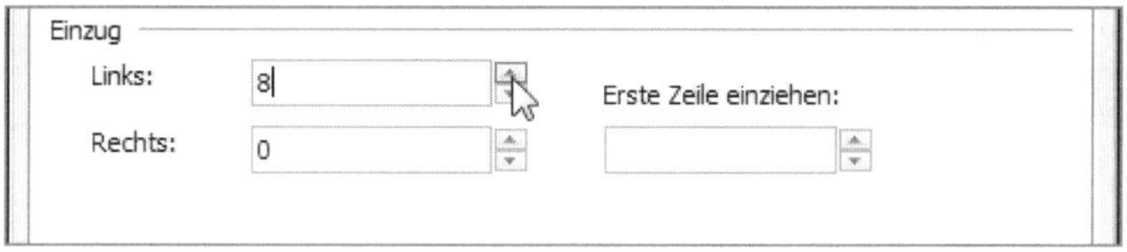

Bild 4.25: Die Einzüge erfolgen bildpunktweise.

Im Bereich *Abstand* legen Sie die Abstände der einzelnen Absätze fest. Auch hier bewegen Sie mithilfe der kleinen Pfeile die Abstände um jeweils einen Bildpunkt. Den Zeilenabstand der markierten Absätze suchen Sie dagegen über das gleichnamige Listenfeld aus. Hier stehen Ihnen die Optionen *Einfach*, *1,5 Zeilen* und *Doppelt* zur Auswahl.

Bild 4.26: Mithilfe dieses Listenfelds legen Sie den Zeilenabstand fest.

Verwenden Sie oft die sogenannten *Zeileneinzüge*, dann helfen Ihnen zwei Schaltflächen in der Format-Symbolleiste. Markieren Sie lediglich die gewünschte Textpassage und klicken dann auf die entsprechende Schaltfläche. Daraufhin wird der Text vom linken Seitenrand eingerückt. Klicken Sie die Schaltfläche ein zweites Mal an, wird der Absatz um die gleiche Einheit weiter nach links eingezogen.

Bild 4.27: Den Einzug des Absatzes vergrößern

Bild 4.28: Die Einzugsposition eines Absatzes vergrößern

Ausrücken können Sie den Einzug durch Anklicken der Schaltfläche *Einzugsposition verkleinern*. Möchten Sie den Einzug ganz entfernen, müssen Sie diesen Befehl so lange ausführen, bis der Absatz wieder am linken Rand angelangt ist.

▲ Textrahmen und Schattierung

Absätze können Sie mit einem weiteren Stilmittel, mit *Textrahmen und Schattierung*, versehen und damit einer Textpassage besondere Aufmerksamkeit zukommen lassen. Die Zuweisung dieser Effekte bezieht sich immer auf einen Absatz. Achten Sie darauf, dass der entsprechende Absatz markiert ist, und rufen Sie dann die Menüreihenfolge *Format / Rahmen und Schattierung* auf.

Im Bereich *Einstellungen* klicken Sie zunächst auf *Kasten*, um einen geschlossenen Rahmen um den betreffenden Absatz zu erzeugen. In der Liste *Formatvorlage* finden Sie eine Reihe unterschiedlicher Ausprägungen der Linien. Suchen Sie eine passende aus und klicken Sie sie an. Im Bereich *Vorschau* sehen Sie, wie der Rahmen aussehen wird. Über das Feld *Farbe* bestimmen Sie die Farbe des Rahmens und über das Feld *Breite* dessen Stärke.

Selbstverständlich können Sie auch den Hintergrund des Rahmens gestalten. Dazu klicken Sie auf die Registerkarte *Schattierung* und wählen im Bereich *Füllbereich* eine entsprechende Hintergrundfarbe aus.

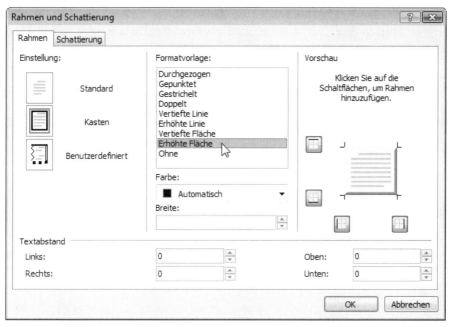

Bild 4.29: Rahmen können vielfältig gestaltet werden.

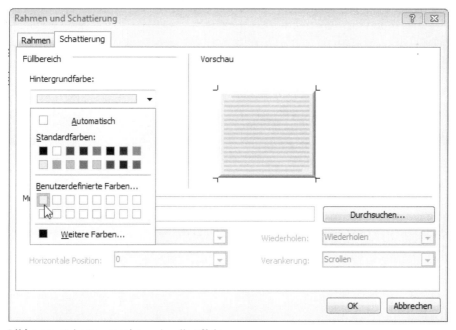

Bild 4.30: Schatten ergeben reizvolle Effekte.

Wünschen Sie dagegen ein *Hintergrundbild*, dann nehmen Sie die entsprechende Einstellung im unteren Bereich *Muster* vor. Sind alle Einstellungen getroffen, schließen Sie das Dialogfenster mit einem Klick auf *OK*.

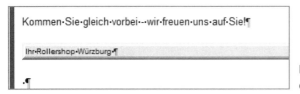

Bild 4.31: So sollte es jetzt aussehen.

Format übertragen

Das Arbeiten mit Formaten kann rasch sehr umfangreich werden. Und so werden Sie beispielsweise dann, wenn Sie ein bestimmtes Wort oder einen Textabschnitt aufwendig und perfekt formatiert haben, mit Sicherheit nicht jedes Mal die gleichen Formatierungsschritte wiederholen.

Das geht auch wesentlich einfacher, denn Expression Web 2 bietet Ihnen für solche Zwecke eine eigene Schaltfläche auf der Symbolleiste *Standard* an. Sie hat die Form eines Pinsels, funktioniert genauso und trägt den Namen *Format übertragen*

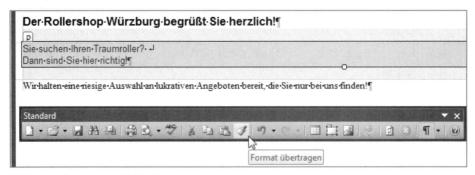

Bild 4.32: Formate rasch übertragen

Um die gewünschte Formatierung zu übertragen, markieren Sie zunächst den Bereich, der diese Formatierung enthält. Klicken Sie dann auf die Schaltfläche *Format übertragen*. Der Cursor nimmt daraufhin die Form eines Pinsels an.

Bild 4.33: Die Funktion *Format übertragen* in Aktion

Mit diesem bewegen Sie sich nun in den Absatz, den Sie genauso gestalten wollen. Nun können Sie das Format auf zweierlei Art übertragen: Handelt es sich um einen Absatz, dann klicken Sie einfach in denselben. Handelt es sich um einen größeren Bereich, klicken Sie mit der linken Maustaste, halten diese gedrückt und streichen über den Bereich.

Möchten Sie ein bestimmtes Format mehrmals übertragen, ohne jedes Mal auf die Schaltfläche klicken zu müssen, bewerkstelligen Sie das durch einen Doppelklick. Dadurch bleibt die Funktion arretiert und Sie können alle gewünschten Stellen entsprechend zuweisen. Wenn Sie fertig sind, klicken Sie abermals auf die Schaltfläche oder drücken einfach die *Esc*-Taste.

Hinter den Kulissen (Quellcode)

Wenn eine Website in den Grundzügen steht und die Texteingabe beendet ist, geht es daran, sie zu gestalten. Im Folgenden erfahren Sie,

- was man unbedingt über (X)HTML wissen muss,

- wie Sie in Expression Web Einfluss auf den Quellcode nehmen,

- und welche Dinge beim Arbeiten mit Quellcode zu beachten sind.

5.1   (X)HTML

Sie haben Expression Web 2 gekauft, um möglichst nichts mit HTML »am Hut« zu haben? Da muss ich Sie ein bisschen enttäuschen. Im folgenden Kapitel werden Sie auch mit Begriffen aus der HTML-Welt zu tun haben. Es kann also nichts schaden, wenn Sie sich ein wenig in dieser Seitenbeschreibungssprache auskennen, insbesondere wenn Sie in einigen Fällen in den Quellcode eingreifen müssen, um einer Seite den letzten Schliff zu geben. Doch keine Bange: (X)HTML ist nicht so schwer, wie manche behaupten.

HTML oder XHTML?

Wer eine interessante Homepage ins Internet stellen will, kommt an (X)HTML nicht vorbei. Doch was ist eigentlich HTML?

HTML gibt es erst seit gut fünfzehn Jahren und ist trotzdem schon recht erwachsen. Die einfache Programmiersprache HTML (das steht für *Hypertext Markup Language*) basiert auf der SGML (*Standardized Generalized Markup Language*), die vom US-Verteidigungsministerium für technische Dokumentationen entwickelt wurde. In dieser kurzen Zeit hat sie sich von einer recht simplen Sprache mit wenigen Befehlen zu einem sehr komplexen Auszeichnungssystem entwickelt, das es mittlerweile erlaubt, umfassende Webseiten mit animierten Bildern, Tönen, Videos und allen möglichen Effekten zu versehen.

Die Abkürzung HTML heißt auf gut Deutsch etwa »Auszeichnungssprache für Hypertexte«. Die Bezeichnung *Hypertext* bedeutet, dass die einzelnen Seiten miteinander verknüpft sind. Diese Verknüpfungen lassen sich durch eine Benutzeraktion aktivieren. Eine solche Aktion führt im Regelfall dazu, dass eine neue Seite angezeigt wird. Das Prinzip kennen Sie vielleicht schon von der Windows-Hilfe. Man fährt mit dem Cursor auf einen Begriff, den man näher erklärt haben möchte, und klickt einmal darauf. Sofort wird der dahinter stehende Text angezeigt.

Der Begriff der Auszeichnungssprache ist dabei so zu verstehen, dass es mithilfe von Befehlen möglich ist, bestimmte Textteile mit einem gewünschten Format (beispielsweise fett oder kursiv) zu versehen. Diese Auszeichnungen werden mit sogenannten Tags vorgenommen, die zusammen mit dem Text eingegeben werden und die Formatierung und Gestaltung der Texte übernehmen. Jeder HTML-Befehl hat eine eigene Bedeutung, einige bestimmen z. B. die Textformatierung (fett, kursiv ...), andere, ob ein Bild eingefügt werden soll.

Dabei handelt es sich um Befehle, die dem Browser die Anweisung geben, wie diese Textstelle darzustellen ist. Falls Sie schon mit einer Textverarbeitung für DOS gearbeitet haben, erinnern Sie sich vielleicht noch daran, dass man, um ein bestimmtes Wort beispielsweise fett zu gestalten, erst einen Befehl setzen musste, damit die folgenden Zeichen auch so dargestellt wurden. Und damit nicht der gesamte restliche Text mit diesem Format versehen wurde, musste der Befehl auch wieder beendet werden. Im Prinzip funktioniert eine Seitengestaltung mit HTML ähnlich.

Die offizielle Definition der HTML-Befehle wurde vom World Wide Web Consortium (kurz W3C, *www.w3c.org*) festgelegt. Diesem Gremium gehören namhafte Institutionen und Firmen (u. a. auch Microsoft) an.

▲ Und was versteht man unter XHTML?

XHTML steht für *Extensible Hypertext Markup Language* und stellt eine Neuformulierung von HTML dar. Diese wurde notwendig, um den technischen Fortschritt zu berücksichtigen. Insbesondere ermöglicht XHTML, ein Dokument an das jeweilige Ausgabemedium anzupassen und so Internetseiten beispielsweise auch auf einem PDA oder Handy darzustellen. Allerdings ist XHTML wesentlich strenger als HTML. Das macht sich insbesondere dahingehend bemerkbar, dass die meisten Browser Fehler im HTML-Code einfach ignorieren, bei XHTML ist das oft nicht so.

Expression Web 2 erstellt neuen XHTML-Code und optimiert bereits vorhandenen XHTML-Code so, dass er den meisten XHTML-Anforderungen entspricht.

5.2   Code und Expression Web 2

Expression Web 2 bietet Ihnen zwei Möglichkeiten, Code anzuzeigen: Sie können entweder in der Statusleiste über die Schaltfläche *Code* in die reine Codeansicht schalten oder mithilfe der Schaltfläche *Teilen* beide Ansichten darstellen. Die zweite Möglichkeit

hat den Vorteil, dass Sie sofort die Auswirkungen von Änderungen, die Sie in der Codeansicht vornehmen, in der Designansicht sehen.

Bild 5.1: Welche Ansicht soll es sein?

(X)HTML-Grundlagen

Jede HTML-Datei verfügt über denselben Grundaufbau – auch wenn Sie im Dokumentfenster von Expression Web 2 davon nichts erkennen. Wenn Sie eine neue Seite
erstellen, werden im Hintergrund Ihre Eingaben in Code umgewandelt. Dieser Code ist
das Grundgerüst jeder HTML-Datei und unbedingt erforderlich, damit eine Seite im
Browser angezeigt werden kann.

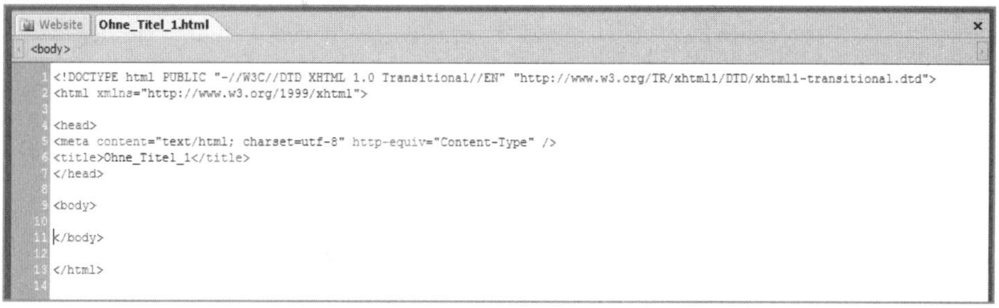

```
Website  Ohne_Titel_1.html                                                                    ×
<body>
 1  <!DOCTYPE html PUBLIC "-//W3C//DTD XHTML 1.0 Transitional//EN" "http://www.w3.org/TR/xhtml1/DTD/xhtml1-transitional.dtd">
 2  <html xmlns="http://www.w3.org/1999/xhtml">
 3
 4  <head>
 5  <meta content="text/html; charset=utf-8" http-equiv="Content-Type" />
 6  <title>Ohne_Titel_1</title>
 7  </head>
 8
 9  <body>
10
11  </body>
12
13  </html>
14
```

Bild 5.2: Das Grundgerüst einer jeden HTML-Datei

Ein (X)HTML-Dokument ist eine reine Textdatei, die mit speziellen HTML-Befehlen
versehen ist, sogenannten *Tags*. Da diese Texte ausschließlich aus Zeichen des ASCII-
Zeichensatzes bestehen, können die Internetseiten auf allen vorhandenen Computer-
plattformen (Windows, LINUX, Mac OS, OS/2 usw.) betrachtet werden.

Ein Tag wird mit dem Kleiner-Zeichen ($\boxed{<}$) eingeleitet. Danach folgen das Kommando
und meist noch einige Parameter. Das Ende des Tags kennzeichnet ein Größer-Zeichen
($\boxed{>}$). Die meisten Tags treten paarweise auf und markieren die strukturellen Bestandteile eines Dokuments. Ein Start-Tag markiert den Beginn eines Teils, ein Abschluss-Tag
dagegen das Ende. Das Abschluss-Tag lässt sich immer an dem Schrägstrich / erkennen,
der ihm vorangestellt ist. Da diese beiden Tags ein Paar bilden, werden sie auch als
Container bezeichnet.

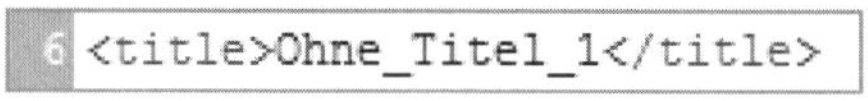

```
 6  <title>Ohne_Titel_1</title>
```

Bild 5.3: Tags treten paarweise auf.

Tag	Bedeutung
⟨···title···⟩	Dieses Tag legt den Seitentitel fest, der zum einen in der Titelleiste beziehungsweise Registerkarte des Browsers erscheint und den die meisten Suchmaschinen für ihre Datenbank auswerten.

Jedes HTML-Dokument muss über eine feste Grundstruktur verfügen. Deshalb beginnt jede Webseite prinzipiell mit dem Tag *<html>*, das in die erste Zeile gesetzt wird, und endet mit dem Tag *</html>*, das Sie analog dazu in die letzte Zeile schreiben. Der eigentliche Text wird innerhalb dieser Auszeichnungen geschrieben. Dazwischen befinden sich zwei weitere Containerpaare, nämlich der Kopf- und der Textkörper. Den Kopfbereich erkennen Sie an dem Tag-Paar *<head>...</head>*, der Textkörper wird von den Tags *<body>... </body>* umschlossen.

Jede HTML-Datei enthält einen sogenannten *Header*.

Tag	Bedeutung
⟨···head···⟩	Im Kopfbereich befinden sich einige allgemeine Definitionen, vor allem der Text, der in der Titelleiste des Fensters dargestellt wird. Stellen Sie sich diesen Bereich wie einen Briefkopf vor, in dem sich einige grundlegende Informationen befinden, wie beispielsweise der Name, die Adresse oder allgemeine Informationen zur Seite. Die hier eingetragenen Werte werden nicht in den Browsern angezeigt.

Wie Sie sehen, fügt Expression Web 2 bereits ein paar Informationen im Kopfbereich ein.

```
4 <head>
5 <meta content="text/html; charset=utf-8" http-equiv="Content-Type" />
6 <title>Ohne_Titel_1</title>
7 </head>
```

Bild 5.4: Der von Expression Web vorgegebene Kopfbereich

Diese haben folgende Bedeutung:

Tag	Bedeutung
⟨···meta···⟩	Eine gute Webseite zeichnet sich nicht nur durch einen durchdachten und strukturierten Aufbau aus, sondern auch dadurch, dass ausreichend Informationen über die Seite bereitgestellt werden. Diesem Zweck dient das Tag ⟨···meta···⟩. Es nimmt verschiedene Informationen über den Seiteninhalt auf, die dann gezielt von Suchmaschinen ausgewertet werden. So können Sie sich etwa mithilfe des Tags ⟨···meta name="author" content="Ihr Name"···⟩ als Autor der Webseiten »verewigen«.

Tag	Bedeutung
‹····title····›	Mithilfe dieser Angabe steuern Sie die Informationen in der Titelleiste des Browserfensters. Zwar könnten Sie diesen Bereich weglassen und die Seite würde trotzdem funktionieren, Sie sollten es aber aus Zweckmäßigkeitsgründen nicht tun, denn die Informationen in der Titelleiste sind in mehrfacher Hinsicht wichtig. So werden beispielsweise die Titel in die Liste der angezeigten Seiten (Verlauf) eingetragen und auch die meisten Suchmaschinen werten diese Informationen bevorzugt aus. Standardmäßig vergibt Expression Web 2 übrigens die Bezeichnung *Untitled Document* beziehungsweise *Unbenanntes Dokument*, was alles andere als aussagekräftig ist.

Der Textkörper (der als *Body* bezeichnet wird) enthält den eigentlichen Text, aber auch Grafiken oder Animationen, die dann später im Browser angezeigt werden.

Tag	Bedeutung
‹····body····›	Alle Anweisungen im einleitenden *‹····body····›*-Tag beziehen sich immer auf das gesamte Dokument. Das ist vergleichbar mit den Seiteneinstellungen im Textverarbeitungsprogramm. Insgesamt können mit den Attributen folgende Einstellungen geändert werden: die Textfarbe, die Hintergrundfarbe, die Farbe der Links (Verweise) und ein Hintergrundbild.

Bild 5.5: Zunächst ist der Bereich zwischen *<body>* und *</body>* leer.

Oberhalb der beiden Bereiche finden Sie in Expression Web 2 noch die Angabe des sogenannten Dokumententyps, der festlegt, welche (X)HTML-Version für die Seite verwendet wird.

```
1 <!DOCTYPE html PUBLIC "-//W3C//DTD XHTML 1.0 Transitional//EN" "http://www.w3.org/TR/xhtml1/DTD/xhtml1-transitional.dtd">
```

Bild 5.6: Die Angabe des Dokumententyps

Expression Web 2 gibt Ihnen die Version XHTML 1.0 Transitional vor. Möchten Sie das ändern, dann führen Sie in der Statusleiste auf die Bezeichnung XHMTL 1.0 einen Doppelklick aus. Dadurch erhalten Sie die Registerkarte *(Dokument)erstellung* im Dialogfenster *Seiteneditoroptionen* geöffnet und Sie können im Bereich *Dokumenttyp und sekundäres Schema* im Feld *Dokumenttyp deklarieren* die gewünschte Änderung vornehmen.

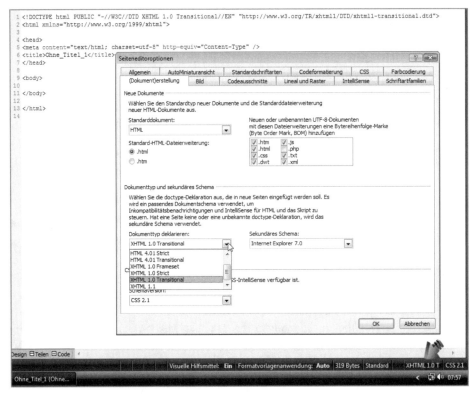

Bild 5.7: Den Dokumententyp einstellen

Elementare HTML-Tags

Bevor Sie tiefer in die Materie eindringen, sollten Sie sich mit den elementarsten Tags vertraut machen, denn die im Folgenden vorgestellten Tags begegnen Ihnen im Verlaufe des Buchs öfter (insbesondere beim Erstellen von CSS im Feld *Selektor*) und dann ist es hilfreich, ihre Bedeutung zu kennen.

Die folgende Aufzählung ist nicht vollständig, sondern dient lediglich der Orientierung. Möchten Sie mehr über HTML erfahren, dann empfehle ich Ihnen, ein bisschen auf der Website SelfHTML (*http://de.selfhtml.org/*) zu stöbern.

Tag	Bedeutung
‹····font····›	Mit diesem Tag legt man die Schrift fest. Über die entsprechenden Argumente können beispielsweise die Größe (size; Werte von 1 bis 7) oder die Farbe (color, Farbwert) angegeben werden. Dieses Tag verliert infolge der Verbreitung von CSS mehr und mehr an Bedeutung.

Tag	Bedeutung
‹··h1··› bis ‹··h6··›	Die sechs Überschriften-Tags dienen zur Gliederung von Text. Von einer ganz kleinen bis zu einer ganz großen Überschrift ist alles vertreten.
‹··p··›	Dieses Tag zeichnet einen Absatz aus. Wie in einer normalen Textverarbeitung können Sie die Absätze mithilfe von Argumenten beispielsweise links- oder rechtsbündig ausrichten.
‹··a··›	Dieses Tag weist auf einen »anchor« hin. Es stellt sehr oft einen Verweis auf eine neue Seite oder zu einer URL dar. Das Argument *name* bezeichnet den Sprungpunkt.
‹··img··›	Grafiken und Bilder werden durch dieses Tag verlinkt und angezeigt.
‹··ul··›	Damit werden Aufzählungen dargestellt. Das Argument *type* bestimmt das Aufzählungszeichen, dessen Werte sind *disc*, *circle* und *square*. Innerhalb der Aufzählung befinden sich die einzelnen Listenelemente vom Typ ‹··li··›.
‹··ol··›	Geht es um Nummerierungen, dann wird dieses Tag verwendet. Über das Argument *type* bestimmt man das Aufzählungszeichen, dessen Werte sind *A*, *a*, *I*, *i* und *1*. Die einzelnen Listenelemente befinden sich zwischen dem Tag ‹··li··›.
‹··form··›	Dieses Tag benötigt man zum Erstellen von Formularen.
‹··table··›:	Dieses Tag begrenzt Tabellen. Deren Spalten werden durch das Tag ‹··td··›, die Zeilen dagegen durch das Tag ‹··tr··› gekennzeichnet. Die Kopfzelle in einer Zeile oder Spalte wird durch ‹··th··› definiert.
‹··frameset›	Dieses Tag kommt bei der Darstellung der Seiten innerhalb einer Framesseite zur Anwendung und teilt den Rest der Seite in Spalten und Zeilen auf, die durch Rahmen umschlossen sind. Rahmen innerhalb des Framesets werden durch das Tag ‹··frame··› festgelegt, das den eigentlichen Inhalt bestimmt.

5.3 Arbeiten mit Code

Für das Arbeiten mit Code stellt Ihnen Expression Web 2 einige hilfreiche Optionen zur Seite. Beispielsweise sucht man öfter mal eine bestimmte Stelle im Quellcode. Hier leistet die Ansicht *Teilen* wertvolle Dienste. Markieren Sie dazu einfach die betreffende Stelle im Ansichtsabschnitt *Design*, wodurch der entsprechende Code gleichfalls in der Ansicht *Teilen* markiert wird.

```
35 <p class="style1"><strong>Der Rollershop Würzburg begrüßt Sie herzlich!</strong></p>
36 <p><span class="style2">Sie suchen Ihren Traumroller? </span>
37 <br class="style2" />
38 <span class="style2">Dann sind Sie hier richtig!</span></p>
39 <p class="style2">Wir halten eine riesige Auswahl an lukrativen Angeboten bereit, die Sie nur
40 bei uns finden!</p>
41 <p class="style2">Kommen Sie gleich vorbei - wir freuen uns auf Sie!</p>
42 <p class="style3">Ihr Rollershop Würzburg </p>
43 <p> </p>
44
45 </body>
46
47 </html>
48
```

Der·Rollershop·Würzburg·begrüßt·Sie·herzlich!¶

Sie·suchen·Ihren·Traumroller?·↵
Dann·sind·Sie·hier·richtig!¶

Wir·halten·eine·riesige·Auswahl·an·lukrativen·Angeboten·bereit,·die·Sie·nur·bei·uns·finden!¶

Bild 5.8: Markierungen in der Designansicht erleichtern das Auffinden des Codeabschnitts.

Eingabehilfen

Expression Web 2 stellt Ihnen eine Reihe von Hilfsmitteln zur Verfügung, die Sie bald zu schätzen wissen.

▲ Codeeingabe mit IntelliSence

Gerade wenn Sie in Zukunft häufiger Code eingeben, werden Sie die *IntelliSence* genannte Funktion bald zu schätzen lernen. Beginnen Sie mit der Codeeingabe, indem Sie das Tag schreiben. Nachdem Sie ein Leerzeichen einfügen, erscheint eine Liste, die Ihnen alle bei diesem Tag möglichen Eigenschaften, Funktionen, Variablen oder Parameter auflistet.

Bild 5.9: Code mit der IntelliSence-Funktion eingeben

Nun müssen Sie lediglich mit der betreffenden Buchstabenfolge beginnen, oder Sie klicken mit der Maus auf den gewünschten Eintrag, um diesen einzufügen. Er wird dann in roter Färbung eingefügt und Sie werden gegebenenfalls aufgefordert, weitere Angaben zu machen.

Bild 5.10: An dieser Stelle müssen Sie noch die Bilddatei für den Hintergrund angeben.

▲ Tag-Auswahl mit Optionen

Mithilfe der Tag-Auswahl bearbeiten Sie einzelne Tags gezielt und effizient. Zu finden ist dieses praktische Hilfsmittel im Bereich unterhalb der Seitenregisterkarten. Wenn Sie in der Seite beispielsweise einen Absatz markieren, dann wird Ihnen das entsprechende Tag dort angezeigt. Je nach Tag wird eine mehr oder minder große QuickInfo eingeblendet, die Ihnen alle Attribute anzeigt. Möchten Sie weitere Einstellungen oder Änderungen vornehmen, klicken Sie auf den kleinen nach unten weisenden Pfeil.

Bild 5.11: Informationen zu dem markierten Tag

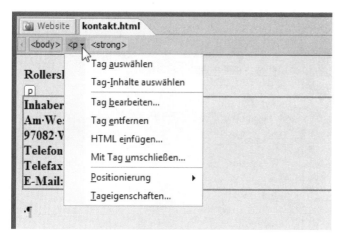

Bild 5.12: Die Optionen anzeigen

In dem erscheinenden Menü können Sie nun die entsprechende Option auswählen. Auf diese Weise lassen sich beispielsweise das Tag (bestehend aus Anfangs- und End-Tag sowie dem Inhalt) oder nur der Inhalt dazwischen markieren. Oder Sie öffnen das Eigenschaftenfenster über den Menüpunkt *Tageigenschaften.* (Letztere Variante benötigen Sie insbesondere beim Arbeiten mit CSS.)

Für HTML-Geübte sind insbesondere die Menüpunkte *HTML einfügen* beziehungsweise *Mit Tag umschließen* von Interesse, da sich damit Quellcode direkt eingeben lässt.

Bild 5.13: Direkt Quellcode eingeben

Sie erhalten dadurch den *Direkt-Editor für Tags,* mit dem Sie an betreffender Stelle direkt den Quellcode eingeben können. Mit diesem Direkt-Editor können Sie drei Dinge erledigen: *Tag bearbeiten,* d. h. Änderungen am markierten Tag vornehmen, *HTML einfügen,* also neuen Code hinzufügen und *Mit Tag umschließen,* d. h., ein ausgewähltes Tag mit der Eingabe schachteln.

▲ Eigenschaften im Aufgabenbereich einstellen

Eine sehr komfortable Anpassung der Tageigenschaften können Sie über den Aufgaben-bereich *Tageigenschaften* vornehmen. Zunächst muss das Tag markiert sein, dessen Eigenschaften geändert werden sollen. Ist das erfolgt, werden alle möglichen Attribute im Aufgabenbereich aufgelistet. Um einen bestehenden Wert zu ändern beziehungs-weise einen fehlenden einzustellen, klicken Sie in das entsprechende Feld und nehmen die gewünschte Einstellung vor. Dabei greifen Sie entweder über die gleiche Pfeilschalt-fläche auf entsprechende Vorgabewerte zu oder Sie erhalten durch Anklicken einer Schaltfläche mit drei Punkten ein Dialogfenster, welches weitergehende Einstellungen ermöglicht.

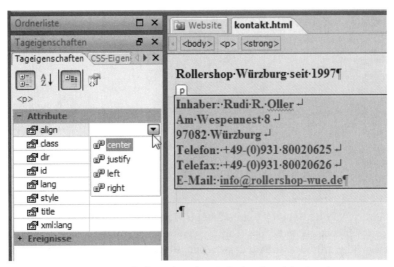

Bild 5.14: Die Tageigenschaften über den Aufgabenbereich eingeben

▲ Symbolleiste *Codeansicht*

Wenn Sie häufiger mit Code arbeiten, werden Sie die Symbolleiste *Codeansicht* sicher bald zu schätzen wissen. Diese können Sie über die Menüfolge *Ansicht / Symbolleisten / Codeansicht* einblenden. Mit den Schaltflächen dieser Symbolleisten erledigen Sie so praktische Dinge wie *Tag auswählen* oder *Start-Tag einfügen* einfach per Mausklick.

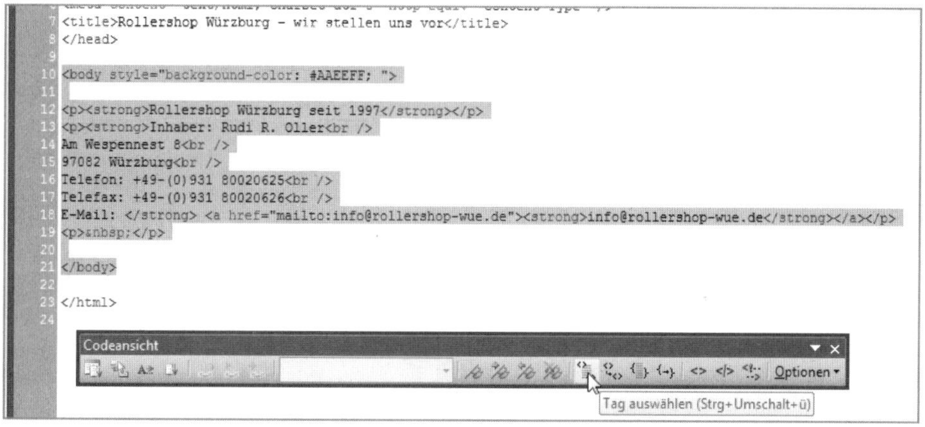

Bild 5.15: Die Symbolleiste *Codeansicht* enthält praktische Schaltflächen.

Sehr praktisch ist auch die Verwendung temporärer Codemarken, durch die Sie später zu einer bestimmten Stelle zurückkehren. Um eine solche Stelle zu markieren, setzen Sie den Cursor in dieselbe und klicken auf die Schaltfläche *Textmarke ein/aus*. Wenn Sie später diese Stelle aufsuchen möchten, genügt ein Klick auf die Schaltfläche *Nächste Textmarke* oder Sie betätigen gleich die Taste [F2]. Nicht mehr benötigte Textmarken entfernen Sie mit der Schaltfläche *Textmarken löschen*.

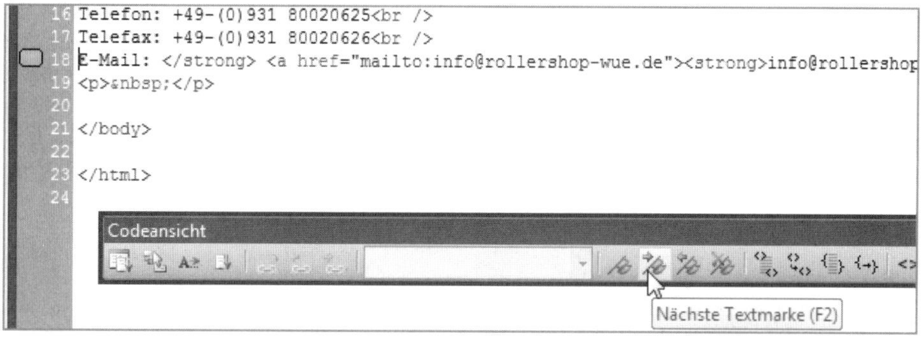

Bild 5.16: Textmarken erleichtern das Auffinden bestimmter Stellen im Quellcode.

▲ Codeausschnitte

Wenn Sie bestimmte Codeteile, etwa ein JavaScript, häufiger einsetzen, können Sie Arbeit sparen, indem Sie den Codeabschnitt abspeichern. Nachdem Sie den betreffenden Codeausschnitt markiert haben, drücken Sie die Tastenkombination [Strg] + [c], um ihn in die Zwischenablage zu kopieren. Anschließend rufen Sie das Dialogfenster *Seiteneditoroptionen* über den Menüpunkt *Extras* auf und wählen die Registerkarte *Codeausschnitte* an. Dort klicken Sie auf die Schaltfläche *Hinzufügen*.

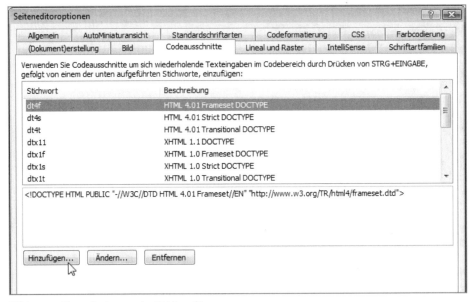

Bild 5.17: Einen Codeausschnitt hinzufügen

Im folgenden Dialogfenster vergeben Sie zunächst ein *Stichwort,* unter dem Sie in Zukunft diesen Codeausschnitt aufrufen möchten. Um Ihrem Gedächtnis auf die Sprünge zu helfen, geben Sie im gleichnamigen Feld eine *Beschreibung* ein. Platzieren Sie dann den Cursor im unteren Feld und fügen Sie per [Strg] + [V] den Code ein. Selbstverständlich können Sie in dieses Feld den Code auch direkt eingeben oder gegebenenfalls abändern. Durch einen Doppelklick auf die Schaltfläche *OK* schließen Sie den Vorgang ab.

Bild 5.18: Den Codeausschnitt einfügen

Möchten Sie später an einer bestimmten Stelle den Code einfügen, rufen Sie dort die Menüfolge *Bearbeiten / IntelliSence / Codeausschnitt anzeigen* auf oder klicken auf die Schaltfläche *Codeausschnitt anzeigen* der Symbolleiste *Codeansicht*. Sofort wird Ihnen eine Liste mit den vorhandenen Codeausschnitten eingeblendet und Sie müssen nur noch den gewünschten Ausschnitt mit einem Mausklick bestätigen. Die Codeausschnitte können Sie durch Anklicken der Schaltfläche *Ändern* (Registerkarte *Codeausschnitte*) bearbeiten und mit der Schaltfläche *Entfernen* auch löschen.

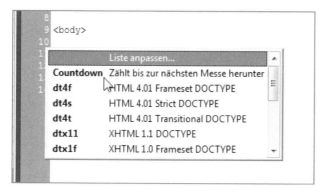

Bild 5.19: Einen Codeausschnitt einfügen

Eingabeprüfung

Nicht immer klappt die Codeeingabe fehlerfrei. Für diese Fälle verfügt Expression Web 2 über eine Eingabeprüfung. Geben Sie ein Tag fehlerhaft oder nicht standardkonform ein, dann wird die betreffende Stelle mit einer roten Wellenlinie und (wenn es sich um einen Codefehler handelt) zusätzlich mit einer gelben Markierung gekennzeichnet. Halten Sie die Maus auf dieser Markierung, zeigt Ihnen Expression Web 2 über die QuickInfo einen erläuternden Hinweis an.

```
 9  <body>
10  <a href=   /a>
11
12  </body>     Das Tag ist als ungültig markiert, weil ihm eine spitze Klammer fehlt.
13
14
```

Bild 5.20: Ein ungültiges Tag

Des Weiteren finden Sie in der Statuszeile ein kleines Symbol, welches auf den Fehler hinweist. Auch hier erhalten Sie durch Anzeigen mit der Maus entsprechende Informationen, wie Sie mit dem Fehler verfahren.

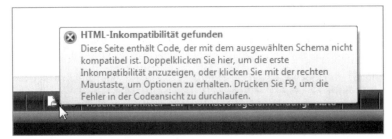

> **HTML-Inkompatibilität gefunden**
> Diese Seite enthält Code, der mit dem ausgewählten Schema nicht kompatibel ist. Doppelklicken Sie hier, um die erste Inkompatibilität anzuzeigen, oder klicken Sie mit der rechten Maustaste, um Optionen zu erhalten. Drücken Sie F9, um die Fehler in der Codeansicht zu durchlaufen.

Bild 5.21: Eine weitere Hilfe finden Sie in der Statuszeile.

Endkontrollen

Eine alte HTML-Weisheit lautet, dass eine Webseite nur so gut sein kann wie der Code, mit dem sie erstellt wurde. Deshalb sollten Sie ein Augenmerk auf den von Ihnen verwendeten Standard und Quellcode richten.

▲ Kompatibilität

Leider hat der Browserkrieg in den 90er-Jahren dazu geführt, dass für jeden Browser einige Besonderheiten existieren. Um eventuell daraus resultierende Probleme zu vermeiden, sollten Sie einen Kompatibilitätstest durchführen. Dazu rufen Sie die Menüfolge *Extras / Kompatibilitätsreports* auf. Im folgenden gleichnamigen Dialogfenster stellen Sie zunächst den Umfang der Prüfung ein und bestimmen anschließend, nach welchen Kriterien die Prüfung erfolgen soll. Ist das geschehen, klicken Sie auf *Prüfen*.

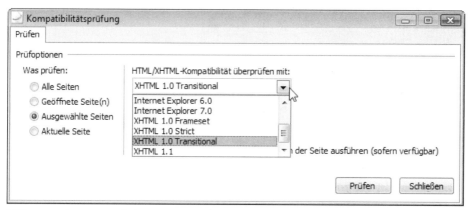

Bild 5.22: Eine Kompatibilitätsprüfung durchführen

Expression Web 2 geht nun die betreffende(n) Seite(n) durch und zeigt das Ergebnis unterhalb der Seite in einem neuen Aufgabenbereichsfenster an. Mit einem Doppelklick auf den betreffenden Eintrag können Sie die Fehlerquelle im Text markieren und anschließend korrigieren.

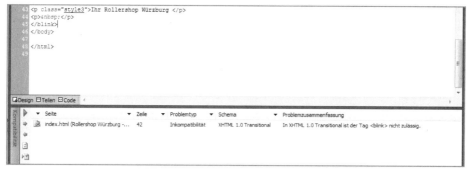

Bild 5.23: Die Kompatibilitätsprüfung von Expression Web hat ein unzulässiges Tag gefunden.

▲ Codeoptimierung

Bei vielen Webseiten leidet die Ladefreundlichkeit dadurch, dass zu viel und unnötiger Code übertragen werden muss. In Expression Web 2 können Sie den Code jedoch mühelos optimieren. Dazu rufen Sie lediglich die Menüfolge *Extras / HTML optimieren* auf und aktivieren die entsprechenden Kontrollkästchen. Haben Sie das gemacht, genügt ein Klick auf *OK*, und schon optimiert Expression Web 2 die Seite entsprechend.

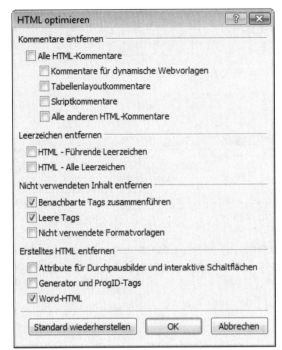

Bild 5.24: Die Einstellungen
für den Optimierungsvorgang

Schön und komfortabel: Formatvorlagen

Wenn Sie häufig im Internet unterwegs sind, haben Sie sicherlich gemerkt, dass eine gute Struktur einer Webseite hilfreich für das Auffinden von Informationen ist. Gut strukturierte Webseiten sind einfacher zu lesen, die Informationen werden vom Leser schneller erfasst. Expression Web 2 stellt Ihnen dazu eine Reihe von Hilfsmitteln zur Verfügung.

6.1   Formatvorlagen einsetzen

Im Kapitel *Texterfassung und Formatierungen* haben Sie gelernt, wie Sie Texte durch entsprechende Zeichen- und Absatzformatierung gestalten. Allerdings ist das oft mit einigem Arbeitsaufwand verbunden, den Sie mit Formatvorlagen vermeiden können.

Bei Formatvorlagen handelt sich um eine Kombination von Zeichen- und Absatzeinstellungen, die man per Mausklick einem Textbereich zuweist. Dabei ist einer der größten Vorteile von Formatvorlagen, dass man sie lediglich einmal erstellen muss und dann zukünftig per Mausklick zuweisen kann. Expression Web 2 liefert bereits eine große Auswahl an fertigen Formatvorlagen mit, die Sie bequem über ein Listenfeld in der *Format*-Symbolleiste erreichen.

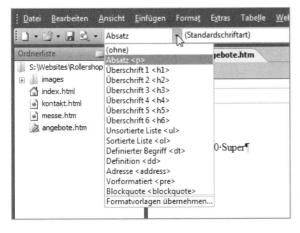

Bild 6.1: Expression Web bringt eine Reihe von Formatvorlagen mit.

Überschriften

Eine der wichtigsten Formatvorlagen, die Sie einsetzen können, sind die Überschriften. Eine Überschrift wird meistens verwendet, um eine bestimmte Textstelle ihrer Bedeutung gemäß hervorzuheben und kenntlich zu machen. Und natürlich bieten Überschriften eine ideale Möglichkeit, Texte strukturiert zu gliedern. Expression Web 2 stellt Ihnen Überschriften zur Verfügung, mit deren Hilfe Sie einen Text als Überschrift formatieren können. Diese basieren auf der HTML-Sprache, die eine Abstufung von groß bis klein in insgesamt sechs Abstufungen vorsieht. Überschriften haben den Vorteil, dass die Browser die dahinter stehenden Befehle interpretieren und sie dann in die entsprechende Größe umwandeln. Um einem Absatz eine solche Überschrift zuzuweisen, markieren Sie zunächst den Text, der die Überschrift darstellen soll. Dann klicken Sie auf den kleinen Pfeil des Listenfelds *Formatvorlage*. Nun klappt die Liste mit den standardmäßig vorhandenen Formatvorlagen auf. Ein Klick, und der Absatz wird sofort entsprechend formatiert.

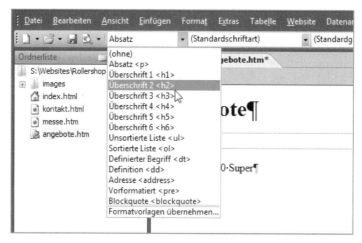

Bild 6.2: Einem Absatz eine Formatvorlage zuweisen

Bild 6.3: Übersichtlich mit Formatvorlagen gliedern

Nummerierungen

Eine weitere Möglichkeit zur Gliederung Ihrer Webdokumente bieten Listen. Damit ordnen Sie beispielsweise Stichwörter oder Absätze in übersichtlicher Form an. Ähnlich wie in einem Textverarbeitungsprogramm lassen sich damit Absätze nummerieren, mit einem Aufzählungszeichen versehen oder als Definitionsliste darstellen. Die meisten Webbrowser stellen die Elemente der Liste durch eingerückte Absätze dar.

Wenn Sie eine solche Liste erstellen möchten, empfiehlt sich die Formatvorlage *Nummerierung*. Markieren Sie auch hier zunächst den Text, d. h. die einzelnen Punkte, die Sie aufzählen wollen. Rufen Sie dann wieder das Listenfeld *Formatvorlage* auf und wählen Sie den entsprechenden Eintrag aus. Expression Web 2 nummeriert augenblicklich Ihre Liste durch. Alternativ erstellen Sie eine solche Auflistung, indem Sie nach dem Markieren auf die Schaltfläche *Nummerierung* klicken. (Sie finden diese in der *Format*-Symbolleiste.)

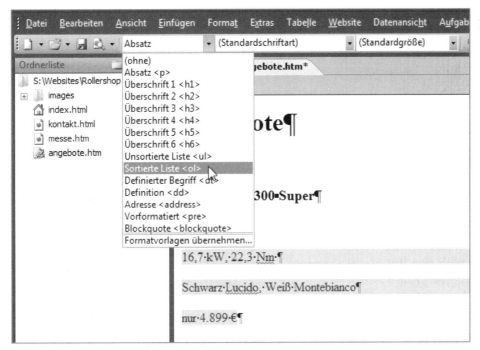

Bild 6.4: Listen erregen Aufmerksamkeit.

Einen neuen, weiteren Listenpunkt fügen Sie einfach durch Drücken der ⌷Enter⌷-Taste ein. Ein weiterer Druck auf ⌷Enter⌷ beendet die Nummerierungsfunktion.

Bild 6.5: Einen weiteren Listenpunkt einfügen

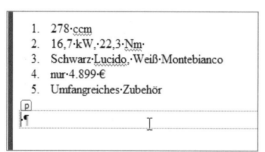

Bild 6.6: Ein Druck auf Enter beendet die Auflistung

Damit sind aber die Möglichkeiten von Expression Web 2 bei Weitem nicht erschöpft. Wie Sie gesehen haben, wird aus den markierten Absätzen eine geordnete Liste erzeugt, indem vor jedem Absatz eine Zahl vorangestellt wird. Diese Darstellungsform können Sie abändern.

Lassen Sie die Punkte markiert beziehungsweise markieren Sie sie erneut und rufen Sie dann über den Menüpunkt *Format / Nummerierung und Aufzählungszeichen* das Dialogfenster *Listeneigenschaften* auf.

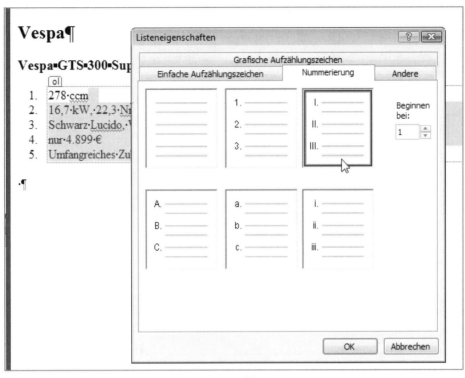

Bild 6.7: Die Optionen der Nummerierung auswählen

In diesem Dialogfenster wählen Sie nun im Register *Nummerierung* den gewünschten Nummerierungstyp durch einfaches Anklicken aus. Möchten Sie eine bestimmte Startnummer einstellen, geben Sie das im Feld *Beginnen bei* an.

Aufzählungen

Eine weitere Möglichkeit zur Gliederung von Webseiten bieten Aufzählungszeichen. Wollen Sie sich mit einfachen Aufzählungszeichen begnügen, wechseln Sie im Dialogfenster *Listeneigenschaften* auf die Registerkarte *Einfache Aufzählungszeichen*. Dort stehen Ihnen vier Varianten zur Verfügung, die Sie einfach durch Anklicken auswählen.

Bild 6.8: Nur diese einfachen Aufzählungszeichen stehen zur Verfügung.

Expression Web 2 weist den markierten Absätzen dann die Formatvorlage *Aufzählung* zu. Diese Formatvorlage lässt sich ebenfalls rasch über die *Allgemein*-Symbolleiste einfügen. Nachdem Sie die betreffenden Absätze markiert haben, müssen Sie nur noch auf die Schaltfläche *Aufzählungszeichen* klicken.

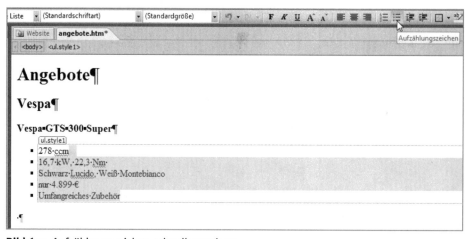

Bild 6.9: Aufzählungszeichen schnell zuweisen

Darüber hinaus bietet Ihnen Expression Web 2 auch die Möglichkeit, grafische Aufzählungszeichen zu verwenden. Um diese einzustellen, klicken Sie zunächst die Registerkarte *Grafische Aufzählungszeichen* des Dialogfensters *Listeneigenschaften* an. Aktivieren Sie die Option *Bild angeben*. Daraufhin haben Sie Zugriff auf das darunter befindliche Feld, in welchem Sie den Speicherort und den Dateinamen des grafischen Aufzählungszeichens eintippen. Ist er nicht bekannt, klicken Sie auf die Schaltfläche *Durchsuchen* und stellen den Pfad im folgenden Dialogfenster *Bild wählen* entsprechend ein. Abschließend klicken Sie nur noch auf die Schaltfläche *Öffnen*, um Ihre Auswahl zu bestätigen. Expression Web 2 fügt dann vor jeden Listenpunkt die ausgewählte Grafik ein.

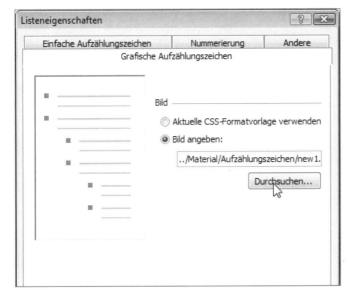

Bild 6.10: Das Bild für das grafische Aufzählungszeichen bestimmen

 Tipp: Verwenden Sie für solche Aufzählungszeichen möglichst kleine Grafiken, damit der Aufbau der Seite nicht durch eine zu lange Ladezeit erschwert wird.

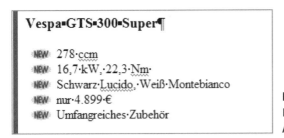

Bild 6.11: Beeindruckende Effekte mit grafischen Aufzählungszeichen erzeugen

Verschachtelte Listen

Eine weitere Möglichkeit, Texte zu gliedern, bieten verschachtelte Listen. Eine solche Liste ist im Prinzip nichts anderes als eine weitere Liste innerhalb einer Liste, die ein bisschen eingerückt ist. Geben Sie zunächst den Text wie gewohnt ein und versehen Sie ihn mit der gewünschten Nummerierung, einem einfachen oder grafischen Aufzählungszeichen. Anschließend markieren Sie den oder die Absätze, die Sie einrücken wollen. Rücken Sie diesen Text dann ein, indem Sie einmal das Symbol *Einzug vergrößern* anklicken.

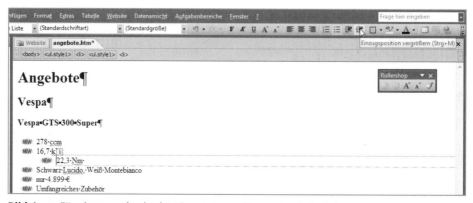

Bild 6.12: Für eine verschachtelte Liste müssen Sie zweimal einrücken.

Wie Sie sehen, rückt Expression Web 2 daraufhin die Punkte so ein, dass sie als Unterpunkte erscheinen. Dabei wird das Aufzählungszeichen jedoch nicht verändert. Entspricht das nicht Ihren Vorstellungen, können Sie es im Dialogfenster *Listenzeichen* ganz nach Ihren Vorstellungen nachträglich ändern.

Definitionslisten

Definitionslisten kennen Sie vermutlich aus Glossaren. Bei einer solchen Aufzählung steht auf der linken Seite jeweils ein Wort oder ein Ausdruck und auf der rechten Seite die dazugehörige Definition.

Schreiben Sie zunächst das Wort, den Satz oder die Frage, die den Begriff darstellt. Klicken Sie in den Absatz, der den zu erklärenden Begriff enthält, und wählen Sie im Listenfeld *Formatvorlagen* den Eintrag *Definierter Begriff <dt>*.

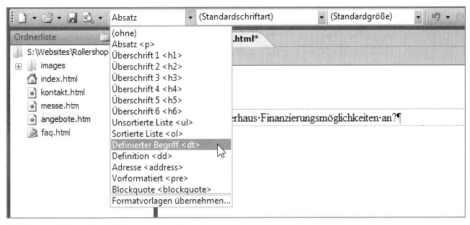

Bild 6.13: Die beiden Absätze markieren

Drücken Sie dann die Enter-Taste und schreiben Sie den erläuternden Text. Wie Sie sehen, wird dieser eingerückt und mit der Formatvorlage *Definition <dd>* versehen.

Bild 6.14: Die Formatvorlage *Definition* zuweisen

Das weitere Arbeiten gestaltet sich dann automatisch. Sie drücken nach dem Ende der Erklärung abermals die Enter-Taste und geben den nächsten zu erklärenden Begriff ein, betätigen wieder die Enter-Taste und schreiben den Erläuterungstext. Möchten Sie die Liste beenden, dann schreiben Sie nicht in den Absatz hinein, sondern betätigen ein weiteres Mal die Enter-Taste.

Bild 6.15: Eine Definitionsliste fortführen

Adresse

Sie können Internetadressen von Personen oder Dateien in einem eigenen, anders formatierten (zumeist kursiv dargestellten, eingerückten) Absatz hervorheben. Markieren Sie dazu den Absatz und wählen die Formatvorlage *Adresse* aus.

Bild 6.16: Eine Adresse internettauglich hervorheben

Vorformatierter Text

Expression Web 2 bietet auch die Formatvorlage *Vorformatiert* an. Diese ist beispielsweise bei Programmlistings wichtig, da diese in dicktengleicher Schrift dargestellt werden. Somit werden Einrückungen so wiedergegeben, wie sie beim Editieren eingegeben wurden. In einem solchen Fall leitet das Tag *<pre>* einen Textabschnitt mit präformatiertem Text ein (*pre = preformatted = vorformatiert*) und das Tag *</pre>* beendet den Abschnitt.

Bild 6.17: Die Formatvorlage *Vorformatiert*

Blockquote

Die Formatvorlage *Blockquote* leitet einen eigenen Absatz für Zitate ein (*blockquote = geblocktes Zitat*).

6.2 Formatvorlagen anpassen

Für unsere Beispielwebseite soll für die Überschrift der ersten Ordnung die Formatvorlage geändert werden. Dadurch sollen alle Seiten des Angebots ein einheitliches Aussehen erhalten. Diese Arbeiten führen Sie im Arbeitsbereich *Tageigenschaften* durch. Ist er nicht sichtbar, holen Sie ihn über die Menüreihenfolge *Format / Tageigenschaften* auf den Bildschirm. In diesem Fenster passen Sie markierte Formatvorlagen an.

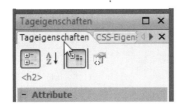

Bild 6.18: Der Arbeitsbereich *Tageigenschaften*

Im Beispiel ist dies das Tag *h2*. Dieses legt die Überschrift der zweiten Ordnung fest und soll im Folgenden mit bestimmten Eigenschaften versehen werden. Da die Überschriften in der Schriftart Arial erscheinen sollen, gilt es zunächst, die Eigenschaft *style* anzupassen.

Klicken Sie in das Feld. Dadurch erscheint am rechten Rand eine Schaltfläche mit drei Punkten, die Sie ebenfalls anklicken. Sie erhalten das Dialogfenster *Formatvorlage ändern,* in dem Sie zahlreiche Anpassungen vornehmen können.

Bild 6.19: Auf diese Schaltfläche kommt es an.

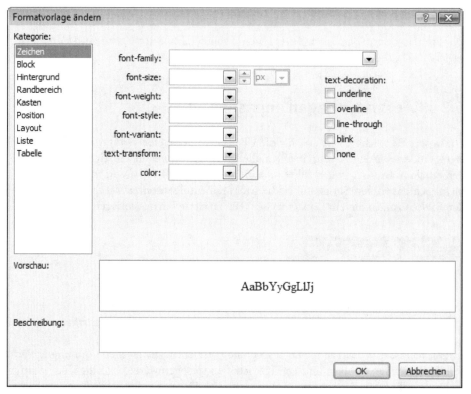

Bild 6.20: Das Dialogfenster *Formatvorlage ändern*

Wie erwähnt, soll die Schriftart angepasst werden, sodass Sie die bereits aktivierte Kategorie *Zeichen* sofort einstellen können. Klicken Sie also in das Listenfeld *font-family* und wählen aus der Liste die Schriftfamilie *Arial, Helvetica, sans-serif* aus.

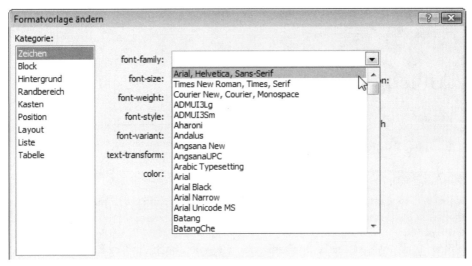

Bild 6.21: Die Schriftfamilie wählen

Die Überschrift *h2* soll in einer Größe von 14 pt erscheinen. Wählen Sie deshalb aus der Liste *font-size* den Eintrag *medium* aus. Anschließend stellen Sie noch in der Liste *font-weight* den Wert *bold* ein, da sie auch gefettet erscheinen soll.

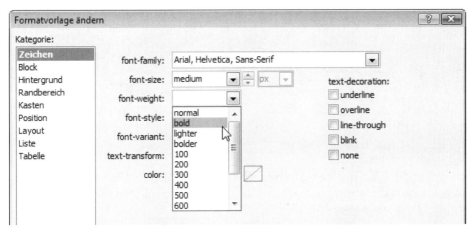

Bild 6.22: Schriftgröße und Auszeichnung

Das soll an dieser Stelle genügen. Beenden Sie Ihre Arbeit mit *OK* und betrachten Sie Ihr Werk. Expression Web 2 stellt nun die Überschrift gemäß Ihren Einstellungen dar.

Bild 6.23:
Die veränderte Überschrift

Passen Sie an dieser Stelle gleich die Überschriften *<h1>* und *<h3>* an. Verwenden Sie die gleiche Schriftenfamilie wie für die Überschrift *<h2>*. Die Größe für die Überschrift *<h1>* ist *x-large*, die für die Überschrift *<h3>* dagegen *small*. Nachdem Sie das Überschriften-Tag angepasst haben, modifizieren Sie gleich noch das Tag für die Auflistung. Übernehmen Sie die Werte aus der folgenden Abbildung. Bestätigen Sie mit *OK*.

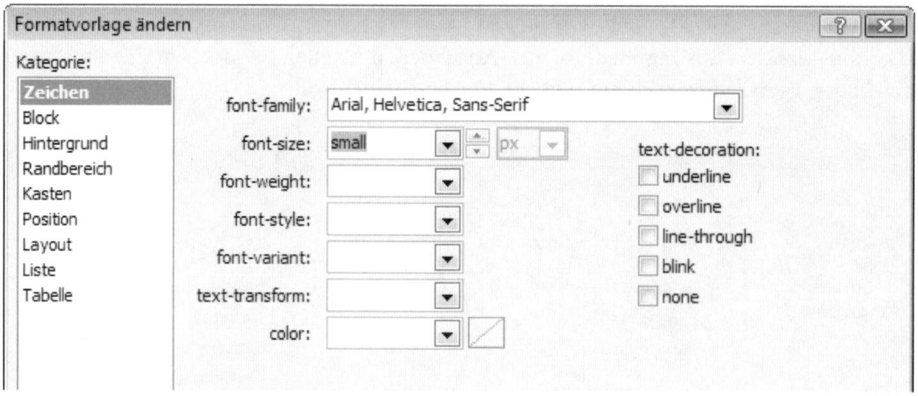

Bild 6.24: Die Auflistung modifizieren

Was nun noch fehlt, ist eine Formatvorlage für die allgemeinen Absätze des Textes. Für die Schrift und die Größe verwenden Sie die gleichen Eigenschaften wie bei der Formatvorlage für die Aufzählungen.

Zusätzlich sollen die Absätze linksbündig ausgerichtet sein. Dieses Attribut stellen Sie in dem Aufgabenbereich *Tageigenschaft* über das Feld *align* ein. Klicken Sie in die Liste und wählen Sie *left* aus.

Bild 6.25: Die Ausrichtung anpassen

Wie Sie sicherlich gemerkt haben, haben Ihre Einstellungen nur Auswirkungen auf das gegenwärtig markierte Tag. Alle anderen der gleichen Gattung werden nicht angepasst. Trotzdem lassen sie sich mithilfe der Zwischenablage rasch anpassen.

Klicken Sie mit der rechten Maustaste in das Feld des Absatzes, das die gewünschte Einstellung hat.

Im Kontextmenü finden Sie den Eintrag *Kopieren*.

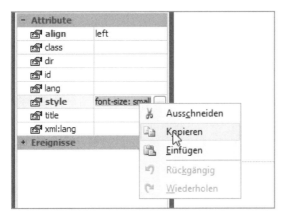

Bild 6.26: Die Werte
des Felds kopieren

Anschließend markieren Sie den Absatz, der dieses Format erhalten soll. Klicken Sie mit der rechten Maustaste in das Feld *style* und wählen Sie diesmal den Eintrag *Einfügen*.

Cascading Style Sheets

Spätestens wenn Sie größere Webprojekte angehen, werden Sie den Wunsch verspüren, immer wiederkehrende Formatierungen einfacher durchführen zu können. Diese Möglichkeit bieten Ihnen Stile auf Basis der *Cascading Style Sheets*.

- Zunächst erfahren Sie, wie interne Cascading Style Sheets funktionieren und wie man sie einsetzt.

- Danach lernen Sie die einzelnen Optionen der Stildefinitionen und deren Einsatzgebiete kennen.

- Schließlich erfahren Sie noch, was es mit externen Cascading Style Sheets auf sich hat und wie man mit ihrer Hilfe perfekte Texte gestaltet.

7.1 CSS

Das Kürzel CSS bedeutet *Cascading Style Sheets* und frei übersetzt »aufeinander aufbauende Stilvorlagen«. Und so seltsam die deutsche Übersetzung vielleicht auch klingen mag: Sie bezeichnet eigentlich recht gut, was man damit erreichen kann. Im Prinzip handelt es sich um aufeinander aufbauende Formatierungen, die man unter einem Namen aufrufen kann und mit denen sich eine ganze Reihe von Formatierungen auf einmal ausführen lässt. Ein *Stil* ist dabei im Prinzip nichts anderes als eine Sammlung von Formatierungen, die in dieser Zusammenstellung auf Zeichen oder Absätze angewendet werden. So legen Sie beispielsweise die Schriftart und -größe, die Ausrichtung von Absätzen oder die Textfarbe fest und weisen sie verschiedenen Stellen zu. Zum Erstellen eines solchen Stils müssen Sie einmal die erforderlichen Arbeiten durchführen und können dann diese gesammelten Formatierungen immer wieder anwenden. Nehmen Sie später eine Änderung an der Formatvorlage vor, dann wirkt sich das auf alle so formatierten Stellen aus.

Cascading Style Sheets (CSS) sind also die ideale Ergänzung zur Websprache HTML. *Style Sheets* bedeutet in etwa *staffelbare Vorlagen*. Mit ihnen sollen vornehmlich die Lücken beim Webdesign geschlossen werden, die HTML offen lässt. Während Sie beispielsweise mit HTML die Eigenschaften der Elemente nur innerhalb ganz bestimmter Grenzen festlegen, ist mit CSS eine sehr umfangreiche Beeinflussung möglich. Bietet Ihnen HTML für die Größen der Überschriften nur die vorgeschriebenen sechs Größen (H1 bis H6), können Sie in CSS beliebige Angaben in Pixel oder Millimeter vorgeben. So erreichen Sie ein für Webseiten ungeahntes Maß an Präzision. Darüber hinaus positionieren Sie mit CSS viele Elemente mithilfe von Positionsangaben. Das erleichtert die Gestaltung von Webseiten, bringt aber für Expression Web 2 einige Umstellungen mit sich.

CSS-Versionen

CSS wurden in den letzten Jahren ständig weiterentwickelt. Die erste Version 1.0 enthielt zunächst das Konzept der Cascading Style Sheets zum Speichern der Gestaltungsinformationen, die auf eine komplette Website angewendet werden können. Mit der Version 2.0 wurden weitere Effekte wie beispielsweise Positionierungsfelder und die Fähigkeit zum Stapeln von Elementen auf Vorder- und Hintergrundebene eingeführt. Zuständig für die Cascading-Style-Sheets-Spezifikation ist das World Wide Web Consortium. Ausführliche Informationen finden Sie z. B. aus erster Hand beim World Wide Web Consortium unter *http://www.w3.org*.

Funktionsweise von Style Sheets

Einer der Hauptgründe für den Einsatz von Cascading Style Sheets ist, dass sie sehr flexibel und platzsparend einsetzbar sind, da Sie nur an einer Stelle eine Formatierung vornehmen müssen. Sie können an jeder Stelle der Webseite auf ein Stilelement zurückgreifen und bekommen so ein einheitliches Aussehen Ihrer Seiten. Anstatt jede einzelne Überschrift mit dem Tag *font* und dem Parameter *color* zu versehen, definieren Sie ein *Style Sheet*, das dann die gewünschte Formatierung für alle Überschriften einheitlich vornimmt.

Ein weiterer Vorteil: Änderungen lassen sich sehr schnell damit durchführen. Möchten Sie beispielsweise Ihre Standardschriftart von *Times New Roman* zu *Arial* ändern, so müssen Sie dies lediglich an einer Stelle tun.

Im Prinzip definieren Style Sheets-Formatvorlagen, die anschließend den Elementen einer Webseite zugewiesen werden. Dabei können Sie entweder neue Formate nach Ihren eigenen Vorstellungen erstellen oder auch bestehende Tags erweitern.

Im vorherigen Kapitel haben Sie CSS im Prinzip schon eingesetzt, wie ein Blick in die Codeansicht einer solchen Seite zeigt. Diese Art der Zuweisung kann aber schnell unübersichtlich werden, da sie mit eigenen Klassen arbeitet. Übersichtlicher wird es, wenn die Zuweisung von Formatvorlagen über die einzelnen Tags erfolgt.

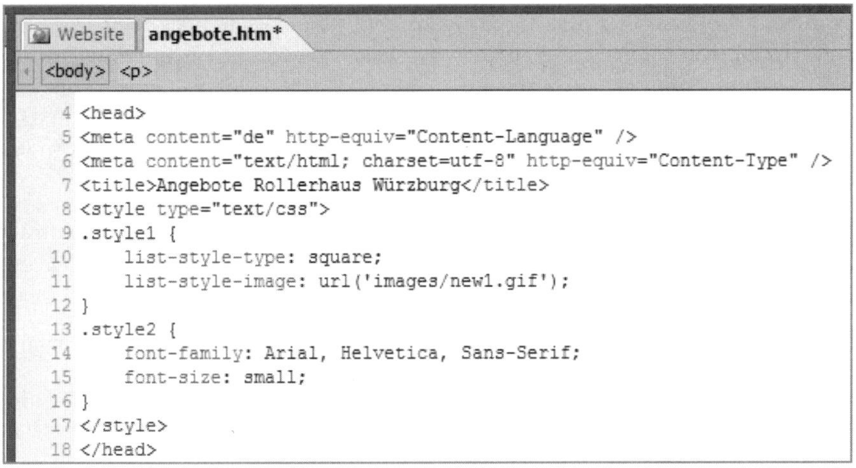

```
 Website    angebote.htm*
 <body>  <p>
  4 <head>
  5 <meta content="de" http-equiv="Content-Language" />
  6 <meta content="text/html; charset=utf-8" http-equiv="Content-Type" />
  7 <title>Angebote Rollerhaus Würzburg</title>
  8 <style type="text/css">
  9 .style1 {
 10     list-style-type: square;
 11     list-style-image: url('images/new1.gif');
 12 }
 13 .style2 {
 14     font-family: Arial, Helvetica, Sans-Serif;
 15     font-size: small;
 16 }
 17 </style>
 18 </head>
```

Bild 7.1: Style Sheets im Head-Bereich einer Seite

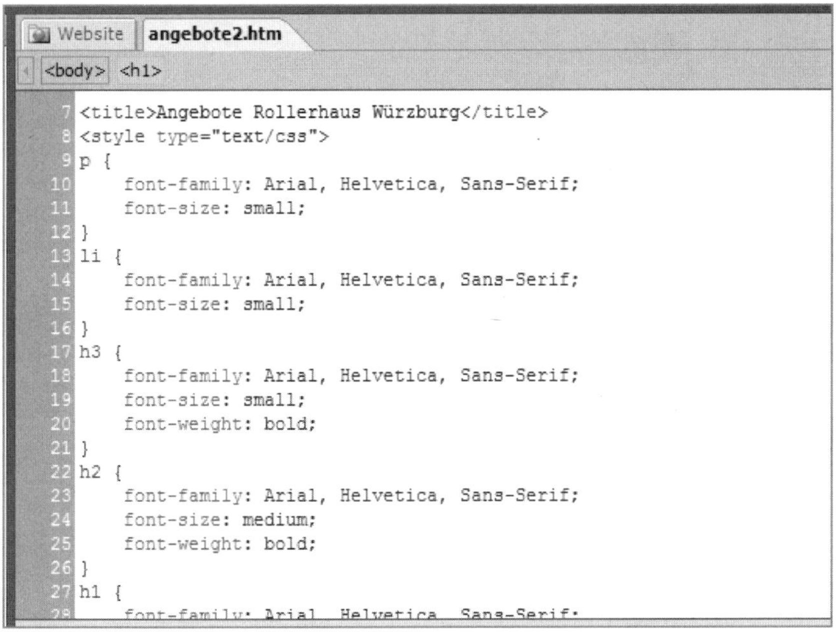

```
 Website    angebote2.htm
 <body>  <h1>
  7 <title>Angebote Rollerhaus Würzburg</title>
  8 <style type="text/css">
  9 p {
 10     font-family: Arial, Helvetica, Sans-Serif;
 11     font-size: small;
 12 }
 13 li {
 14     font-family: Arial, Helvetica, Sans-Serif;
 15     font-size: small;
 16 }
 17 h3 {
 18     font-family: Arial, Helvetica, Sans-Serif;
 19     font-size: small;
 20     font-weight: bold;
 21 }
 22 h2 {
 23     font-family: Arial, Helvetica, Sans-Serif;
 24     font-size: medium;
 25     font-weight: bold;
 26 }
 27 h1 {
 28     font-family: Arial, Helvetica, Sans-Serif;
```

Bild 7.2: Style-Sheets-Absatz-, -Listen- und -Überschriften-Formatvorlagen

Durch die Definition, die sich in den geschweiften Klammern befindet, werden deren ursprüngliche Formateigenschaften ignoriert und stattdessen die neu zugewiesenen Formate verwendet. Auf diese Art passen Sie die Formatierung Ihren Vorstellungen an.

Die Flexibilität von Cascading Style Sheets geht aber noch viel weiter: Beim Erstellen eines Formats für ein Tag ist dieses im Prinzip mit einem ganz bestimmten Format belegt und könnte somit nur eine Aufgabe erfüllen. Möchten Sie jedoch für ein Tag mehrere Formate definieren, legen Sie sogenannte *Klassen* an. Ist das erfolgt, genügt es, dass Sie unter der Angabe der Klassennamen in beliebiger Reihenfolge verschiedene Formate für ein und dasselbe Tag vergeben.

Das Erstellen einer solchen Klasse erfolgt auf die gleiche Weise wie eine zentrale Formatierung, allerdings mit dem Unterschied, dass nach der Angabe des zu formatierenden Tags ein Punkt mit der Angabe des Namens der Klasse erfolgt.

Auf eine solche Klasse greifen Sie später zu, indem Sie beispielsweise nach der Angabe des Tags *<h1>* das Attribut *class* mit dem Namen der definierten Klasse angeben.

7.2   Interne Cascading Style Sheets

Mit internen Style Sheets können Sie die Formatierung von HTML-Tags oder eines durch ein Attribut *class* gekennzeichneten Textbereichs automatisieren.

Erstellen eines Style Sheets

Wenn Sie ein Style Sheet erstellen wollen, bildet der Aufgabenbereich *Formatvorlagen verwalten* den Ausgangspunkt Ihrer Bemühungen. Rufen Sie ihn über die Menüfolge *Format / CSS-Stylesheets / Formatvorlagen verwalten* auf.

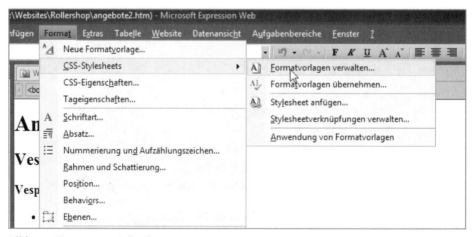

Bild 7.3: Einen neuen Stil anlegen

Er wird am rechten Rand eingeblendet und Sie können mit dem Erstellen eines neuen Stils beginnen. Klicken Sie dazu auf den Hyperlink *Neue Formatvorlage*. Dadurch erhalten Sie das gleichnamige Dialogfenster.

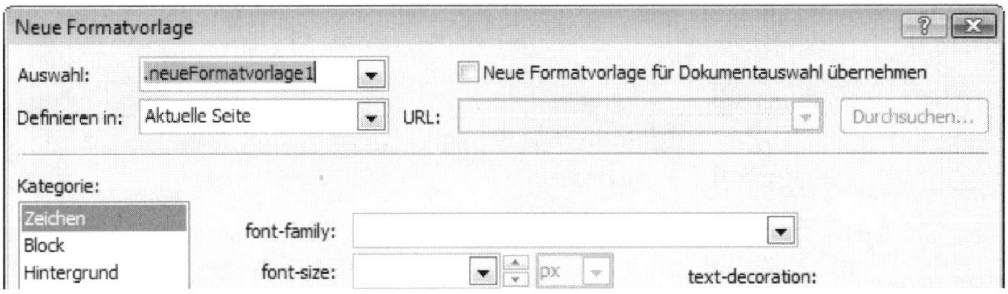

Bild 7.4: Das Dialogfenster *Neue Formatvorlage*

Da Sie ein Tag ändern wollen, wählen Sie zunächst im Feld *Selektor* das gewünschte Tag aus.

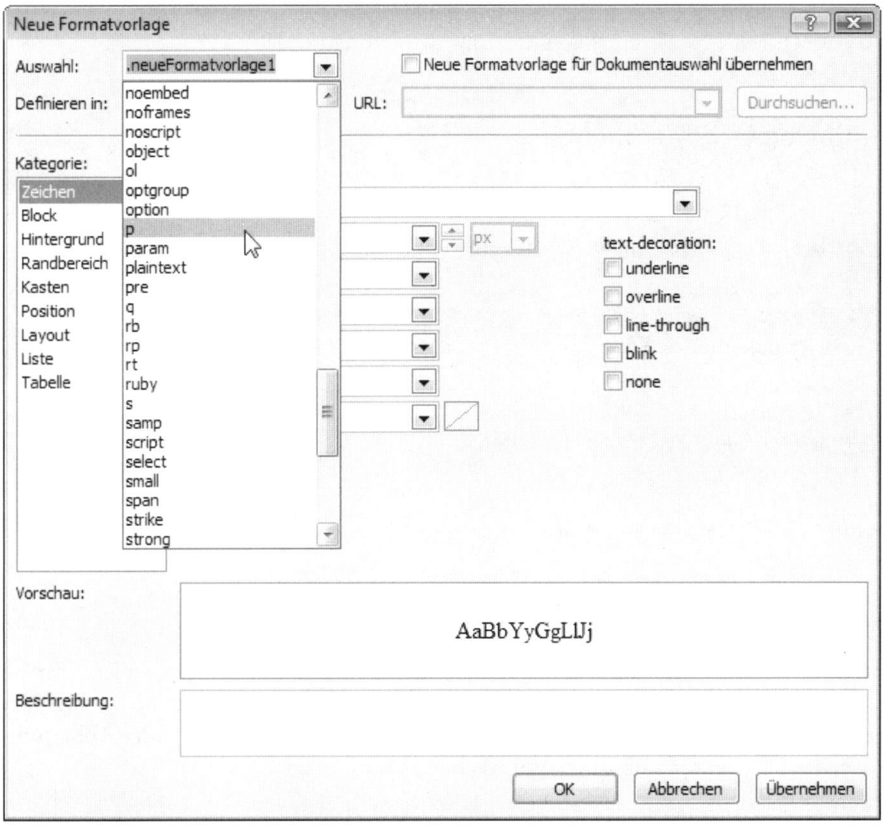

Bild 7.5: Das gewünschte Tag auswählen

Im Folgenden sollen lediglich Einstellungen in der Kategorie *Zeichen* vorgenommen werden. Da diese bereits markiert ist, können Sie die Schriftfamilie über das Feld *font-family* einstellen. Gleiches gilt für das Feld *font-size*, also die Schriftgröße. Mit *OK* schließen Sie Ihre Arbeiten ab. Augenblicklich wird der betreffende Absatz mit den gewählten Einstellungen dargestellt.

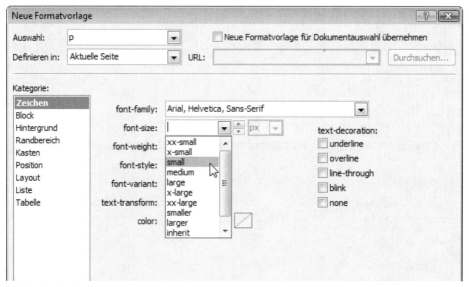

Bild 7.6: Die Einstellungen für die Schrift vornehmen

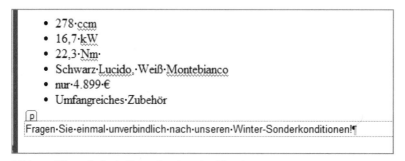

Bild 7.7: Die geänderte Formatvorlage im Einsatz

Wenn Sie einen neuen Absatz erstellen, wird dieser gleich in der entsprechenden Schriftart und -größe dargestellt. Erstellen Sie auf die gezeigte Weise die Stile für die Aufzählungen und die Überschriften. Abschließend sollte die Seite wie in folgender Abbildung aussehen und der Aufgabenbereich entsprechend bestückt sein.

Bild 7.8: Alle Beispielstile im Aufgabenbereich

Abändern eines Style Sheets

Genauso einfach, wie Sie einen Stil erstellen, können Sie diesen anpassen und so die gesamte Seite auf einen Schlag ändern. Klicken Sie im Arbeitsbereich *Formatvorlagen verwalten* mit der rechten Maustaste auf den Stil, den Sie ändern wollen. Im Beispiel sollen die Überschriften der Ebene 2 mit einem roten Farbton versehen werden.

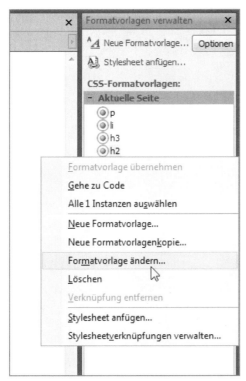

Bild 7.9: Einen Stil modifizieren

Im Kontextmenü wählen Sie dann den Eintrag *Formatvorlage ändern.* Sie erhalten das Dialogfenster *Formatvorlage ändern,* das im Wesentlichen dem Dialogfenster *Neue Formatvorlage* entspricht.

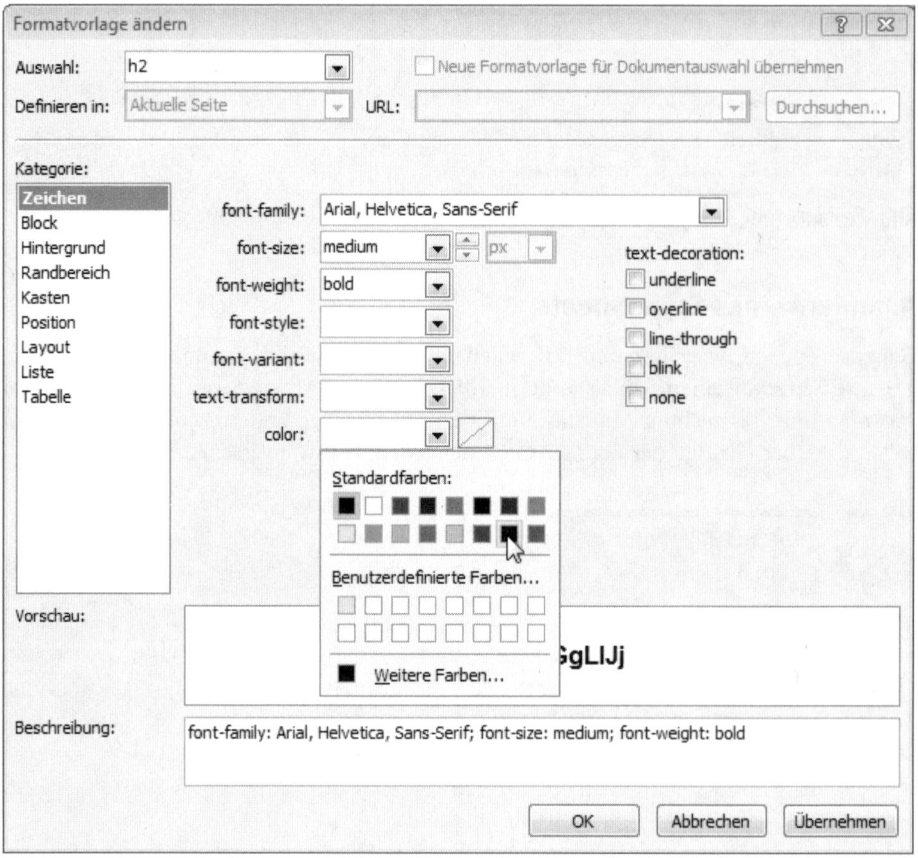

Bild 7.10: Die Textfarbe eines Tags ändern

Nehmen Sie die gewünschte Änderung, im Beispiel das Einstellen der Farbe im Feld *color*, vor und bestätigen Sie mit *OK*. Augenblicklich werden die betreffenden Textstellen in der angepassten Formatierung dargestellt.

Bild 7.11: Die angepassten Textstellen

7.3 Stildefinitionen

Wegen der besonderen Bedeutung der Stildefinitionen finden Sie im Folgenden Informationen, die Ihnen helfen sollen, entsprechende Einstellungen auch ohne ausführliche Kenntnisse von CSS vorzunehmen.

Stildefinitionen der Kategorie Zeichen

In der Kategorie *Zeichen* des Dialogfensters *Formatvorlage ändern*, welche Sie bereits schon weiter oben kennengelernt haben, nehmen Sie die grundlegenden Typeinstellungen für einen CSS-Stil vor. Sie haben folgende Möglichkeiten:

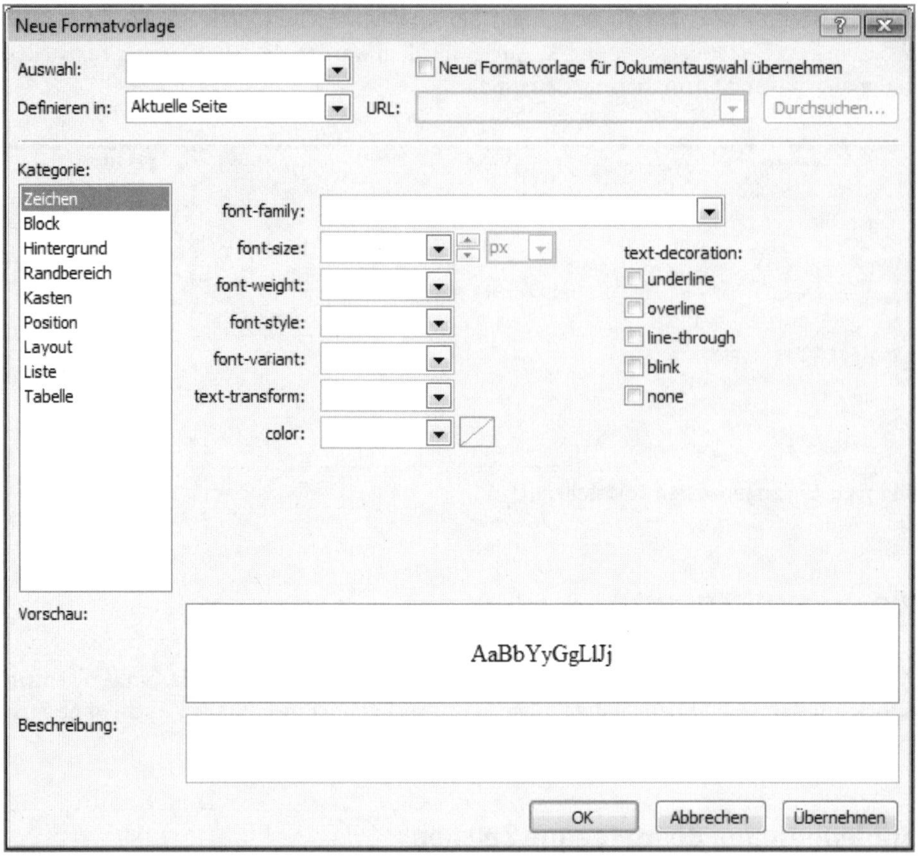

Bild 7.12: Die Stildefinitionen der Kategorie Zeichen

▲ Schriftfamilie (*font-family*)

Bestimmen Sie hier die Schriftfamilie(n) für den Stil. Klicken Sie dazu auf die Liste und wählen Sie die gewünschte Schriftart aus. Beachten Sie, dass in Browsern der Text in der ersten Schriftart der Schriftartkombination angezeigt wird, die auf dem jeweiligen Computer installiert ist.

▲ Schriftgröße (*font-size*)

Über dieses Listenfeld legen Sie die Größe des Textes fest. Sie können für eine relative Größe (z. B. *small*) sowie eine Maßeinheit (z. B. *px*) auswählen. Einer der großen Vorteile von Style Sheets ist die Verwendung von genauen Maßangaben. Die Auswahl der gegebenen Möglichkeiten ist riesig und es wird dabei zwischen relativen und absoluten Maßangaben unterschieden. Dabei stehen Ihnen die nachfolgenden *relativen Maßeinheiten* zur Auswahl, die ihre Angaben vom jeweiligen Browser beziehen:

Maßeinheit	Entspricht	Beschreibung
xx-small	8 pt	Extrem klein
x- small	10 pt	Sehr klein
small	12 pt	Klein
medium	14 pt	Normal
large	18 pt	Groß
x-large	24 pt	Sehr groß
xx-large	36 pt	Extrem groß
smaller		Kleiner
larger		Größer
Inherit		Dieser Wert legt fest, dass die Eigenschaften den Wert des Elternelements erben sollen.
value		Am unteren Ende der Liste finden Sie den Eintrag (). Nachdem Sie ihn aktiviert haben, können Sie absolute Maßangaben verwenden. Diese erzwingen stets eine gleich große und vom Browser unabhängige Darstellung der Elemente.

▲ Schriftstärke (*font-weight*)

Mithilfe dieses Listenfelds legen Sie die spezifische oder relative Stärke für Fettformatierung fest. Dabei entspricht der Standardwert einer Angabe von *400*, ein fetter Text hat den Wert *700*.

▲ Schriftstil (*font-style*)

In diesem Feld legen Sie den Schriftstil fest. Wählen Sie zwischen *italic, normal, oblique* und *inherit*.

▲ Schriftvariation (*font-variante*)

Über dieses Feld haben Sie die Möglichkeit, eine Variation der Schriftart auszuwählen.

▲ Schriftdarstellung (*text-transform*)

Mit den Einstellungen dieses Felds legen Sie fest, ob ein Text groß- oder kleingeschrieben wird. *lowercase* bewirkt Kleinschreibung, während *uppercase* Großbuchstaben erzeugt. Großschreibung des jeweils ersten Buchstabens erreichen Sie mit *capitalize*.

▲ **Schriftfarbe (*color*)**

Über dieses Feld legen Sie die Farbe des Textes fest. Klicken Sie darauf und wählen Sie die gewünschte Farbe aus.

▲ **Textauszeichnungen (*text-decoration*)**

Darüber hinaus können Sie mithilfe von fünf Kontrollkästchen im Bereich *text-decoration* weitere Auszeichnungen vornehmen. Diese haben folgende Bedeutung:

Kontrollkästchen	Beschreibung
underline	Der Text wird unterstrichen dargestellt.
overline	Der Text wird mit einer Oberlinie versehen.
line-through	Der Text wird durchgestrichen.
blink	Der Text erscheint blinkend.
none	Es werden die Browservorgaben verwendet. Für normalen Text lautet sie *none*, für Hyperlinks *underline*.

Stildefinitionen der Kategorie Block

Über diese Stildefinition nehmen Sie die gewünschten Einstellungen für den Standardstil (*Absatz, Vorformatiert, Überschrift 1, Überschrift 2* usw.) für einen Textblock vor.

▲ **Zeilenhöhe (*line-height*)**

Durch diese Angaben wird die Zeilenhöhe festgelegt.

▲ **Vertikale Ausrichtung (*vertical-align*)**

Wählen Sie über die Liste die gewünschte vertikale Ausrichtung des Elements aus.

▲ **Textausrichtung (*text-align*)**

Bestimmen Sie, ob der Text *links, rechts,* in der *Mitte* oder *zentriert* innerhalb des Elements ausgerichtet werden soll.

▲ **Texteinzug (*text-indent*)**

Hier legen Sie fest, wie weit die erste Zeile eingezogen wird. Verwenden Sie einen negativen Wert, können Sie einen Negativeinzug erstellen. Die Darstellung hängt jedoch sehr stark vom verwendeten Browser ab.

▲ Leerraum (*white-space*)

Über dieses Listenfeld bestimmen Sie, wie Leerraum zwischen Elementen behandelt wird. Dabei stehen drei Optionen zur Auswahl: Bei der Option *normal* wird der Leerraum reduziert. Die Option *pre* behandelt Leerraum so, als wäre der Text in *pre*-Tags eingeschlossen. Das hat zur Folge, dass sämtlicher Leerraum einschließlich Leerzeichen, Tabulatoren und Absatzmarken berücksichtigt wird. Entscheiden Sie sich für *nowrap*, wird der Text nur umbrochen, wenn Sie explizit ein *br*-Tag eingeben.

▲ Wortabstand (*word-spacing*)

Mit dieser Angabe fügen Sie zusätzlichen Abstand zwischen Wörtern ein.

▲ Zeichenabstand (*letter-spacing*)

Über dieses Feld können Sie zusätzlichen Abstand zwischen Zeichen einfügen.

Stildefinitionen der Kategorie Hintergrund

In der Kategorie *Hintergrund* werden die Hintergrundeinstellungen für einen CSS-Stil vorgenommen. Es gibt folgende Einstellungsmöglichkeiten:

▲ Hintergrundfarbe (*background-color*)

Nach einem Klick auf das Farbfeld legen Sie die Hintergrundfarbe für das Element fest.

▲ Hintergrundbild (*background-image*)

Wenn Sie ein Hintergrundbild, etwa ein Firmenlogo oder ein Foto, verwenden möchten, tragen Sie hier den Namen und Pfad ein oder klicken auf die Schaltfläche *Durchsuchen*, um es auszuwählen.

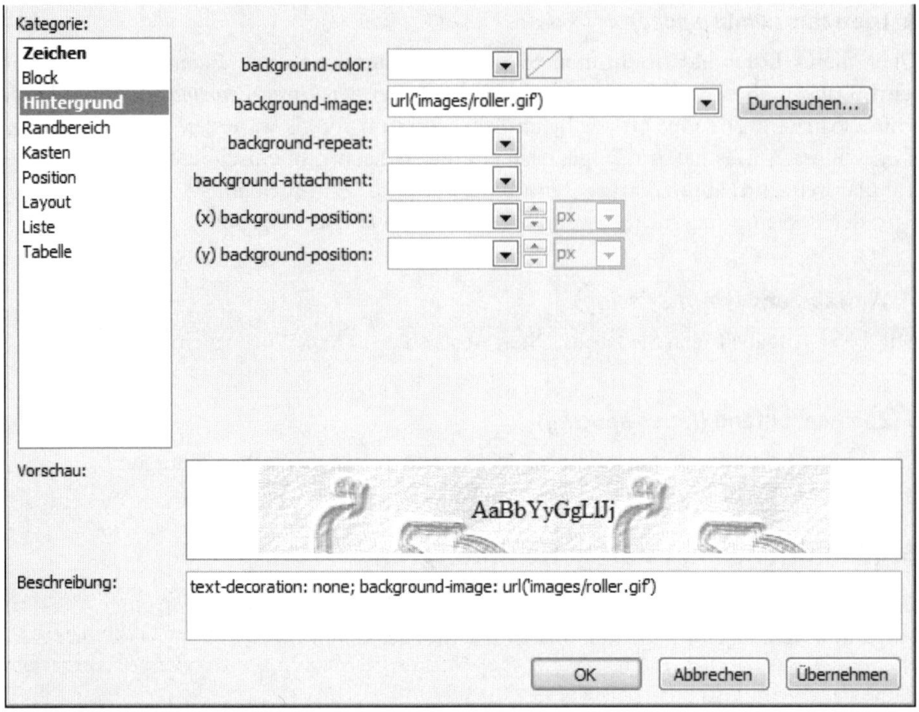

Bild 7.13: Eine Hintergrundgrafik einbinden

▲ Hintergrundbildwiederholung (*background-repeat*)

Über die Eingaben in diesem Feld legen Sie fest, ob und wie häufig das Hintergrundbild wiederholt wird. Entscheiden Sie sich für den Eintrag *no-repeat* (nicht wiederholen), zeigt Expression Web 2 das Bild einmal am Anfang des Elements an. Wählen Sie *repeat* (wiederholen), wird das Bild horizontal und vertikal nebeneinander hinter dem Element angeordnet. Über die Werte *repeat-x* (wiederholen-x) und *repeat-y* (wiederholen-y) wird ein horizontaler beziehungsweise vertikaler Bildstreifen angezeigt.

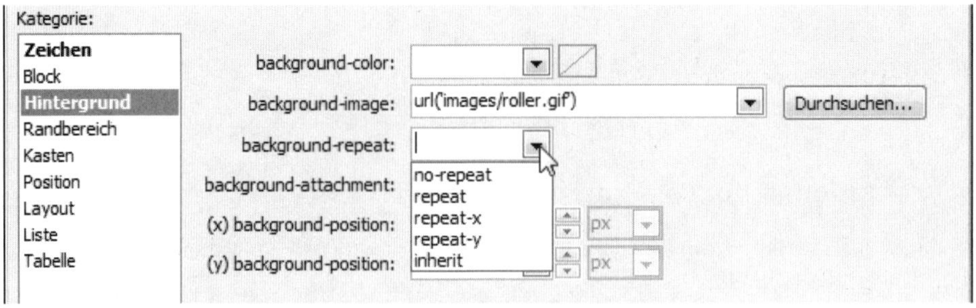

Bild 7.14: Wie oft soll das Hintergrundbild wiederholt werden?

▲ Hintergrundbildverhalten (*background-attachment*)

Über die Optionen dieses Listenfelds legen Sie fest, ob das Hintergrundbild an seiner ursprünglichen Position verankert (*fixed*) wird oder mit dem Inhalt mitlaufen (*scroll*) soll.

Bild 7.15: Soll der Hintergrund verankert sein oder mitlaufen?

▲ Hintergrundbildposition (*(x) background-position* / *(y) background-position*)

Hier tragen Sie die Anfangsposition des Hintergrundbilds in Relation zum Element ein. Wenn Sie die Anlageneigenschaft *top* wählen, wird das Element oben platziert, bei *bottom* am Grund und bei *center* in der Mitte.

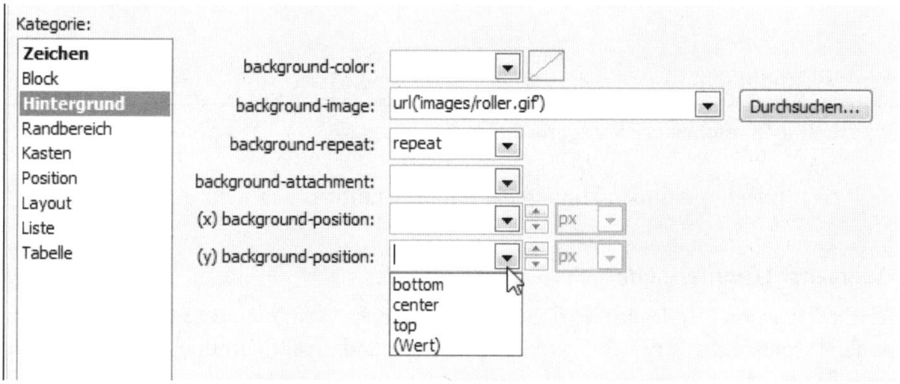

Bild 7.16: Die Optionen für die Hintergrundposition

Stildefinitionen der Kategorie Randbereich

In dieser Kategorie nehmen Sie die Einstellungen für die Stile vor, die die Anzeige von Rahmen um Elemente steuern.

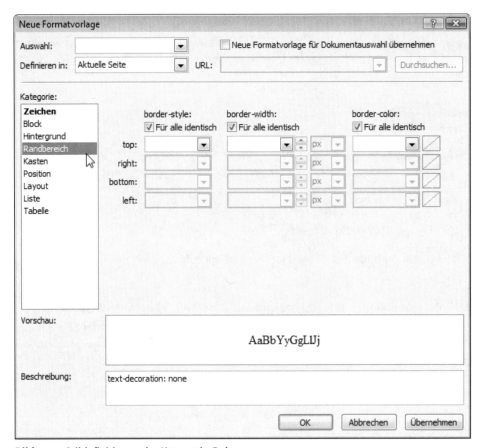

Bild 7.17: Stildefinitionen der Kategorie *Rahmen*

Auf die so angelegten Rahmen können Sie wie folgt Einfluss nehmen:

▲ Rahmenstil (*border-style*)

Über diese Listenfelder legen Sie den Stil des Rahmens fest. Sie können sich dabei für gepunktet (*dotted*), gestrichelt (*dashed*), durchgehend (*solid*), doppelt (*double*), Rille (*ridge*), Rippe (*groove*), innen (*inset*) oder außen (*outset*) entscheiden.

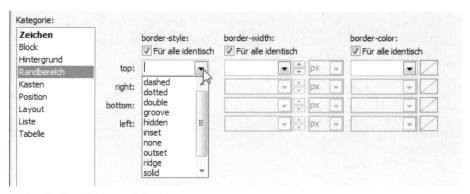

Bild 7.18: Den Rahmenstil festlegen

▲ Rahmenbreite (*border-width*)

In diesen Feldern bestimmen Sie, wie breit der Rahmen eines Elements sein soll. Es stehen die Werte dünn (*thin*), medium (*medium*), dick (*thick*) und Standard zur Auswahl. Möchten Sie einen genauen Wert eingeben, wählen Sie den Eintrag *Wert* und geben ihn in diesem Fall über die Tastatur ein. Zusätzlich können Sie dann über das daneben liegende Listenfeld die gewünschte Maßeinheit wählen.

▲ Rahmenfarbe (*border-color*)

Die Rahmenfarbe legen Sie über die entsprechenden Farbfelder fest. Klicken Sie für jede einzelne Seite darauf und wählen Sie die gewünschte Farbe aus der Palette aus.

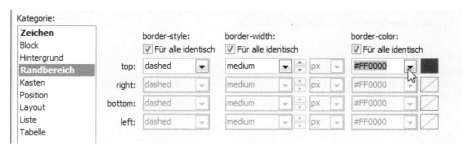

Bild 7.19: Ein definierter Randbereich

Stildefinitionen der Kategorie Kasten

In dieser Kategorie nehmen Sie Einstellungen für Stile vor, die die Positionierung von Elementen auf der Seite steuern.

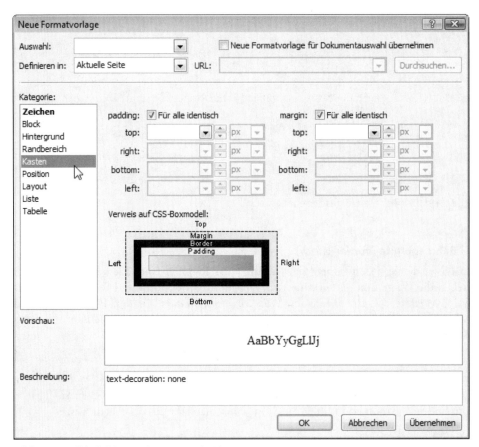

Bild 7.20: Stildefinitionen der Kategorie *Kasten*

Innerhalb der beiden Gruppenfelder des Dialogfensters nehmen Sie folgende Einstellungen vor:

▲ *padding*

Hier legen Sie die Größe des Leerraums zwischen dem Inhalt des Elements und dessen Rahmen fest.

▲ *margin*

Über diese Einstellungen bestimmen Sie die Größe des Leerraums zwischen dem Rahmen des Elements und einem anderen Element.

Stildefinitionen der Kategorie Position

Umfangreiche Einstellungen hinsichtlich der Positionierung von Objekten nehmen Sie in diesem Dialogfenster vor. So wird das Tag oder der Block des ausgewählten Textes in eine neue Ebene umgewandelt, wobei das Standard-Tag für die Definition von Ebenen verwendet wird, das in den Voreinstellungen für Ebenen eingestellt ist.

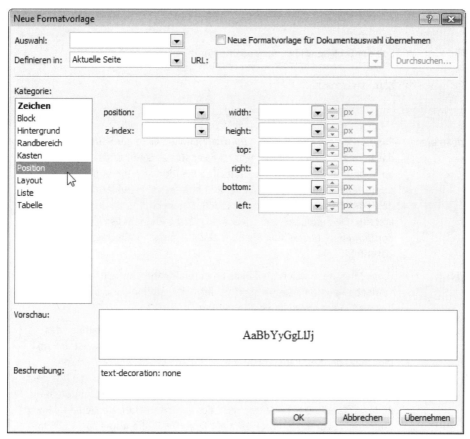

Bild 7.21: Stildefinitionen der Kategorie *Position*

▲ Ebenenposition (*position*)

Die Einstellungen dieses Listenfelds legen fest, wie der Browser die Ebenen positionieren soll.

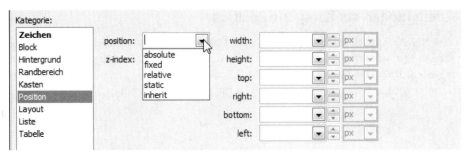

Bild 7.22: Wie soll der Browser die Ebenen positionieren?

Sie haben die Wahl zwischen:

absolute	Positioniert die Ebene relativ zur oberen linken Ecke der Seite. Das bedeutet, dass die absolute Position immer am Fensterrand gemessen wird. Absolut positionierte Objekte werden, falls ihre Position sich mit anderen positionierten Elementen deckt, in der Reihenfolge ihrer Deklaration innerhalb der HTML-Datei übereinandergestapelt. Das bedeutet, dass das zuletzt erstellte Element über dem zuvor deklarierten Element liegt. Die Reihenfolge der Stapelung bestimmen Sie über einen *Z-Index* im gleichnamigen Listenfeld.
fixed	Diese Eingabe platziert die Ebene an deren Position im Textfluss. Die statische Positionierung entspricht der Voreinstellung und bedeutet insoweit keine spezielle Positionierung.
relative	Positioniert die Ebene relativ zur Position des Objekts im Textfluss des Dokuments. Das bedeutet, dass das Element nicht an einem festen Punkt innerhalb der Seite ausgerichtet wird. Relativ positionierte Elemente werden, falls ihre Position sich mit anderen positionierten Elementen deckt, in der Reihenfolge ihrer Deklaration innerhalb der HTML-Datei übereinandergestapelt. Das bedeutet, dass das zuletzt deklarierte Element immer über dem zuvor deklarierten Element liegt. Die Reihenfolge legen Sie im Listenfeld *z-Index* fest.
static	Das ist die Normaleinstellung. Es findet keine spezielle Positionierung statt und der Elementfluss ist normal.

▲ Stapelreihenfolge (*z-Index*)

Dieser Wert bestimmt die Stapelreihenfolge der Ebenen. Ebenen mit höheren Nummern werden über Ebenen mit kleineren Nummern angezeigt.

▲ **Breite der Ebene (*width*)**

Gibt die Breite der Ebene an.

▲ **Höhe der Ebene (*height*)**

In dieses Feld tragen Sie den Wert für die Höhe der Ebene ein.

▲ **Position**

Der Wert *top* gibt die obere Position an, der Wert *right* die rechte Position, die untere Positionsangabe erfolgt im Eingabefeld *bottom* und die für die linke Position im Feld *left*.

Stildefinitionen der Kategorie Layout

Die Stildefinitionen in dieser Kategorie bestimmen das Aussehen der jeweiligen Objekte.

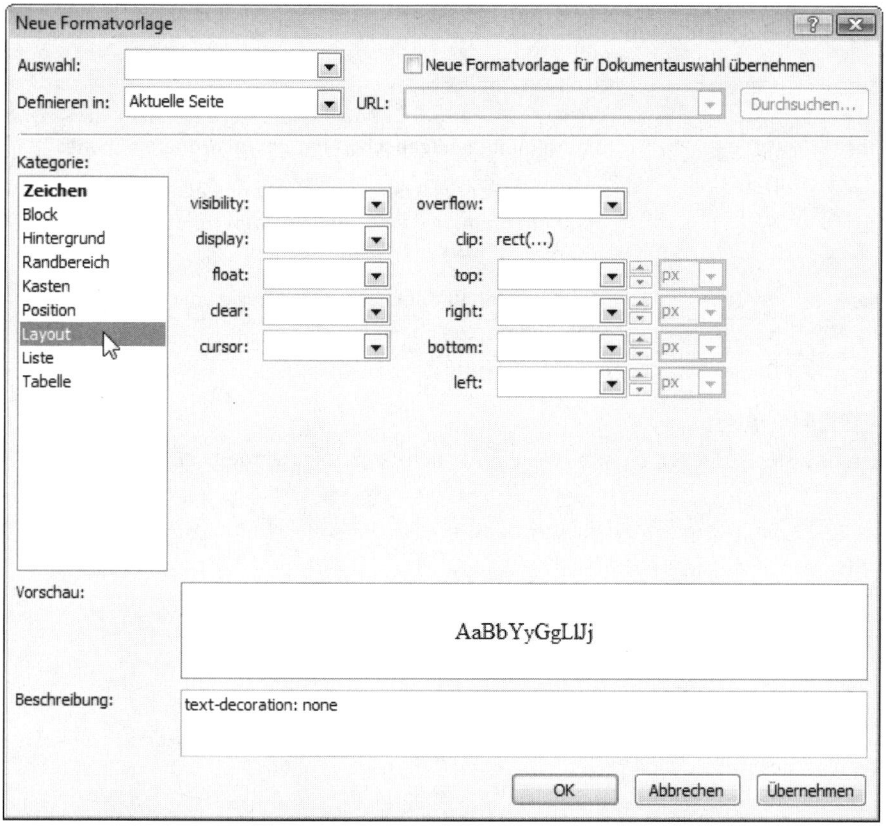

Bild 7.23: Stildefinitionen der Kategorie *Layout*

▲ Sichtbarkeit (*visibilty*)

In diesem Feld legen Sie den Anfangsstatus für die Sichtbarkeit der Ebene fest. Wenn Sie keine Eigenschaften eintragen, übernehmen die meisten Browser standardmäßig den Wert der übergeordneten Ebene. Sie können unter den folgenden Werten auswählen:

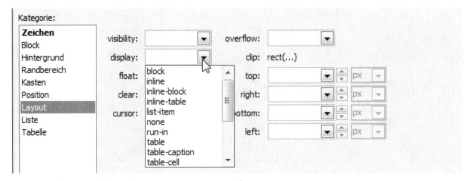

Bild 7.24: Hier wird der Anfangsstatus für die Sichtbarkeit der Ebene festgelegt.

Sie haben folgende Optionen:

collapse	Übernimmt die Eigenschaft der übergeordneten Ebene.
hidden	In diesem Fall wird der Inhalt der Ebene ausgeblendet, und zwar unabhängig davon, welcher Wert für die übergeordnete Ebene gilt.
visible	Zeigt den Inhalt der Ebene unabhängig vom Wert der übergeordneten Ebene an.

▲ Anzeige (*display*)

In diesem Listenfeld legen Sie fest, wie ein Element angezeigt werden soll.

Bild 7.25: Wie soll das Element angezeigt werden?

▲ Umfluss (*float*)

Die Wahl der entsprechenden Einstellungen lässt andere Elemente um ein entsprechend formatiertes Element herumfließen.

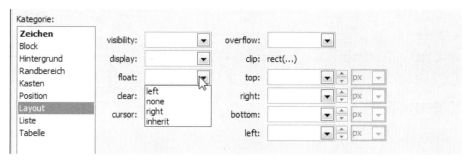

Bild 7.26: Wie sollen andere Elemente das Element umfließen?

▲ Umfluss-Ende (*clear*)

Diese Angabe beendet das Umfließen anderer Elemente.

▲ Mauszeiger (*cursor*)

Durch die verschiedenen Werte, die Sie aus dieser Liste auswählen, lässt sich das Aussehen des Mauszeigers ändern, wenn sich der Zeiger über dem vom Stil gesteuerten Objekt befindet.

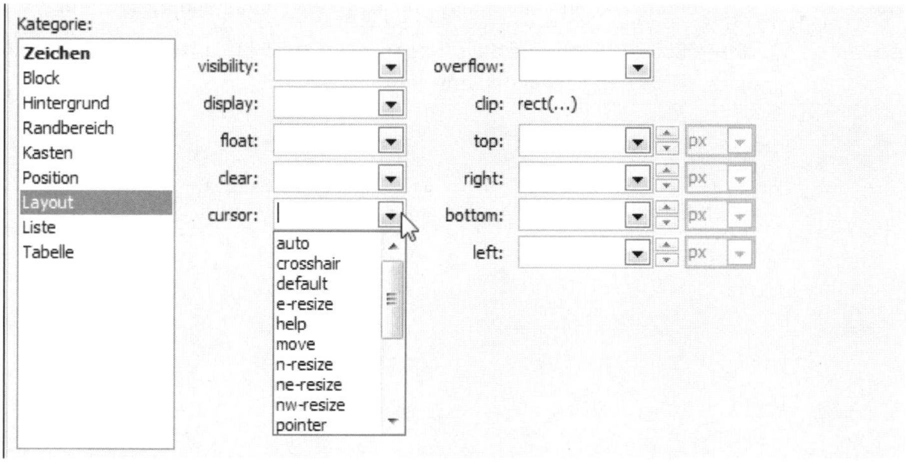

Bild 7.27: Welche Gestalt soll der Cursor haben?

▲ Überlauf (*overflow*)

Bestimmen Sie hier das Verhalten der Ebene, wenn der Inhalt die Größe der Ebene überschreitet.

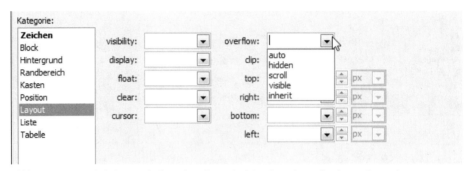

Bild 7.28: Hier wird das Verhalten der Ebene bei Größenüberschreitung festgelegt.

Dazu stehen Ihnen folgenden Optionen zur Auswahl:

auto	Wenn Sie diese Einstellung verwenden, werden die Bildlaufleisten nur dann angezeigt, wenn der Inhalt der Ebene über deren Rand hinausgeht.
hidden	In diesem Fall wird die Größe der Ebene beibehalten. Demzufolge wird der Inhalt abgeschnitten, der nicht in die Ebene passt, und es werden auch keine Bildlaufleisten angezeigt.
scroll	Fügt Bildlaufleisten unabhängig vom konkreten Inhalt in die Ebene ein.
visible	Vergrößert die Ebene so, dass ihr ganzer Inhalt sichtbar ist. Dabei wird sie nach rechts und nach unten erweitert.

Stildefinitionen der Kategorie Liste

In dieser Kategorie legen Sie die Einstellungen für die Darstellung von Listen in Stilen fest.

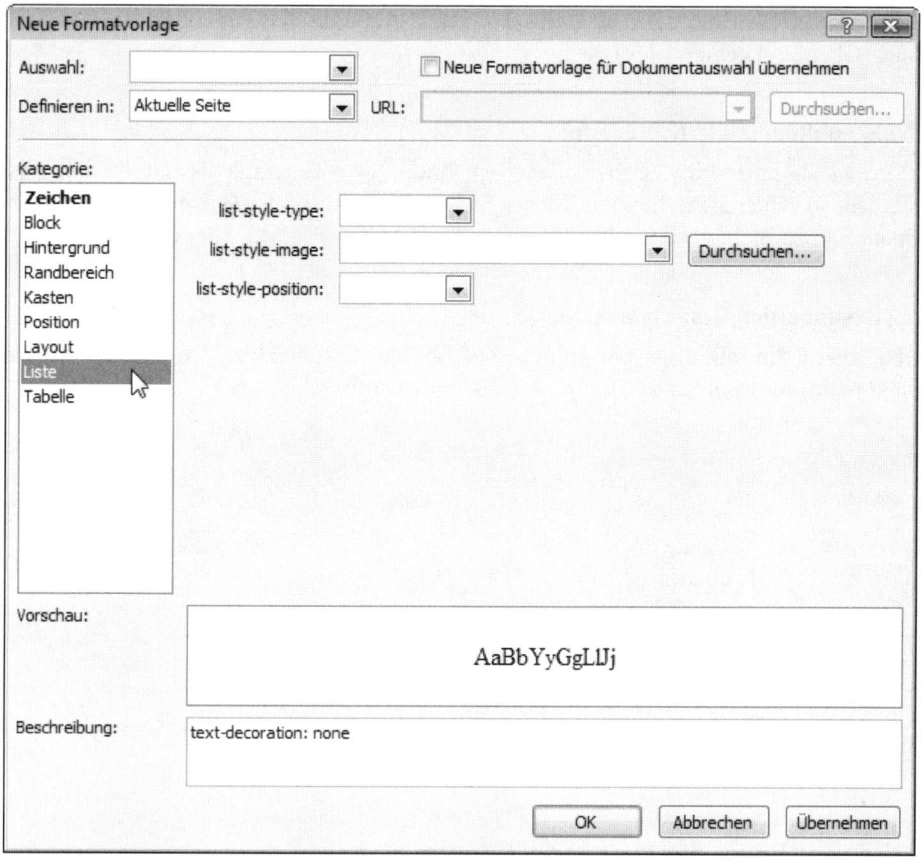

Bild 7.29: Stildefinitionen der Kategorie *Liste*

Sie haben hier folgende Optionen:

▲ Listenerscheinungsbild (*List-style-type*)

Hier legen Sie das Erscheinungsbild der Listenpunkte und Nummern wie folgt fest: Punkt, Kreis, Quadrat, dezimal, klein-römisch, groß-römisch, Klein-Buchstaben, Groß-Buchstaben und keine.

▲ Listenbilder (*List-style-image*)

Möchten Sie statt eines Zeichens lieber ein Bild oder eine Grafik als Listenpunkt verwenden, so geben Sie es hier an. Klicken Sie auf die Schaltfläche *Durchsuchen,* um nach einem Bild zu suchen, oder geben Sie in das Textfeld den Pfad des Bilds ein.

▲ Listenposition (*List-style Position*)

Über diese Einstellungen bestimmen Sie, ob der Listeneintrag am Einzug *outside* (außerhalb) oder am Seitenrand *inside* (innerhalb) umbrochen wird.

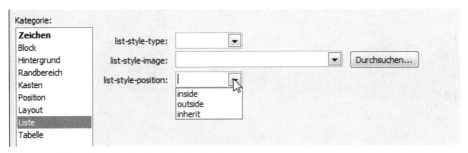

Bild 7.30: Hier wird die die Position festgelegt.

Stildefinitionen der Kategorie Tabelle

Über die Einstellungen dieser Kategorie treffen Sie Entscheidungen für das Aussehen der Tabellen.

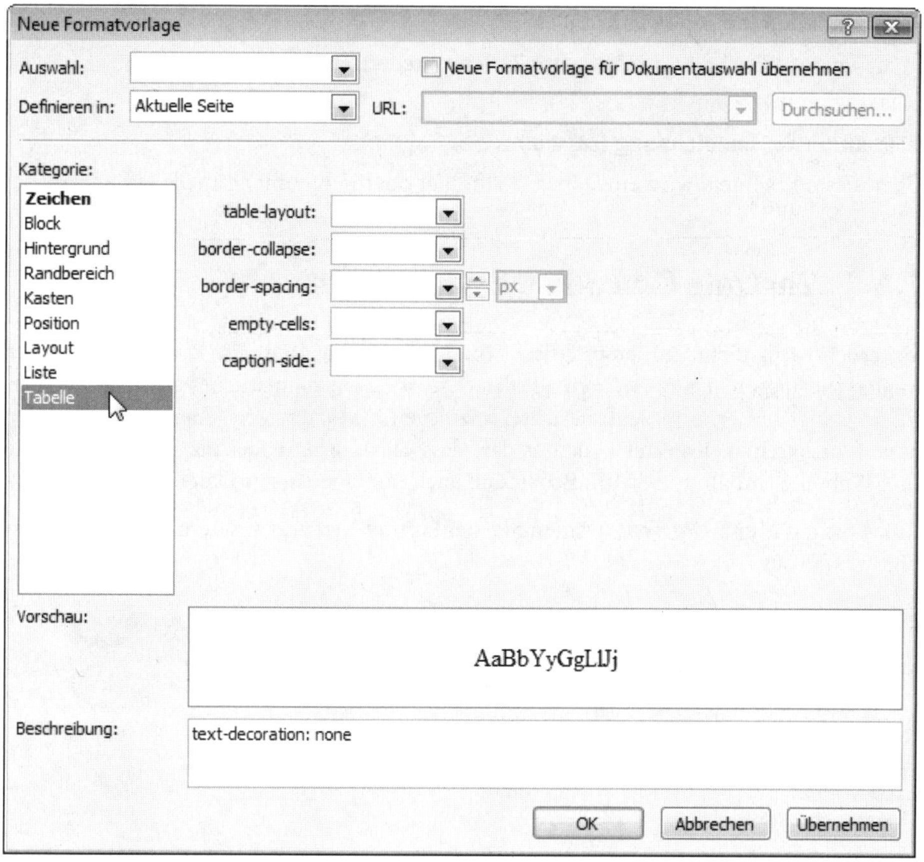

Neue Formatvorlage

| Auswahl: | | | ☐ Neue Formatvorlage für Dokumentauswahl übernehmen |
| Definieren in: | Aktuelle Seite | | URL: | | Durchsuchen... |

Kategorie:

Zeichen
Block
Hintergrund
Randbereich
Kasten
Position
Layout
Liste
Tabelle

table-layout:
border-collapse:
border-spacing: px
empty-cells:
caption-side:

Vorschau:

AaBbYyGgLlJj

Beschreibung: text-decoration: none

OK   Abbrechen   Übernehmen

Bild 7.31: Stildefinitionen der Kategorie *Tabelle*

▲ Tabellenlayout (*table-layout*)

Hier legen Sie fest, ob sich die Tabelle automatisch an das Browserfenster anpassen soll oder eine vorgegebene Ausdehnung einhalten muss.

▲ Rahmendarstellung (*border-collapse*)

Damit bestimmen Sie die Art, wie die Rahmen dargestellt werden.

▲ Rahmenabstand (*border-spacing*)

Diese Werte legen den Abstand der Rahmen zwischen benachbarten Tabellenzellen fest.

▲ **Leere Zellen (*empty-cells*)**

In diesem Feld wird die Anzeige leerer Zellen gesteuert.

▲ **Position der Bezeichnung (*caption-side*)**

Über dieses Listenfeld wird eine Überschrift über oder unter einer Tabelle festgelegt.

7.4 Zentrale Cascading Style Sheets

Sicherlich ist es nicht immer praktisch, für jede einzelne Webseite das Layout immer wieder festzulegen. Da Webseiten idealerweise stets ein einheitliches Aussehen haben sollten, ist es besser, eine zentrale Datei anzulegen und dann von jeder einzelnen Seite darauf zuzugreifen. Konkret bedeutet das, dass die externe Datei die Definitionen für Ihre Webseite enthält und Sie im Bedarfsfall auch nur eine einzige Datei ändern müssen.

Rufen Sie das Menü *Datei* auf, wählen Sie den Eintrag *Neu* und aus dem Untermenü den Eintrag *CSS* aus.

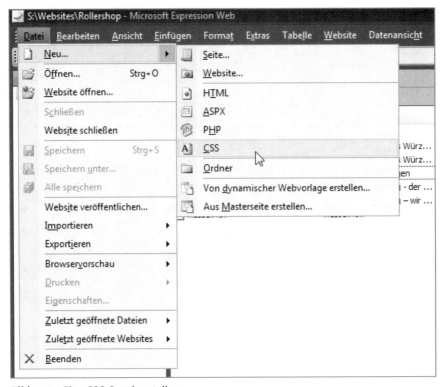

Bild 7.32: Eine CSS-Datei erstellen

Expression Web 2 öffnet eine neue, leere Seite.

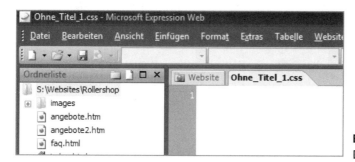

Bild 7.33:
Die neue CSS-Datei

Wie Sie zudem sehen, erhält diese neue Datei die Endung *.css*, was auf den Inhalt hin-
deutet. Auf der rechten Seite wird eine Zeilennummerung eingeblendet. Bei einer css-
Datei handelt es sich nämlich im Prinzip um eine einfache Textdatei, die lediglich die
entsprechenden Formatierungsanweisungen enthält. Da der Name *Ohne_Titel_1.css*
anzeigt, dass die Datei bisher noch nicht gespeichert wurde, wird es höchste Zeit, dass
Sie den Speichervorgang einleiten. Betätigen Sie ⟨Strg⟩ + ⟨S⟩ beziehungsweise klicken
Sie auf das *Speichern*-Symbol. Im folgenden Dialogfenster *Speichern unter* überschreiben
Sie den Vorgabenamen im Feld *Dateiname* und bestätigen mit *Speichern*.

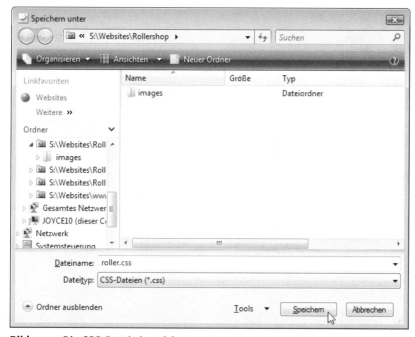

Bild 7.34: Die CSS-Datei abspeichern

Zentrale Formatvorlagen anlegen

Als Nächstes sollten Sie die Symbolleiste *Stil* einblenden, die Ihnen das Arbeiten erleichtert. Rufen Sie sie über die Menüfolge *Ansicht / Symbolleisten / Stile* auf und klicken Sie hier auf die Schaltfläche *Neue Formatvorlage*.

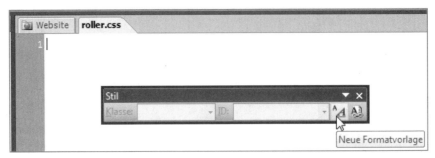

Bild 7.35: Die veränderte Entwurfsansicht

Sie erhalten das bekannte gleichnamige Dialogfenster, mit dem Sie vorhandene Vorlagen ändern und neue erstellen können. Wählen Sie zunächst über das Listenfeld *Definieren in* den Listenwert *Vorhandenes Stylesheet* aus.

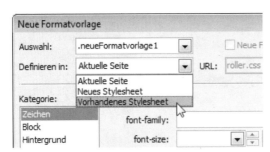

Bild 7.36: Die zuvor gespeicherte CSS-Datei einstellen

Anschließend überprüfen Sie im Listenfeld *URL*, ob es auch die CSS-Datei ist, die Sie ändern wollen. Nun können Sie im Feld *Selektor* die Formatvorlage *h2* (*Auswahl*) wie in folgender Abbildung ändern:

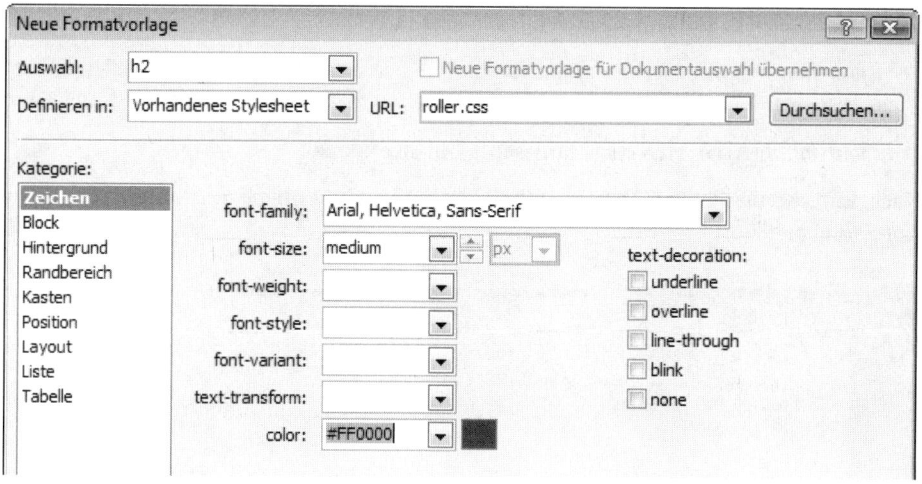

Bild 7.37: Die Werte der ersten Formatvorlage

Bestätigen Sie Ihre Einstellungen mit *OK*. Ihnen müsste sich jetzt ein Anblick wie in folgender Abbildung bieten:

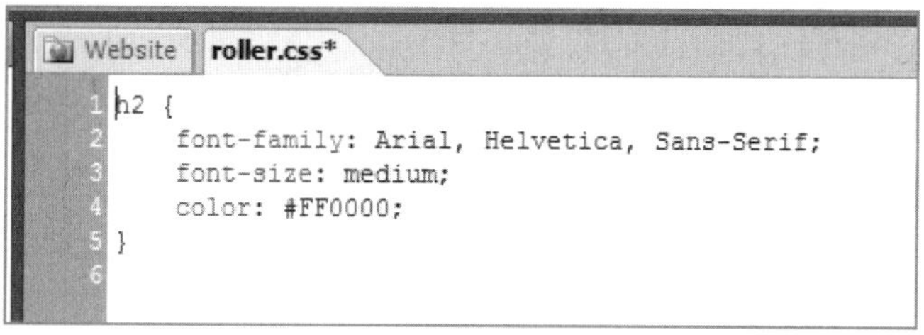

Bild 7.38: Die CSS-Werte des Tags *h2*

Expression Web 2 hat die einzelnen Formatierungseigenschaften zeilenweise angelegt. Verfügen Sie über weiterführende Kenntnisse im Umgang mit Style Sheets, werden Sie diese Elemente sicher kennen. Klicken Sie in die nächste freie Zeile nach der geschweiften Klammer und anschließend wieder auf die Schaltfläche *Neue Formatvorlage*.

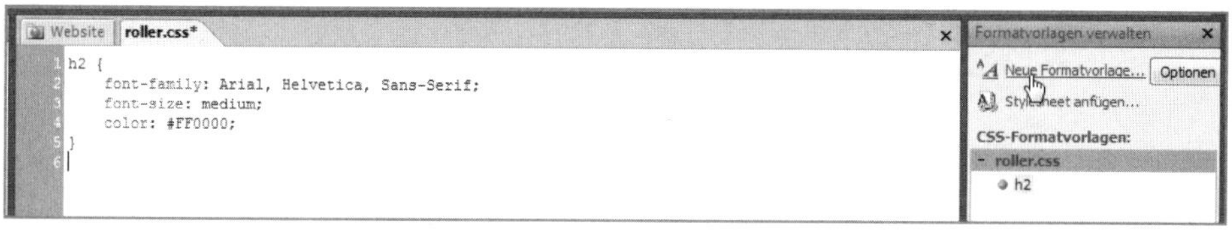

Bild 7.39: Weitere Werte definieren

Legen Sie, wie eben gezeigt, die folgenden Werte an:

◉ p: *font-family* Arial, Helvetica, sans-serif; *font-size* small; *line-height* 1,5 Zeilen (Kategorie *Block*)

◉ li: *font-family* Arial, Helvetica, sans-serif; *font-size* x-small

Nach Eingabe des letzten Wertes sollte sich Ihnen ein Anblick wie in der folgenden Abbildung bieten:

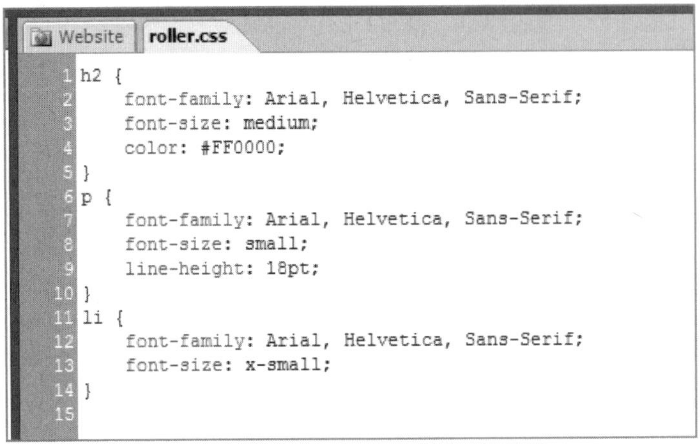

```
 1  h2 {
 2       font-family: Arial, Helvetica, Sans-Serif;
 3       font-size: medium;
 4       color: #FF0000;
 5  }
 6  p {
 7       font-family: Arial, Helvetica, Sans-Serif;
 8       font-size: small;
 9       line-height: 18pt;
10  }
11  li {
12       font-family: Arial, Helvetica, Sans-Serif;
13       font-size: x-small;
14  }
15
```

Bild 7.40:
So sollte Ihre CSS-Datei jetzt aussehen.

Da das Erstellen der CSS-Datei damit beendet ist, schließen Sie die Datei über das *Schließen*-Feld.

Zentrale Formatvorlagen einsetzen

Nachdem Sie eine zentrale Formatvorlage erstellt haben, müssen Sie sie lediglich noch für die jeweiligen Seiten einbinden. Voraussetzung ist natürlich, dass Sie für die Seite die entsprechenden Formatvorlagen eingesetzt haben. Öffnen Sie beispielsweise die Seite mit den Angeboten.

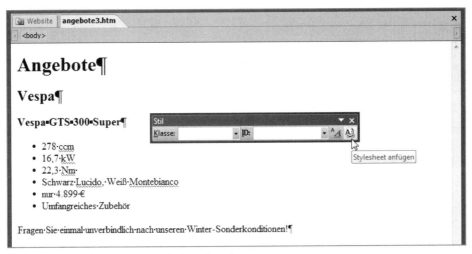

Bild 7.41: Die Seite zum gegenwärtigen Stand

Klicken Sie auf die Schaltfläche *Stylesheet anfügen*. Im folgenden Dialogfenster achten Sie darauf, dass die Option *Aktuelle Seite* aktiviert ist, wenn Sie das Style Sheet nur auf die gerade geöffnete Seite übernehmen wollen. Möchten Sie, dass das Style Sheet auf Ihre gesamte Webseite angewendet werden soll, aktivieren Sie die Option *Alle HTML-Seiten*.

Bild 7.42: Das Dialogfenster *Links zu Stylesheet anfügen*

Klicken Sie dann auf die Schaltfläche *Durchsuchen*. Im folgenden Dialogfenster *Stylesheet wählen* markieren Sie die oben erstellte Datei und bestätigen mit *Öffnen*.

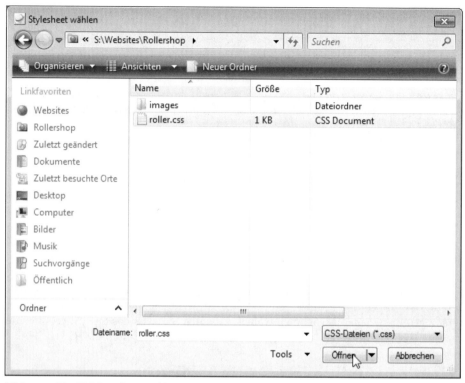

Bild 7.43: Die CSS-Datei auswählen

Bestätigen Sie abschließend noch im Dialogfenster *Stylesheet wählen* Ihre Wahl mit *OK* und Expression Web 2 wendet die Formatierungsanweisungen aus dieser Datei sofort auf Ihre Webseiten an. Das Ergebnis sollte in etwa wie in folgender Abbildung aussehen:

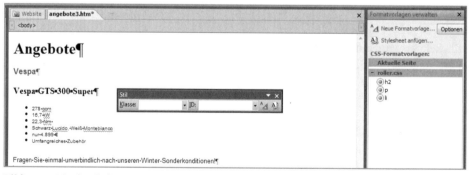

Bild 7.44: Die durch die CSS-Datei veränderte Webseite

Zentrale Formatvorlagen anpassen

Möchten Sie ein Tag ändern, dann ist das rasch erledigt. Wenn sich beispielsweise herausstellt, dass ein für den Listenpunkt gewählter Schriftgrad ein wenig zu klein ist und Sie dies ändern möchten, gehen Sie wie folgt vor:

Klicken Sie im Arbeitsbereich *CSS-Eigenschaften* auf die entsprechende Eigenschaft und stellen den gewünschten Wert ein. Ändern Sie im Feld *font-size* den Wert von *x-small* auf *small*.

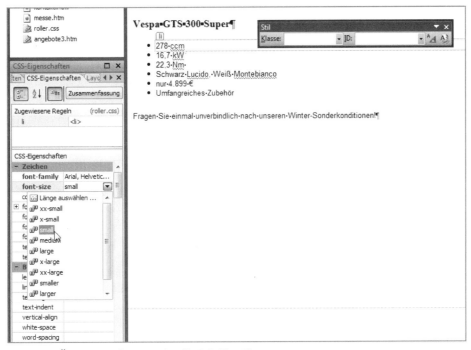

Bild 7.45: Ändern Sie den Wert für die Schriftgröße

Speichern Sie die Änderung an der CSS-Datei durch Betätigen von ⎡Strg⎤ + ⎡S⎤ beziehungsweise Anklicken der *Speichern*-Schaltfläche.

Hyperlinks

8

Hyperlinks lassen sich durchaus mit Querverweisen in herkömmlichen Texten vergleichen, erst mit Hyperlinks stellen Sie die Verbindung zu anderen Seiten her. Sie verweisen an eine andere Stelle im Text oder auf andere Bücher. Möchten Sie diese Stellen betrachten, dann müssen Sie die entsprechende Seite aufschlagen und/oder das Buch besorgen. Es genügt ein einfacher Klick, um Sie ans Ziel zu bringen.

- Zunächst erfahren Sie, was man über Hyperlinks wissen sollte, damit alles reibungslos abläuft.

- Danach beschäftigen wir uns mit den Hyperlinks auf andere Seiten und schaffen so die Basis für eine funktionierende Website. Dabei lernen Sie insbesondere den relevanten Unterschied zwischen absoluten und relativen Links kennen.

- Wie man innerhalb eines Dokuments Hyperlinks geschickt einsetzt und so dem Leser hilft, eine bestimmte Stelle schneller zu finden, erfahren Sie im folgenden Abschnitt.

- Es folgen dann Hyperlinks ins Internet, ihr Einsatz bei E-Mails und Downloads und bei den sehr beliebten PDF-Dateien.

- Abschließend sehen Sie noch, wie man Hyperlinks bei Grafiken einsetzt, und erstellen als Abschluss eine Navigationsleiste, mit der die Betrachter sich mühelos in Ihrer Seite bewegen können.

8.1   Das muss man wissen

Ein Text, der mit einem Hyperlink versehen ist, wird standardmäßig unterstrichen dargestellt und farblich abgesetzt. So kann er sofort als Link erkannt werden. Zudem verwandelt sich der Mauszeiger in eine Hand, wenn Sie ihn darüber bewegen.

Bild 8.1: Ein aktivierter Hyperlink

Wenn Sie auf eine solche Verknüpfung klicken, wird die betreffende Seite im Browser aufgerufen. Mit einem Hyperlink stellt man also eine Verbindung zwischen einer Seite und einem anderen Ziel her. Dieses Ziel kann entweder eine andere Webseite Ihrer eige-

nen Site, ein Ziel auf Ihrer Seite oder die Seite einer anderen Website sein. Ein solches
Ziel können aber auch eine E-Mail-Adresse (wie in der vorherigen Abbildung ersichtlich), Bilder, Sound- oder Videodateien usw. sein.

Hyperlinkarten

Prinzipiell unterscheidet man zwischen zwei Arten von Hyperlinks:

- Absolute (externe) Verweise.

  Jede Website im Internet hat eine weltweit eindeutige Adresse, auch URL (Uniform
  Resource Locator) genannt. Diese wird im Regelfall über einen Hyperlink, genauer:
  einen absoluten Verweis, angesprochen.

  Ein absoluter Verweis ist der typische Internetverweis, wie Sie ihn vermutlich schon
  öfter gesehen haben. Beispielsweise ist der Link *http://www.franzis.de* ein externer
  Verweis auf die Homepage des Franzis Verlags. Solche Verweise enthalten die
  vollständige URL, also die Internetadresse einer Seite mit Protokoll-, Server- und
  optionalem Pfad- beziehungsweise Dateinamen. Man benötigt sie, um ein Internetangebot aufzurufen.

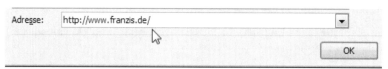

Bild 8.2: Ein typischer absoluter Verweis

- Relative (lokale) Verweise.

  Ein lokaler Verweis ist dagegen ein Hyperlink auf die eigene Website, mit der eine
  Seite des eigenen Angebots aufgerufen wird.

  In solchen relativen Verknüpfungen sind nicht alle Teile einer Internetadresse enthalten. Wenn Sie einen lokalen Hyperlink (einen Hyperlink von einem Dokument zu
  einem anderen in derselben Site) erstellen, geben Sie in der Regel nicht die gesamte
  URL des Dokuments an, auf das der Hyperlink verweist, sondern den Dateinamen
  und gegebenenfalls den Ablageordner. Der Browser entnimmt dann die fehlenden
  Informationen (also das Protokoll und den Servernamen) der gerade geöffneten
  Seite, in welcher der Hyperlink enthalten ist.

  Der größte Vorteil eines solchen Verweises ist, dass Sie einen Ordner, der diese Seiten
  enthält, verschieben können, ohne dass die Hyperlink-Informationen verloren gehen.
  Expression Web passt dabei den Hyperlink automatisch an. Sie müssen lediglich
  darauf achten, die richtigen Dateien zu markieren.

Hyperlinks planen

Hyperlinks dienen in erster Linie dazu, Ihre Besucher durch Ihr Angebot zu geleiten. Bedenken Sie unbedingt, dass man das Anlegen von Hyperlinks planen sollte. So sollte es den Lesern möglich sein, sich problemlos durch Ihr Angebot zu bewegen. Entscheidend für den Erfolg eine Webseite ist nicht zuletzt eine ausgeklügelte Hyperlinkstruktur. Entwerfen Sie deshalb unbedingt einen Strukturplan, wie Sie ihn im zweiten Kapitel kennengelernt haben.

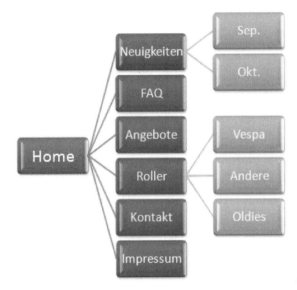

Bild 8.3: Legen Sie frühzeitig einen Strukturplan an.

Ausgehend von der Homepage, der Einstiegsseite, führen Hyperlinks zu den untergeordneten Themen, wie etwa einer Seite mit Neuigkeiten. Diese spalten sich in weitere Unterseiten auf, um schneller die gewünschte Information zu bieten. Von allen Seiten soll der Leser schließlich wieder zurück zur Homepage gelangen.

Erstellen Sie an dieser Stelle eine weitere Seite mit dem Dateinamen *roller.html* und der entsprechenden Seitenbezeichnung. Die restlichen, noch fehlenden, auf der Abbildung ersichtlichen Seiten werden zu einem späteren Zeitpunkt erstellt.

Hyperlinks einrichten

Browser stellen Hyperlinks standardmäßig in Blau und unterstrichen dar, was aber eventuell nicht Ihren Vorstellungen entspricht – beispielsweise dann, wenn Sie einen blauen Hintergrund verwenden möchten. Deshalb können Sie einem Hyperlink abhängig vom Zustand verschiedene Farben zuweisen. Die Grundeinstellungen finden Sie im

Dialogfenster *Seiteneigenschaften*, das Sie über die Menüreihenfolge *Datei / Eigenschaften* aufrufen. Dort aktivieren Sie die Registerkarte *Formatierung*.

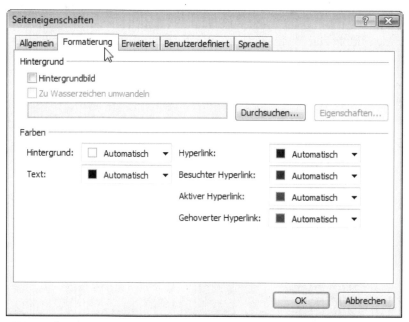

Bild 8.4: Ändern der Hyperlink-Eigenschaften

Im Bereich *Farben* finden Sie auf der rechten Seite die entsprechenden Einstellungsmöglichkeiten. Standardmäßig ist die Option *Automatisch* vorgegeben. Die Information wird demzufolge dem verwendeten Browser entnommen. Dieser verwendet im Regelfall – sofern nichts verstellt wurde – folgende Standardzustände:

- *Hyperlink*: Voreingestellt ist *Blau*. Diese Farbe signalisiert, dass die Seite noch nicht besucht wurde.

- *Besuchter Hyperlink*: Standardmäßig wird die Farbe *Violett* vewendet – als Zeichen, dass die Seite bereits angeklickt wurde. Der Hyperlink behält diese Farbe auch bei, wenn Sie zwischenzeitlich andere Seiten aufrufen. Wie lange ein Hyperlink als besucht angezeigt wird, hängt ebenfalls von der Browsereinstellung ab. So können Sie beispielsweise beim Internet Explorer im Register *Allgemein*, welches Sie durch Aufrufen von *Extras / Internetoptionen* erhalten, festlegen, wie lange die Links gespeichert werden sollen.

- *Aktiver Hyperlink*: *Rot*. Der Hyperlink nimmt diese Farbe an, sobald Sie auf den Link klicken und die Maustaste gedrückt halten.

- *Gehoverter Hyperlink:* Beim Hovern ändert sich die Farbe durch das Überstreichen des Links mit dem Cursor. Deshalb ist diese Darstellungsform insbesondere bei einer

Vielzahl von Hyperlinks von Vorteil, da man erkennt, welcher Hyperlink bei einem Klick ausgelöst würde.

Die Farbe von Hyperlinks sollte sich von der verwendeten Textfarbe möglichst auffällig unterscheiden, Das erleichtert die Orientierung. Um die Farbe zu ändern, klicken Sie auf den entsprechenden Listenpfeil, der sich am rechten Rand befindet, und wählen wie gewohnt die Farbe aus.

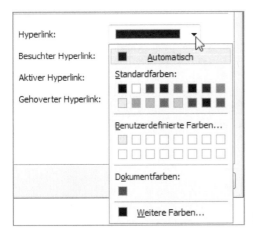

Bild 8.5: So ändern Sie die Farbe.

Über die Option *Weitere Farben* können Sie genaue Werte eingeben: Hyperlinks haben folgende RGB-Werte:

- Hyperlink: Hex={00,00,FF}
- Besuchter Link: Hex={99,00,99}
- Aktivierter Link: Hex={FF,00,00}

Hyperlinks entfernen

Wenn Sie einen Hyperlink entfernen möchten, klicken Sie einfach in den Hyperlink und wählen aus dem Kontextmenü den Eintrag *Hyperlinkeigenschaften* aus. Im erscheinenden Dialogfenster *Hyperlink bearbeiten* klicken Sie auf die Schaltfläche *Hyperlink entfernen*.

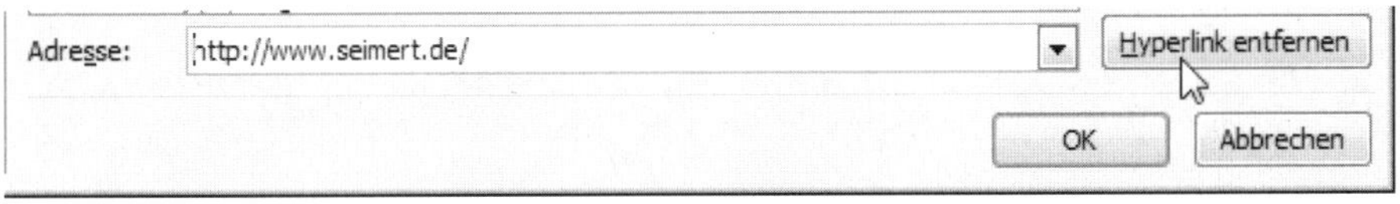

Bild 8.6: Entfernen eines nicht benötigten Hyperlinks

8.2   Hyperlinks auf eine andere Seite

Ein Internetangebot macht sicherlich nicht so großen Spaß, wenn man nicht auch darin blättern kann. Und genau das fehlt unserem Web bisher. Wir haben zwar ein paar Einzelseiten erstellt, diese sind aber noch nicht miteinander verbunden. Auf der Homepage sollen zunächst Verweise angebracht werden, die den Betrachter schnell zu den untergeordneten Seiten bringen. Sie sollen von der übrigen Seite etwas abgetrennt werden, damit der Leser sie gleich als Navigation ausmacht.

Hyperlink einfügen

Begeben Sie sich in den letzten Absatz der Homepage und fügen Sie über *Einfügen / HTML / Horizontale Linie* eine Linie ein. Betätigen Sie dann erneut die ⎡Enter⎤-Taste und geben Sie die Namen der Seiten, jeweils getrennt durch eine Pipeline (⎡AltGr⎤ + ⎡<⎤), ein.

Bild 8.7: Anlegen einer einfachen Hyperlink-Struktur

Markieren Sie anschließend das Wort *Angebote*. Der Leser soll später auf diese Stelle klicken und die Seite soll geöffnet werden. Rufen Sie dann den Menüpunkt *Einfügen / Hyperlink* auf. Schneller dürfte es in Zukunft gehen, wenn Sie gleich auf die Schaltfläche *Hyperlink einfügen* klicken oder die Tastenkombination ⎡Strg⎤ + ⎡K⎤ drücken.

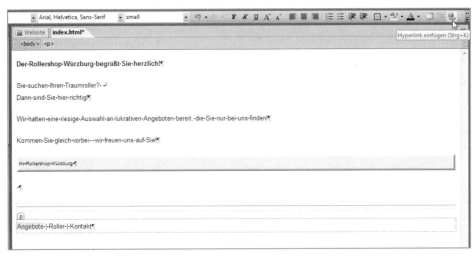

Bild 8.8: Einen Hyperlink anlegen

Im folgenden Dialogfenster *Hyperlink einfügen* markieren Sie den Dateinamen, der sofort in das Feld *Adresse* übernommen wird. Bestätigen Sie Ihre Wahl mit *OK*. Die markierte Textstelle erscheint nun – sofern Sie die Standardeinstellungen nicht verändert haben – in blauer Farbe unterstrichen.

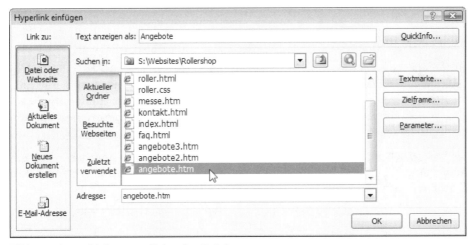

Bild 8.9: Auswahl der zu verlinkenden Datei

Bild 8.10: Der erste Hyperlink ist fertig.

Hyperlink testen

Sicherlich wollen Sie die Hyperlink-Funktion gleich einmal austesten. Nichts leichter als das. Klicken Sie die Schaltfläche *Vorschau im Windows Internet Explorer* an und zeigen Sie mit der Maus auf den Hyperlink. Wenn der Mauszeiger die Handform annimmt, klicken Sie einmal, um die entsprechende Seite vor sich zu sehen. Dann schließen Sie das Browserfenster.

Bild 8.11: Testen eines Hyperlinks

Hyperlink ändern

Nicht immer wird das Ergebnis Ihren Vorstellungen entsprechen oder Sie möchten aus bestimmten Gründen den Hyperlink ändern. In diesem Fall klicken Sie mit der rechten Maustaste in den Hyperlink und rufen aus dem Kontextmenü den Eintrag *Hyperlinkeigenschaften* auf. Sie erhalten dann erneut das Dialogfenster *Hyperlink einfügen,* in dem Sie die Änderungen vornehmen.

Als Beispiel soll eine sogenannte *QuickInfo* eingefügt werden. Dabei handelt es sich um Anmerkungen, die auf dem Bildschirm angezeigt werden, wenn der Betrachter mit dem Cursor auf einen Link zeigt:

Klicken Sie zunächst auf die Schaltfläche *QuickInfo.* In dem Dialogfenster *Hyperlink-Quickinfo festlegen* tragen Sie dann den Text, der erscheinen soll, wenn der Betrachter Ihrer Seiten auf den Hyperlink zeigt, in das Feld *QuickInfo-Text* ein.

Bild 8.12: Hier legen Sie eine QuickInfo an.

Ihre Eingaben schließen Sie mit *OK* ab. Das gilt auch für das Dialogfenster *Hyperlink bearbeiten*, welches Sie auf die gleiche Art und Weise verlassen. Wenn Sie diese Seite jetzt im Browser betrachten, wird unterhalb des Mauscursors der Text in einem kleinen gelben Rechteck angezeigt.

Bild 8.13: QuickInfos sind sehr hilfreich.

Hyperlinks automatisieren

Sicherlich finden Sie es im Moment ziemlich nervend, nach jedem Aufruf erst wieder in die Ansicht *Design* zu wechseln. Es fehlt auf den aufgerufenen Seiten ein Link, der zur Homepage zurückführt. Ein solcher Link soll im Folgenden erstellt werden: Er führt jeweils auf die Homepage, also die Datei *index.html*, zurück, sodass es sich anbietet, diesen Vorgang zu automatisieren.

Rufen Sie dazu zunächst eine der Unterseiten, z. B. die Seite *neu.html* auf. Drücken Sie ein einige Male die ⎡Enter⎤-Taste und fügen Sie eine horizontale Linie (*Einfügen / HTML / Horizontale Linie*) ein.

Schreiben Sie dann den Text »zurück zur Homepage« und markieren Sie ihn.

Rufen Sie dann das Dialogfenster *Hyperlink einfügen* auf und verlinken Sie diese Stelle mit der Homepage, also der Datei *index.html*.

Für alle weiteren Seiten markieren Sie lediglich die Linie und den Hyperlink und nehmen ihn in die Zwischenablage (entweder Menü *Bearbeiten / Kopieren* oder schneller mit ⎡Strg⎤ + ⎡c⎤).

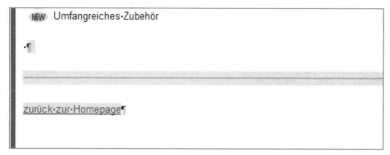

Bild 8.14: Die besagte Passage markieren

Nun öffnen Sie lediglich noch die betreffenden Seiten und fügen den Inhalt der Zwischenablage über das Menü *Bearbeiten / Einfügen* oder schneller mit ⌈Strg⌉ + ⌈v⌉ ein.

Hyperlinks kontrollieren

Den Erfolg Ihrer Arbeit sehen Sie in der Ansicht *Hyperlinks* (die Schaltfläche finden Sie ganz unten in der Ansicht *Website*). Wenn Sie alle Unterseiten auf die vorgestellte Art und Weise verlinkt haben, sollte sich dort in etwa folgendes Bild für die Homepage bieten:

Bild 8.15: Kontrollieren Sie hier die Struktur.

Wie Sie sehen, führt von den Unterseiten jeweils ein Hyperlink auf die Homepage und von dort führen die Hyperlinks zu den jeweiligen Seiten (sowie einer E-Mail-Adresse und der verknüpften css-Datei).

8.3 Hyperlinks innerhalb eines Dokuments

Gerade wenn Sie längere Texte anbieten, sollten Sie sich Gedanken darüber machen, wie Sie diese für Ihre Leser in »handliche« Abschnitte zerlegen. Zum einen ist es nicht jedermanns Sache, längere Texte am Bildschirm zu lesen, und zum anderen ist es mühsam, sich durch lange Textpassagen durchzuarbeiten. Häufig ist es das Beste, Lesern innerhalb der Webseite Hyperlinks anzubieten, mit denen sie zu einer bestimmten Stelle im Text springen können. Dazu setzen Sie als Erstes eine Textmarke und verbinden anschließend diese Marke mit einem Hyperlink.

Setzen einer Textmarke

Eine Textmarke ist nichts anderes als eine durch einen Namen gekennzeichnete Stelle innerhalb einer Webseite, die als Ziel für einen Hyperlink dient. Öffnen Sie zunächst die Seite mit den Angeboten (*angebote.html*). Setzen Sie den Cursor vor das erste Wort auf dieser Seite. Idealerweise fügen Sie eine Textmarke an der obersten Stelle ein, sodass die Seite später ganz nach oben gescrollt wird. Rufen Sie den Menüpunkt *Einfügen / Textmarke* auf oder betätigen Sie an dieser Stelle [Strg] + [G]. Sie erhalten das Dialogfenster *Textmarke*. Klicken Sie in das Feld *Textmarkenname* und tippen Sie *oben* ein. Schließen Sie das Fenster mit *OK*. An der Stelle, an der sich der Cursor befand, erkennen Sie nun eine kleine Fahne. Dieses Symbol zeigt Ihnen an, dass an dieser Stelle eine Textmarke definiert wurde.

Bild 8.16: Legen Sie zuerst den Namen der Textmarke fest.

Bild 8.17: An der Fahne erkennen Sie die Position der Textmarke.

Hyperlinks zu Textmarken einfügen

Im zweiten Schritt sprechen Sie nun die Textmarke über einen Hyperlink an. Scrollen Sie den Text ganz nach unten und geben Sie in den letzten Abschnitt die Textpassage *nach oben* ein.

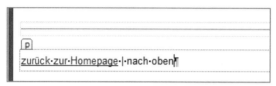

Bild 8.18: Den Text zum Anklicken anlegen

Markieren Sie dann diesen Text und rufen Sie die Menüreihenfolge *Einfügen / Hyperlink* auf oder klicken Sie auf das entsprechende Symbol. Es erscheint das Ihnen mittlerweile bekannte Dialogfenster *Hyperlink einfügen*. Hier müssen Sie zunächst in der linken Ansichtsleiste *Link zu* das Symbol *Aktuelles Dokument* anklicken, um die Textmarken der gerade geöffneten Webseite zu sehen.

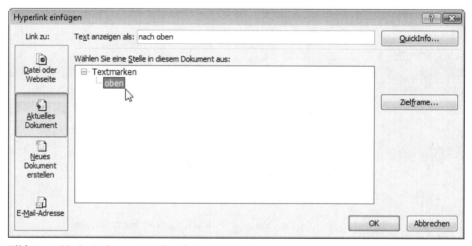

Bild 8.19: Die im Dokument vorhandenen Textmarken

Daraufhin werden die vorhandenen Textmarken (in der Abbildung die gerade angelegte) in dem großen Feld rechts neben den Schaltflächen angezeigt. Markieren Sie diese und verlassen Sie das Dialogfenster mit einem Bestätigungsklick auf *OK*. Die Textpassage »nach oben« wird nun wie ein Hyperlink dargestellt.

Bild 8.20: Die fertige Sprunganweisung (im Browser)

Vorhandene Textstelle als Textmarke definieren

Eine weitere Möglichkeit, eine Textmarke zu erstellen, ist, eine bereits vorhandene Textstelle zu verwenden. Die Vorgehensweise entspricht dabei im Wesentlichen dem Einfügen, mit dem Unterschied, dass Sie die betreffende Textstelle markieren, bevor Sie das Dialogfenster zum Erstellen der Textmarke aufrufen. Markieren Sie zum Beispiel die Überschrift »Oldies« und rufen Sie dann das Dialogfenster (*Einfügen / Textmarke oder* Strg + G)) auf.

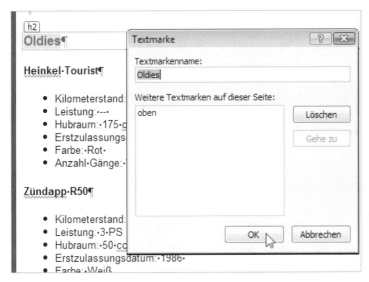

Bild 8.21: Eine vorhandene Textstelle als Textmarke definieren

Wie Sie sehen, hat Expression Web 2 den markieren Namen bereits in das Feld *Textmarkenname* eingetragen. Dieser soll an dieser Stelle – bis auf die Großschreibung des ersten Buchstabens – einfach übernommen werden, sodass Sie jetzt nur noch mit *OK* bestätigen müssen.

Das Programm legt sofort die Textmarke an, welche Sie an der gestrichelten Linie unterhalb des zuvor markierten Textes erkennen. Diese Textmarke können Sie nun wie gewohnt verlinken.

Bild 8.22: An der gestrichelten Linie erkennen Sie in diesem Fall die Position der Textmarke.

Textmarke eines anderen Dokuments anspringen

Der Aufruf einer Textmarke ist nicht nur von dem aktuellen, sondern von jedem beliebigen anderen Dokument möglich.

Öffnen Sie die Homepage und erweitern Sie den Text im dritten Absatz durch Anfügen der Passage *(auch Oldies)*.

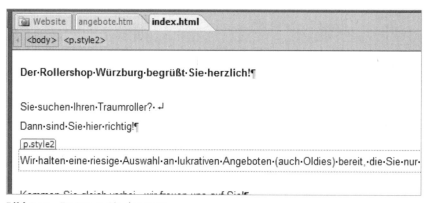

Bild 8.23: Ergänzen Sie den Text.

Markieren Sie dann diese Textpassage und rufen Sie wieder das Dialogfenster *Hyperlink einfügen* auf. Markieren Sie die Datei, die die Textmarke(n), in unserem Fall die Datei *ueberuns.html*, enthält. Diese Bezeichnung wird daraufhin in das Feld Adresse übernommen.

Damit Sie die Textmarken erkennen, klicken Sie anschließend auf die Schaltfläche *Textmarke* am rechten Rand des Fensters. Es öffnet sich das Fenster *Stelle im Dokument auswählen* und die in der Webseite befindlichen Textmarken werden aufgelistet.

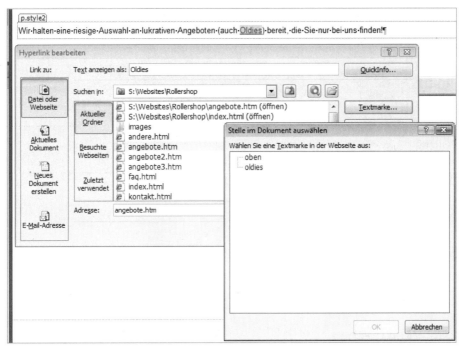

Bild 8.24: Den Hyperlink auf die Textmarke legen

Markieren Sie hier die entsprechende Textmarke, im Beispiel *oldies,* und schließen Sie dieses Fenster mit *OK.* Wie Sie sehen, hat sich der Eintrag im Feld *Adresse* nun verändert.

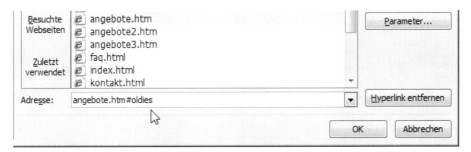

Bild 8.25: Der durch die Aufnahme des Textmarkenverweises veränderte Hyperlink

Der erste Teil des Namens (*angebote.html*) kennzeichnet die Datei und die Dateiendung. Dann folgt der Name der Textmarke (*oldies*), welcher durch das Nummerzeichen (#) eingeleitet wird. Mit *OK* schließen Sie diesen Vorgang ab und testen das Ergebnis gleich einmal im Browser aus.

Die Seite sollte nun geöffnet, und soweit nach oben gescrollt werden, dass die Textpassage »Oldies« ganz oben steht.

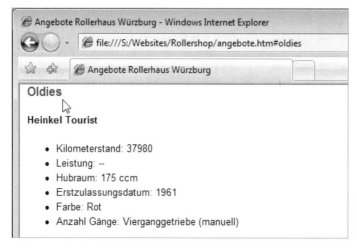

Bild 8.26: Die gewünschte Stelle steht sofort bereit.

Textmarken löschen

Textmarken, die Sie nicht mehr benötigen, können Sie einfach löschen. Dazu klicken Sie lediglich mit der rechten Maustaste in die betreffende Textmarke beziehungsweise vor diese, wenn Sie das Fahnensymbol sehen, und wählen das Kontextmenü *Textmarkeneigenschaften* an. Im folgenden Dialogfenster *Textmarke* markieren Sie dann noch die betreffende Textmarke und betätigen die Schaltfläche *Löschen*. Expression Web 2 entfernt dann die Textmarke ohne weitere Warnung.

Bild 8.27: Entfernen von Textmarken

8.4 Hyperlinks ins Internet

Hyperlinks werden auch eingesetzt, um von einer Website zur nächsten zu gelangen. Sie können mit Expression Web 2 solche Hyperlinks direkt zu anderen Websites erstellen. So braucht man keine mehr oder weniger lange und komplizierte URL einzutippen, sondern muss nur noch auf einen Link klicken.

Bevor es losgeht, sei noch vorangestellt, dass Sie zum Verbinden und Testen von Hyperlinks zu Seiten im Internet eine funktionstüchtige Internetverbindung benötigen.

 Tipp: Nicht jeder findet es schön, wenn Sie seine Seiten verlinken. Klären Sie möglichst vorher, ob keine Bedenken seitens des Angelinkten bestehen, andernfalls kann man rechtliche (z. B. urheberrechtliche) Probleme bekommen. Wenn Sie höflich – das geht recht formlos per E-Mail – anfragen, wird man Ihnen Ihren Wunsch selten abschlagen. Achten Sie ferner darauf, dass Sie sich in Ihrem Haftungsausschluss, dem sogenannten Disclaimer, ausdrücklich von allen Inhalten aller gelinkten beziehungsweise verknüpften Seiten, die nach der Linksetzung verändert wurden, distanzieren. Allerdings enthebt Sie diese Passage nicht von Ihrer Fürsorgepflicht, und Sie sollten die Links von Zeit zu Zeit überprüfen, ob die Inhalte noch in Ordnung sind.

Um einen Hyperlink zu einer anderen Site anzulegen, geben Sie lediglich die URL, also deren Adresse, an. Markieren Sie zunächst die Stelle, die als Link dienen soll, und rufen Sie dann das Dialogfenster *Hyperlink einfügen* auf.

Bild 8.28: Die Vorarbeiten

Das weitere Vorgehen hängt nun davon ab, ob Sie offline oder online sind. Sind Sie offline, klicken Sie einfach auf den Listenpfeil des Felds *Adresse*.

Bild 8.29: Die Markierung mit dem Hyperlink versehen

Es werden alle Hyperlinks aufgelistet, die bisher mit Ihrem Computer angesurft wurden. Folglich müssen Sie nur noch den passenden Link (sofern vorhanden) heraussuchen und ihn mit einem Klick übernehmen.

Ist er nicht in der Liste vorhanden, so tragen Sie die vollständige URL (sofern Sie Ihnen bekannt ist) in das Feld ein. Achten Sie aber unbedingt darauf, dass Sie bei einem Link zu einer Webseite, die sich auf einem anderen Server befindet, das Protokoll, gefolgt von einem Doppelpunkt und zwei Schrägstrichen (*http://*), vor den Servernamen stellen. Das war es dann auch schon, und Sie können das Dialogfenster mit *OK* verlassen.

Bild 8.30: Tragen Sie die vollständige Internetadresse ein.

Sind Sie dagegen online, können Sie die gewünschte Internetadresse einfach ansurfen und per Mausklick übernehmen. Klicken Sie dazu auf die Schaltfläche *Web durchsuchen*.

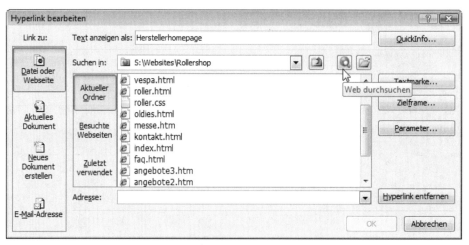

Bild 8.31: Die Internetseite direkt ansurfen

Expression Web 2 startet den Internet Explorer und Sie geben wie gewohnt die gewünschte Adresse ein oder wählen Sie gar aus Ihren Favoriten aus.

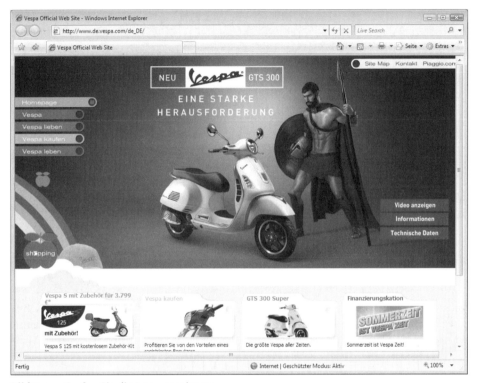

Bild 8.32: Surfen Sie die Internetseite an.

Wenn die Seite angezeigt wird, müssen Sie lediglich über die Taskleiste zurück zu Expression Web 2 wechseln. Im Feld *Adresse* steht schon die Adresse der angewählten Internetseite.

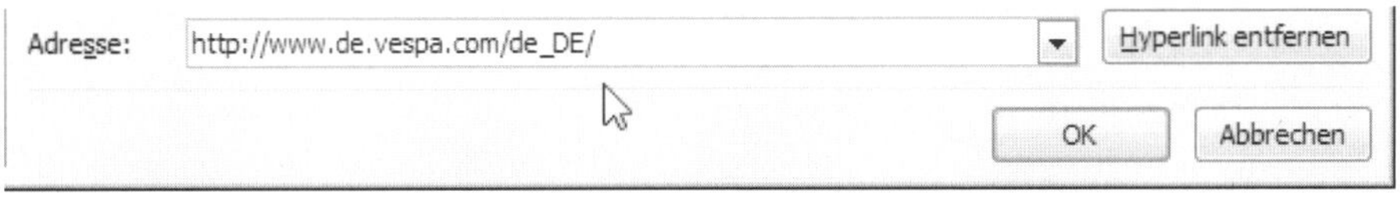

Bild 8.33: Expression Web übernimmt die Adresse von dem Browser.

Eine dritte Möglichkeit besteht in der Übernahme von kürzlich besuchten Seiten. Dazu aktivieren Sie lediglich das Symbol *Besuchte Seiten* und wählen dann aus der angezeigten Liste die entsprechende Adresse aus.

Bild 8.34: Die Übernahme von kürzlich besuchten Seiten

8.5 Hyperlinks für E-Mails

Wäre es nicht interessant, mit den Besuchern Ihrer Seite Kontakt aufzunehmen? Ohne einen E-Mail-Hyperlink wäre die schönste Homepage nicht komplett, denn der Benutzer müsste die E-Mail-Adresse mühsam von der Seite abschreiben und in seinen E-Mail-Client eingeben.

Der Rollershop möchte auf seiner Homepage einen Link mit seiner E-Mail-Adresse legen, sodass potenzielle Kunden sofort eine E-Mail versenden können. Wie Sie gleich sehen werden, handelt es sich im Prinzip um nichts anderes als einen Hyperlink. Durch Anklicken dieses Hyperlinks wird das installierte E-Mail-Programm aufgerufen. Im Adressatenfeld befindet sich dabei schon Ihre E-Mail-Adresse, sodass der Schreiber nur noch den eigentlichen Text verfassen muss. Markieren Sie als Erstes die Textstelle, die Sie als E-Mail-Aufruf umgestalten möchten.

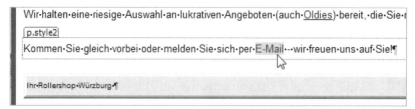

Bild 8.35: Markieren Sie die Passage, die als Aufruf dienen soll.

Rufen Sie anschließend den Menüpunkt *Einfügen / Hyperlink* auf, damit das Dialogfenster *Hyperlink einfügen* geöffnet wird. Klicken Sie anschließend in der Leiste *Link zu* auf *E-Mail-Adresse*. Um die Adresse einzugeben, wechseln Sie in das Feld *E-Mail-Adresse* und tippen nun den ersten Buchstaben, also *i*, ein.

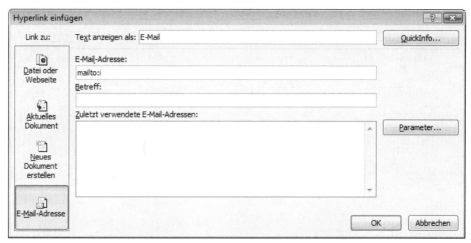

Bild 8.36: ... ergänzt automatisch Ihre Eingabe für die E-Mail-Adresse.

Sobald Sie mit der Eingabe beginnen, fügt Expression Web 2 das HTML-Schlüsselwort *mailto:* vor Ihrer Eingabe ein. Geben Sie ruhig den Rest der Adresse, also *nfo@rollershop-wuerzburg.de* ein. Drücken Sie dann die Tab-Taste und geben Sie in das Feld *Betreff* noch eine Information ein, dass diese Mail von Ihrer Homepage kommt. Diese Zeile wird Ihnen später in Ihrem Mailprogramm angezeigt und hilft Ihnen, die ganzen Mails zu unterscheiden. Gegebenenfalls erstellen Sie noch ein *QuickInfo*, um so die Leser zum Schreiben einer Mail aufzufordern.

Schließen Sie das Fenster mit *OK* und probieren Sie den Link gleich einmal in der Ansicht *Vorschau* aus. Jetzt müsste Ihr Standard-E-Mail-Programm gestartet werden und automatisch ein zum Teil schon ausgefülltes Formular anzeigen.

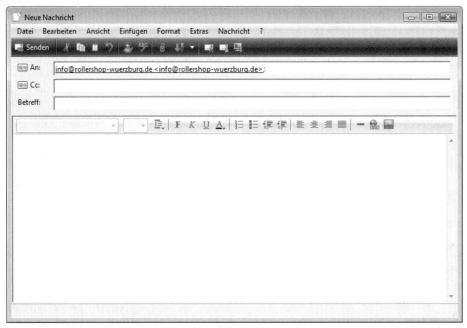

Bild 8.37: Es funktioniert!

8.6   Hyperlinks für Downloads

Da das Internet nicht nur ein reines Informations- und Kommunikationsmedium ist, finden Sie öfter auch Hyperlinks, mit denen sich Dateien auf den Rechner laden lassen. Diese Dateien können in einer beliebigen Form vorliegen, denn sie werden ja nicht im Browser angezeigt, sondern der Browser ist lediglich das Mittel zum Zweck, um sie auf Ihren Rechner zu kopieren. Deshalb ist es möglich, Sound- oder Videodateien oder ganze Programme auf diese Art und Weise zu »verschicken«.

 Tipp: Wenn Sie Dateien zum Download anbieten, sollten Sie unbedingt auf die Größe achten. Sie sollte so gering wie möglich sein, um die Übertragungszeit kurz zu halten. Idealerweise bieten Sie gepackte Dateien an. Diese – beispielsweise mit *WinZip* – komprimierten Dateien haben in bestimmten Fällen eine erheblich reduzierte Größe.

Erstellen Sie gegebenenfalls einen neuen Ordner *Download* und kopieren Sie die Datei, die Sie zum Download anbieten wollen, dort hinein. Liegt Sie bereit, kann es losgehen.

Zuerst markieren Sie wieder die Stelle, die als Sprungmarke dienen soll. Rufen Sie dann das Dialogfenster *Hyperlink einfügen* auf. Wählen Sie in der Leiste *Link zu* den Eintrag *Datei oder Webseite* und im Bereich *Suchen in* den Eintrag *Aktueller Ordner*. Jetzt bestätigen Sie nur noch die gepackte Datei und die Wahl mit *OK*.

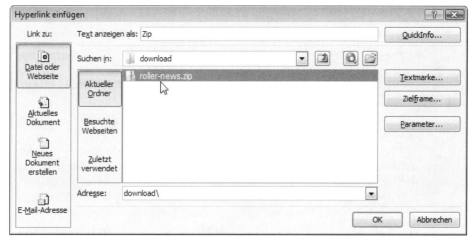

Bild 8.38: Die Datei für den Download auswählen

Öffnen Sie die Seite anschließend im Browser und klicken Sie auf den neuen Link. Sie erhalten ein Dialogfenster, welches Ihnen mitteilt, dass Sie die Datei direkt öffnen oder auf Ihren Computer speichern können. Da es im Regelfall besser ist, die Datei erst einmal auf die Festplatte zu speichern und gegebenenfalls mit dem Virenscanner zu behandeln, sollten Sie sich für die zweite Option entscheiden. Klicken Sie also auf die Schaltfläche *Speichern*.

Im Folgenden bestimmen Sie dann noch den Speicherort und starten mit *Speichern* den Download. Das Herunterladen beginnt, und nach kurzer Zeit erhalten Sie (hoffentlich) eine Meldung, dass der Vorgang erfolgreich war.

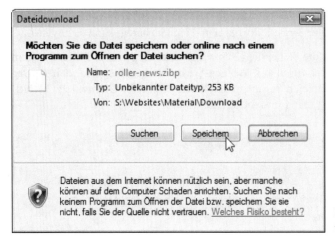

Bild 8.39: Der Download funktioniert.

 Tipp: Verwenden Sie Windows XP beziehungsweise Vista und haben die Dateiarchivierungsfunktion des Internet Explorers nicht deaktiviert, dann wird der Inhalt der gezippten Datei in einem eigenen Ordner angezeigt und Sie können die Dateien auf Ihrer Festplatte speichern. Um zu vermeiden, dass Sie sich einen Virus auf Ihren Rechner laden, ist es ratsam, die Zip-Funktion (etwa mit AntiSpy) zu deaktivieren, da die Anhänge sonst sofort mit einem Doppelklick geöffnet werden können.

8.7   Hyperlinks auf PDF-Datei

Dateien im *Portable Document Format*, kurz PDF, spielen im Internet eine immer wichtigere Rolle. Sie zeichnen sich dadurch aus, dass Sie klein, in sich geschlossen und portierbar sind. Alle Informationen zu Schriftarten, Grafiken und Druck sind in diesen Dateien enthalten und können mithilfe des sogenannten Adobe Readers problemlos auf Macintosh-, Windows- und UNIX-Plattformen gelesen werden. Was liegt da näher, als diese Dateien für die Informationsbereitstellung zur Verfügung zu stellen?

Das Verlinken einer solchen Datei verläuft im Prinzip wie beim Anbinden einer Downloaddatei. Einziger Unterschied ist lediglich, dass Sie hier eine PDF-Datei auswählen.

Bild 8.40: Ein Hyperlink zu einer PDF-Datei

Klickt der Anwender später auf diesen Link, öffnet sich die Seite innerhalb des Browsers. Diese Funktion können Sie gleich einmal austesten, indem Sie im Browser auf den Link klicken.

Bild 8.41: Ein PDF-File in einer Webseite

8.8 Ein leerer Hyperlink

Wenn Sie eine neue Homepage erstellen, haben Sie unter Umständen noch nicht alle Texte zur Verfügung. Da aber meistens schon die Struktur steht, werden Sie auch gleich alle Hyperlinks anlegen wollen. So steht in unserem Beispielfall zwar schon fest, dass die Seite *roller.html* drei Unterseiten bekommt. Deren Inhalte sind aber noch nicht festgelegt, da noch nicht alle Fotos und Texte fertig sind. Trotzdem möchten Sie als Gestalter der Seiten Ihre Arbeit schon weitestgehend abschließen. In einem solchen Fall können Sie mit Expression Web 2 an Ort und Stelle einen Hyperlink auf eine noch zu gestaltende Webseite anlegen. Markieren Sie die Stelle, die später mit einer Seite verlinkt werden soll, und rufen Sie über die Schaltfläche *Hyperlink einfügen* das gleichnamige Dialogfenster auf.

Hier klicken Sie auf der Leiste *Link zu* zunächst auf die Schaltfläche *Neues Dokument erstellen*, damit Sie zu den erforderlichen Einstellungsmöglichkeiten gelangen. Geben Sie nun im Feld *Name des neuen Dokuments* den Namen desselben ein. Anschließend entscheiden Sie sich noch, ob Sie das neue Dokument später oder sofort bearbeiten möchten, und wählen die entsprechende Option im Bereich *Zeitpunkt der Bearbeitung* aus. Mit einem Klick auf *OK* beenden Sie wieder Ihre Eingaben.

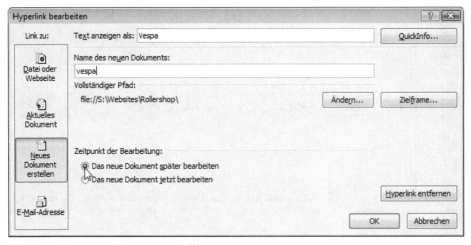

Bild 8.42: Ein neues Dokument erstellen

Tipp: Wenn Sie danach diesen Link austesten, wird die neue, noch leere Seite aufgerufen. Das kann bei dem Betrachter zu Verwirrung führen. Fügen Sie deshalb unbedingt einen Hyperlink auf diese Seite ein, mit der der Betrachter zum Ausgangspunkt zurückgelangen kann.

In der Ansicht *Website* finden Sie die soeben erstellte Datei.

Bild 8.43: Die neue(n) – noch unbearbeitete(n) – Datei(en) in der Ansicht *Ordner*

8.9 Hyperlinks auf eine Grafik legen

Selbstverständlich können Sie ein Bild, eine Grafik oder auch eine Animation als Hyperlink verwenden. Solche Links finden Sie im Internet sogar recht oft, denn sie ergänzen sich gut. Ein Klick auf das Bild ruft dann einen Querverweis auf eine andere Seite auf. Achten Sie aber darauf, dass das Bild auch aussagekräftig genug ist. Bilder sind im Regelfall nicht so leicht als Hyperlinks auszumachen und der Besucher findet sie oft nur, wenn er mit der Maus über Ihre Seite streicht. So bietet es sich an, den Hyperlink zu einer E-Mail mit einer Grafik zu versehen.

Dazu müssen Sie zunächst den Text markieren. Anschließend rufen Sie die Menüreihenfolge *Einfügen / Grafik / Aus Datei* auf. Sie erhalten das Dialogfenster *Bild*, in dem Sie den Speicherort der Grafikdatei einstellen. Haben Sie die Grafik gefunden, markieren Sie diese und klicken auf *Einfügen*.

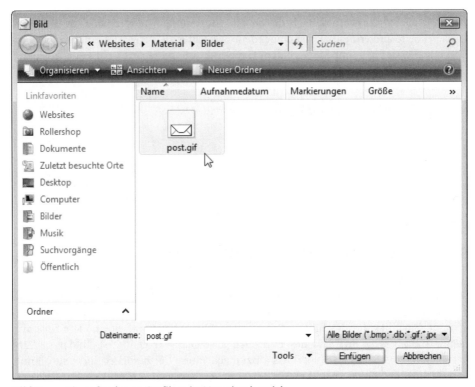

Bild 8.44: Die gefundenen Grafiken im Vorschaubereich

Das folgende Dialogfenster *Eigenschaften für alternative Darstellungsweisen* belassen Sie an dieser Stelle einmal unausgefüllt und klicken hier auf *OK*. Das Bild befindet sich nun an der gewünschten Stelle.

Den Hyperlink legen Sie wie gewohnt an. Nur markieren Sie diesmal keine Textstelle, sondern klicken lediglich auf das Bild. Rufen Sie anschließend über *Einfügen / Hyperlink* beziehungsweise durch Anklicken des Symbols *Hyperlink einfügen* das gleichnamige Dialogfenster auf. Da Sie die E-Mail-Adresse schon einmal vergeben haben, gibt es eine praktische Hilfe: Im Feld *Zuletzt verwendete E-Mail-Adressen* finden Sie nämlich die Ihnen bekannte Adresse.

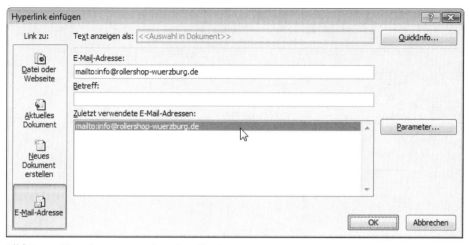

Bild 8.45: Die zuletzt verwendete E-Mail-Adresse

Füllen Sie noch das Feld *Betreff* aus. Zum einen ersparen Sie dem Schreiber damit Arbeit und zum anderen wird die Mail dann nicht mit Spam verwechselt. Abschließend bestätigen Sie hier nur noch mit *OK*.

Wenn Sie jetzt die Seite gleich einmal austesten möchten, macht Sie Expression Web 2 durch das erscheinende Dialogfenster *Eingebettete Dateien speichern* darauf aufmerksam, dass die Grafikdatei bisher nicht gespeichert wurde. Klicken Sie also auf die Schaltfläche *Ordner wechseln* und bestätigen dann den Speicherort (den Ordner *images*) mit *OK*. Wenn Sie anschließend im Browser auf die besagte Grafik klicken, öffnet sich die verlinkte Seite.

Tabellen

Nachdem Sie mit dem Anlegen einer Site und deren Verlinkung vertraut sind, zeigt Ihnen dieses Kapitel des Buches, wie Sie Informationen optisch aufbereiten.

Sie lernen, dass …

● … sich Tabellen hervorragend eignen, Daten und Elemente einer Webseite übersichtlich darzustellen und zu positionieren.

● … Expression Web 2 mit den Layouttabellen zudem über eine Funktion verfügt, die das Gestalten von Tabellen zu einem Kinderspiel macht.

9.1 Gestalten mit Tabellen

Von Ihrer Textverarbeitung kennen Sie vermutlich Tabulatoren. HTML, und damit auch Expression Web 2 als Editor, kennt allerdings keine Tabulatoren – ein bündiges Ausrichten von Texten ist also mit Tabulatoren nicht möglich. Gleiches gilt für Grafiken, die man nicht beliebig auf dem Bildschirm positionieren, sondern lediglich links, rechts oder in der Mitte anordnen kann. Ausgleichen kann man dieses Manko jedoch mithilfe von Tabellen.

Tabellen erstellen

Tabellen bestehen im Prinzip aus drei Komponenten: Zeilen (horizontaler Verlauf), Spalten (vertikaler Verlauf) und Zellen (den Schnittpunkten aus Zeilen und Spalten), wobei die Zellen Text, aber auch Bilder oder beliebige andere Elemente enthalten können.

▲ Einfache Tabellen

Eine einfache Tabelle lässt sich sehr leicht mithilfe der Symbolleiste *Standard* erstellen. Positionieren Sie dazu den Cursor an der Stelle, an der die Tabelle erscheinen soll, und klicken Sie auf die Schaltfläche *Tabelle einfügen*. Es klappt ein kleines Fenster auf, welches die Tabellenzellen darstellen soll.

Bewegen Sie den Mauszeiger langsam nach unten. Dadurch wird die erste Zelle markiert und ausgewählt. Führen Sie nun den Mauszeiger auf diese Weise auf die Zelle, die die letzte in Ihrer Tabelle sein soll. Sobald Sie die letzte Zelle erreicht haben, klicken Sie einmal mit der Maus, und schon wird die Tabelle eingefügt.

Bild 9.1: Eine einfache Tabelle einfügen

 Tipp: Die maximale Größe einer solchen Tabelle beträgt zunächst »nur« 20 Felder. Brauchen Sie mehr, halten Sie die Maustaste gedrückt und erweitern die Markierung nach rechts oder nach unten. Dann stehen Ihnen so viele Zellen zur Verfügung, wie Platz auf Ihrem Bildschirm ist.

Eine Tabelle wieder zu löschen geht ebenso einfach wie das Einfügen: Bewegen Sie den Mauszeiger auf den Rand der Tabelle und klicken Sie dort einmal mit der Maus. Dadurch wird die Tabelle aktiviert und mit einem weiteren Klick markiert. Anschließend müssen Sie nur noch die Taste ⌞Entf⌟ betätigen und die Tabelle ist Geschichte.

Bild 9.2: Eine Tabelle markieren (blaue Markierung)

Komfortablere Tabellen

Möchten Sie die Eigenschaften Ihrer Tabellen bestimmen, ist es ratsam, diese Aktion über das Dialogfenster *Tabelle einfügen* durchzuführen, welches Sie über das Menü *Tabelle / Tabelle einfügen* erhalten. Hier treffen Sie alle notwendigen Einstellungen und Angaben für Ihre Tabelle und legen so eine Tabelle ganz nach Ihren Vorstellungen und Wünschen an. Insgesamt sind es fünf Bereiche, die das Aussehen bestimmen.

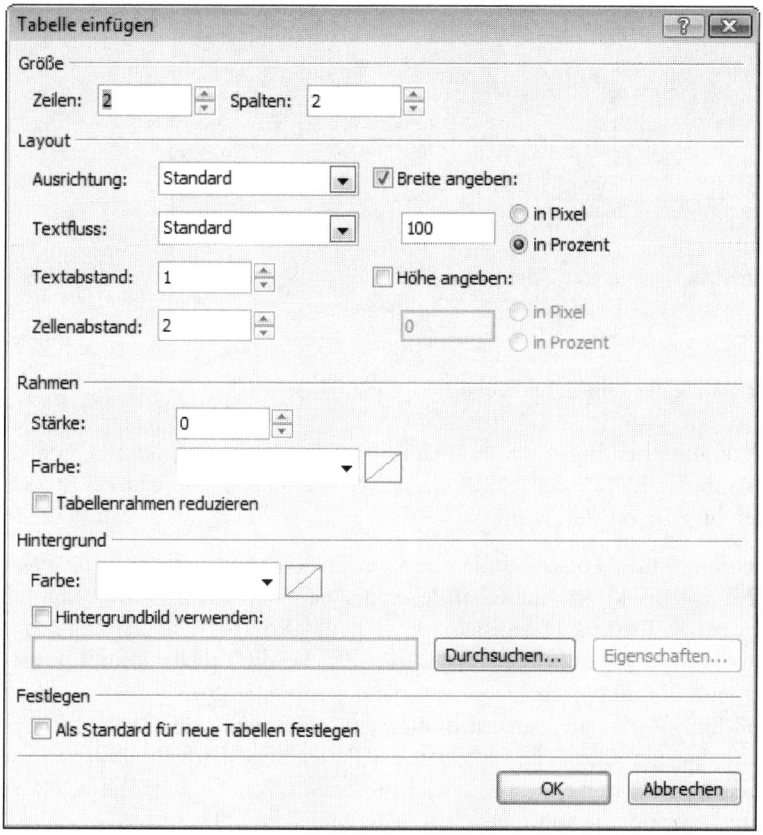

Bild 9.3: Die umfangreichen Optionen zum Einfügen einer Tabelle

▲ *Größe*

Im Bereich *Größe* legen Sie die Ausmaße der Tabelle fest, indem Sie in die Felder *Zeilen* und *Spalten* die jeweiligen Werte eingeben.

▲ *Layout*

Über den Bereich *Layout* bestimmen Sie das grundlegende Aussehen der Tabelle. Mit den Angaben im Feld *Ausrichtung* bestimmen Sie, wie die Tabelle selbst auf der Seite angeordnet werden soll. Es stehen die Optionen *Links*, *Rechts* und *Zentriert* zur Auswahl.

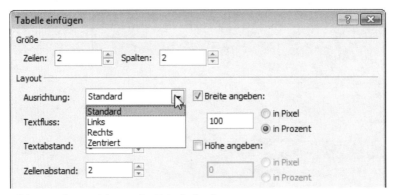

Bild 9.4: Die Ausrichtung der Tabelle festlegen

Diese Einstellung ergibt allerdings nur Sinn, wenn Sie eine Breite angeben. Standardmäßig werden nämlich alle Tabellen zu 100 % ausgerichtet, d. h., sie erstrecken sich
immer vom linken bis zum rechten Rand.

Von großer Bedeutung ist die Entscheidung, die Sie beim Kontrollkästchen *Breite angeben* treffen. Mithilfe dieses Kontrollkästchen legen Sie nämlich fest, ob die Breite der
Tabelle in Pixel oder in Prozent angegeben wird. Ist das Kontrollkästchen angehakt,
wird eine Tabelle mit einer festen Breite erstellt. Möchten Sie die Tabelle absolut positionieren, ihr also eine bestimmte Größe geben, dann verwenden Sie die Einheit *Pixel*
(Bildpunkte). Die Einheit *Prozent* bietet sich an, wenn die Tabelle zur Gestaltung des
Layouts einer Seite eingesetzt wird. So legt man ein Raster über die Seite und positio-
niert ähnlich einem Setzkasten Texte oder Grafiken. Deaktivieren Sie das Kontrollkästchen, passt sich die Spaltenbreite automatisch dem längsten Texteintrag an.

Das Problem, das dabei auftauchen kann, ist, dass bei einer Breitenangabe in festen
Pixeln bei kleinen Bildschirmen oder zu kleinen Fenstern Teile der Tabelle nicht sichtbar
sind und dann mithilfe der horizontalen Bildlaufleiste bewegt werden müssen.

Über das Listenfeld *Textfluss* bestimmen Sie das Verhalten des Textes in Bezug auf die
Tabelle. Standardmäßig befindet sich neben einer Tabelle nämlich kein Text. Da das
nicht immer ideal ist, können Sie hier bestimmen, ob der Text entweder links oder
rechts der Tabelle fließen soll.

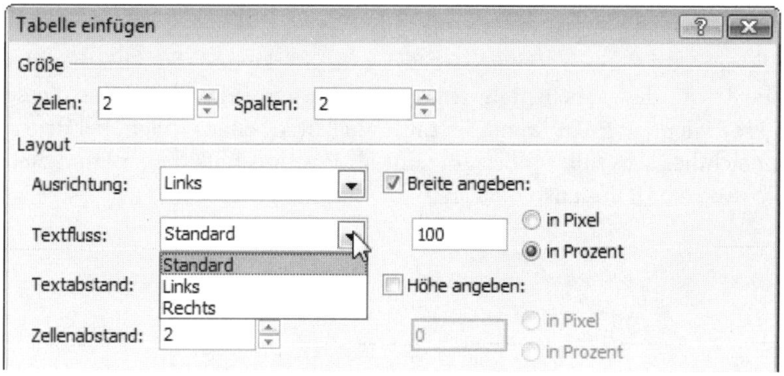

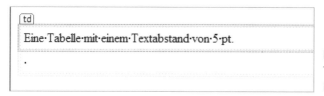

Bild 9.5: Den Textfluss um die Tabelle einstellen

Das Listenfeld *Textabstand* ermöglicht es, den Textabstand zwischen den Text und den Zellenrand festzulegen. Während beim Einfügen von Bildern der Abstand von 0 ideal ist, können Sie ihn bei der Eingabe von Texten erhöhen, sodass diese besser lesbar sind.

Bild 9.6: Ein größerer Textabstand bringt bessere Lesbarkeit.

Der *Zellenabstand* legt dagegen den Abstand der einzelnen Zellen zueinander fest.

Aktivieren Sie das Kontrollkästchen *Höhe*, legen Sie die Höhe der Zelle, analog zur Breite, in Pixel oder in Prozent fest.

Die Spaltenbreite beziehungsweise die Zellenhöhe können Sie aber jederzeit auch mit der Maus verändern. Dazu bewegen Sie diese auf eine der Begrenzungslinien. Sobald der Mauszeiger die Form eines Doppelpfeils annimmt, können Sie bei gedrückter Maustaste beispielsweise die Breite durch einfaches Ziehen verändern. Während des Vorgangs sehen Sie eine gestrichelte Linie und in einer kleinen QuickInfo die Breite der betreffenden Zelle in Pixel, die Ihnen das genaue Positionieren erleichtert.

Bild 9.7: Die Spaltenbreite mit der Maus ändern

▲ Rahmen

Durch die Einstellungen im Bereich *Rahmen* legen Sie die Stärke und das Aussehen des Rahmens fest. Die Dicke des Tabellenrahmens setzen Sie im Feld *Stärke* fest. Diese Angaben spielen eine wichtige Rolle, wenn Sie mit Tabellen arbeiten wollen, bei denen der Rahmen nicht sichtbar sein soll, sondern die nur als Positionshilfe dienen. In diesen Fällen arbeiten Sie mit einer Rahmenstärke von 0.

Bild 9.8: Einstellen der Rahmenstärke auf 0

Während die Begrenzungslinien in der Ansicht *Entwurf* noch sichtbar sind, ist im Browser selbst nicht mehr zu erkennen, dass beispielsweise der Text durch eine Tabelle »gehalten« wird.

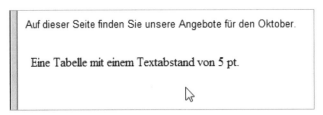

Bild 9.9: Im Browser ist der Rahmen nicht mehr sichtbar.

Möchten Sie dagegen, dass der Rahmen der Tabelle erscheint, geben Sie einen Wert ein. In diesem Fall können Sie ihn auch über das Feld *Farbe* einfärben. Dazu klicken Sie auf den kleinen Pfeil am rechten Rand und gelangen über das übliche Fenster zum entsprechenden Dialog. Über das Kontrollkästchen *Tabellenrahmen reduzieren* bestimmen Sie schließlich, ob die inliegenden Tabellenrahmen hervorgehoben werden sollen oder nicht.

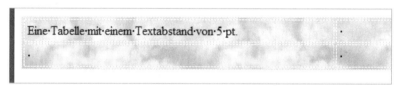

Bild 9.10: Die Tabelle mit Rahmenfarbe versehen

▲ Hintergrund

Im Bereich *Hintergrund* legen Sie schließlich eine Hintergrundfarbe für die Tabelle fest. Dazu wählen Sie lediglich im Feld *Farbe* eine aus.

Des Weiteren können Sie auch ein Bild hinter der Tabelle platzieren. Dazu aktivieren Sie das Kontrollkästchen *Hintergrundbild verwenden*, klicken auf *Durchsuchen* und stellen die gewünschte Grafik ein.

Eine·Tabelle·mit·einem·Textabstand·von·5·pt.

Bild 9.11: Hintergrundbilder in Tabellen sollten gut bedacht werden.

 Tipp: Wie Sie bemerken, wird die Grafik in Abhängigkeit von ihrer Größe gekachelt dargestellt. Zugleich ist es ratsam, keine so prägnante Grafik wie in obiger Abbildung zu verwenden, da der Inhalt der Tabellen schnell unterdrückt werden kann. Ideal sind hier Grafiken, die mit dem Werkzeug *Farbe* der Symbolleiste *Bild* bearbeitet wurden.

▲ **Festlegen**

Wenn Sie das Kontrollkästchen *Als Standard für neue Tabellen* im letzten Abschnitt des Dialogfensters *Tabelleneigenschaften* aktivieren, dann erstellt Expression Web 2 in Zukunft alle Tabellen, die Sie über die Schaltfläche *Tabelle einfügen* (welche Sie in der *Format*-Symbolleiste finden), mit genau den Einstellungen dieses Dialogfensters. Diese Vorgehensweise ist vor allem dann praktisch, wenn Sie immer wieder gleich gestaltete Tabellen erstellen möchten.

Bild 9.12: Aktivieren Sie dieses Kontrollkästchen, wenn Sie nicht immer dieselben Einstellungen vornehmen wollen.

Es geht: Tabelle in Tabelle

Wenn Sie eine Tabelle in eine Tabellenzelle einfügen, dann erhalten Sie eine verschachtelte Tabelle, beispielsweise um eine Navigationsleiste zu erstellen. Legen Sie zuvor eine neue Datei an und geben Sie ihr den Namen *navili.html*. Dieser Name steht für Navigation links. Die Datei selbst benötigen Sie im Kapitel über Frames.

Erstellen Sie zunächst eine Tabelle, die vier Zeilen und eine Spalte aufweist. Legen Sie die *Ausrichtung* auf *Links* fest und geben Sie der Tabelle eine Breite von *120 Pixel*. Der Rahmen sollte etwas stärker sein, beispielsweise *5*. Um sie optisch reizvoller zu gestalten, sollten Sie zudem eine Farbe für den Rahmen vergeben.

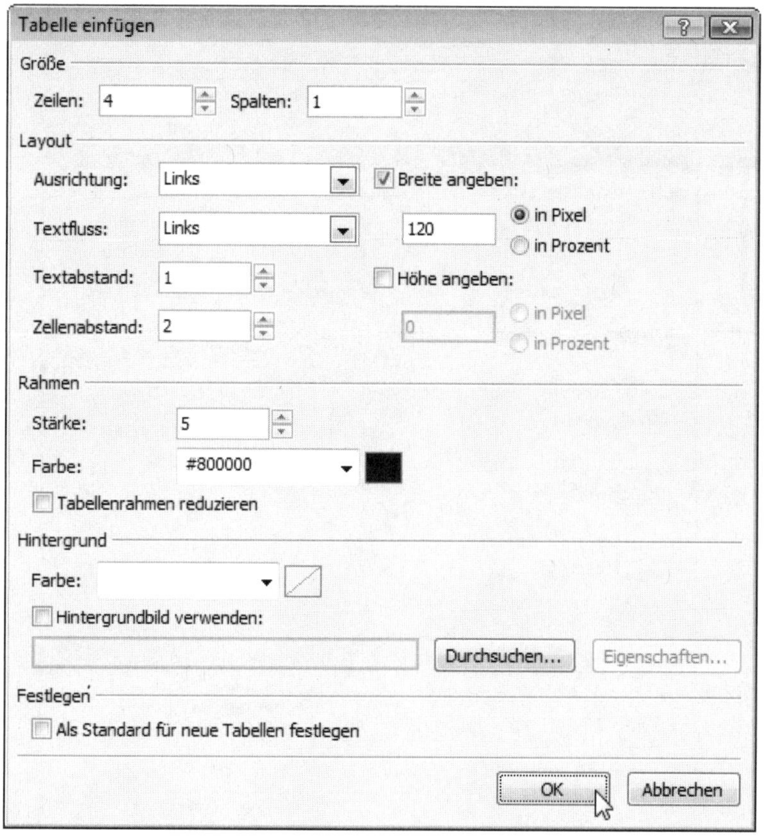

Bild 9.13: Die Grundstruktur steht.

Diese Tabelle ist das Grundgerüst für die Navigationsleiste, die Sie problemlos erweitern können. Klicken Sie in die zweite Zelle und fügen Sie erneut eine Tabelle ein. Diese besteht allerdings nur aus einer Zeile und einer Spalte. Achten Sie zudem darauf, die Breite diesmal in Prozent anzugeben, denn die Tabelle soll die Zelle komplett ausfüllen. Auf diese Weise können Sie später die äußere Tabelle ändern und die inliegenden Tabellen passen sich automatisch an. Um den optischen Effekt zu verstärken, geben Sie dem Rahmen eine abgestufte Farbe.

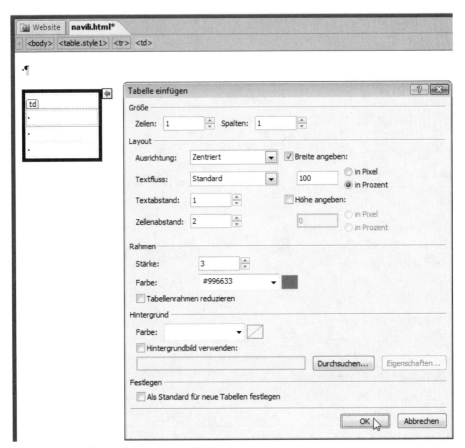

Bild 9.14: Verstärken des optischen Effekts

Klicken Sie dann in die neue, innere Tabelle und geben Sie den Text ein, in unserem Fall einen Menüpunkt. Verfahren Sie dann mit allen weiteren Menüpunkten so, bis Sie Ihre vollständige Navigationsleiste haben.

Bild 9.15: Eine sehr ladefreundliche Menüleiste

Tabellen bearbeiten

Nachdem Sie die Tabellen erstellt haben, werden Sie sie im Regelfall noch bearbeiten, bevor Sie Textabschnitte oder Bilder einfügen.

▲ Tabellen und Zellen auswählen

Um eine Tabelle, eine Zeile, eine Spalte oder eine Zelle zu bearbeiten, markieren Sie diese zuvor. Das geschieht am einfachsten, indem Sie vor der Tabelle auf der linken Seite einmal doppelt mit der Maus klicken.

Um eine Zeile zu markieren, platzieren Sie den Cursor ebenfalls auf der linken Seite der Zeile. Wenn dann ein kleiner, dicker schwarzer Pfeil erscheint, klicken Sie einmal, und die Zeile ist markiert.

Bild 9.16: Eine Zeile markieren

Um eine Spalte zu markieren, verfahren Sie ebenso. Allerdings kommen Sie in diesem Fall von oben her.

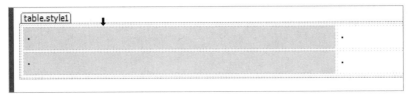

Bild 9.17: Eine Spalte markieren

▲ Zellen verbinden und teilen

Wenn Sie Tabellen über die Schaltfläche *Tabelle einfügen* erstellen, möchten Sie ab und an Änderungen daran vornehmen – beispielsweise wenn Sie die erste Zeile über die gesamte Tabelle erstrecken wollen. In einem solchen Fall klicken Sie mit der rechten Maustaste in die Markierung und wählen aus dem Kontextmenü den Eintrag *Ändern / Zellen verbinden*. Alternativ erhalten Sie diese Menüfolge auch durch Aufruf des Menüpunkts *Tabelle*.

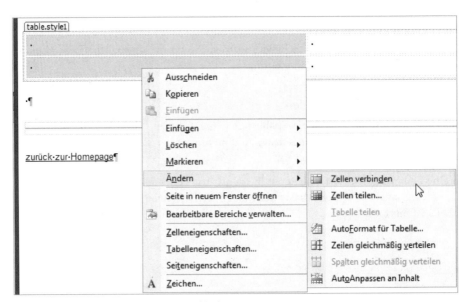

Bild 9.18: Mehrere Zellen zu einer verbinden

Danach sind die markieren Zellen zu einer Zelle verschmolzen und Sie können den gewünschten Text eingeben.

Der umgekehrte Fall, das Teilen, ist ebenso leicht möglich: Setzen Sie dazu den Cursor in die Zelle, die Sie unterteilen wollen, und rufen Sie den Menüpunkt *Tabelle / Tabelle teilen* auf. Im folgenden Dialogfenster aktivieren Sie dann die gewünschte Option und tragen in das Feld *Anzahl der Spalten* beziehungsweise *Anzahl der Zellen* den Wert ein, den Sie erhalten möchten.

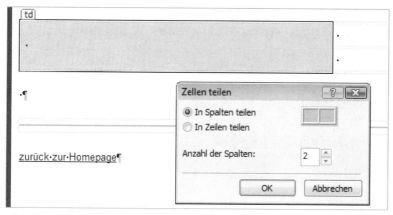

Bild 9.19: Zellen teilen

Sollten die zu teilenden Zellen bereits Text enthalten, wird dieser nicht gelöscht, sondern automatisch die erste Zelle der Zeile beziehungsweise Spalte übernommen.

▲ Tabellen mit Text füllen

Die Eingabe von Text in einer Tabelle weicht kaum von der normalen Texteingabe ab: Setzen Sie den Cursor in die erste Zelle und geben Sie zunächst den gewünschten Text ein. Um in die nächste Zelle zu gelangen, drücken Sie einmal die Tab-Taste.

Bild 9.20: Von Zelle zu Zelle bewegt man sich am besten per Tab-Taste.

Möchten Sie zurückspringen, dann halten Sie zusätzlich die Umschalt-Taste gedrückt. Wenn Sie sich lediglich innerhalb der Tabelle bewegen möchten, lassen sich auch die Cursor-Tasten verwenden.

Um eine neue Zeile einzufügen, drücken Sie in der letzten Zelle einfach wieder die Tab-Taste. Expression Web 2 legt dann automatisch eine neue Zeile an.

▲ Bilder in Tabellen platzieren

Tabellen eignen sich hervorragend, um Bilder oder Grafiken zu platzieren. Erstellen Sie dazu eine Tabelle, die über keinen Rand verfügt. Im Dialogfenster *Tabelleneigenschaften* stellen Sie folglich im Bereich *Rahmen* die *Stärke* auf 0. Anschließend platzieren Sie den Cursor in die betreffende Zelle, in der das Bild erscheinen soll, und fügen es über das Menü *Einfügen* ein.

Bild 9.21: Mit Tabellen lassen sich sehr schön Objekte platzieren.

Wie Sie sehen, wird der Text in der ersten Zelle mittig angeordnet. Das liegt daran, dass das Bild in der dritten Zelle größer ist. Wenn Sie den Text am oberen Rand beginnen lassen wollen, klicken Sie mit der rechten Maustaste in die Zelle hinein und rufen den Kontextmenüpunkt *Zelleneigenschaften* auf.

Wie erwähnt, können Sie über dieses Feld die kompletten Zelleigenschaften einstellen. Im vorliegenden Fall klicken Sie also auf den Listenpfeil des Felds *Vertikale Ausrichtung* und wählen den Eintrag *Oben* aus.

Auf·dieser·Seite·finden·Sie·unsere·Angebote·für·den·Oktober.¶

Die·neue·Vespa·300·GTS·überzeugt·durch·
ihre·dynamische·Erscheinung.¶

Zelleneigenschaften

Layout

Horizontale Ausrichtung: Standard

Vertikale Ausrichtung: Oben

Zellenerstreckung: 1

Spaltenerstreckung: 1

☐ Enthält Überschrift
☐ Kein Umbruch

Rahmen

Größe:

Farbe:

Hintergrund

Farbe: ☐ Automatisch

☐ Hintergrundbild verwenden

Durchsuchen... Eigenschaften...

☑ Breite angeben: 252 ● in Pixel ○ in Prozent

☐ Höhe angeben: 0 ○ in Pixel ○ in Prozent

OK Abbrechen Übernehm

Bild 9.22: Einstellen der Zellenausrichtung

▲ Tabellen beschriften

Mit Expression Web 2 können Sie Tabellen auch beschriften. Dabei wird entweder eine Beschriftung oberhalb oder unterhalb der Tabelle angelegt. Klicken Sie in die Tabelle und rufen Sie den Menüpunkt *Tabelle / Einfügen / Beschriftung* auf. Das Programm platziert nun den Cursor in einen eigenen Absatz oberhalb der Tabelle. Hier geben Sie einfach den gewünschten Text ein.

p.style2

Die·Neuheit·des·Jahres·2008¶

Die·neue·Vespa·300·GTS·überzeugt·durch·
ihre·dynamische·Erscheinung.¶

Bild 9.23: Beschriftung von Tabellen

Wünschen Sie eine Beschriftung unterhalb der Tabelle, dann klicken Sie mit der rechten Maustaste in diesen Absatz und wählen aus dem Kontextmenü den Eintrag *Beschrif-*

tungseigenschaften aus. Im folgenden Dialogfenster nehmen Sie dann die gewünschte Option vor.

Bild 9.24: Die Beschriftungsoptionen

▲ Tabellen auf die Schnelle

Nicht immer haben Sie die Zeit, eine Tabelle mit einem ansprechenden Design zu entwerfen. In einem solchen Fall greifen Sie ganz einfach auf die AutoFormat-Funktion für Tabellen zurück. Dazu platzieren Sie lediglich den Cursor in der Tabelle und rufen den Menüpunkt *Tabelle / Ändern / AutoFormat für Tabelle* auf.

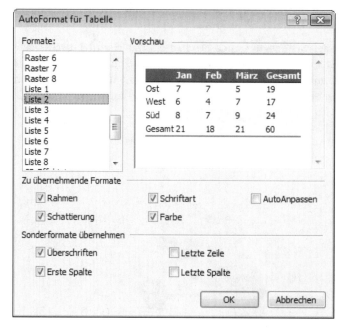

Bild 9.25:
Ein reichhaltiges Angebot an Autoformaten

In dem Dialogfenster wählen Sie einfach eine der Vorgaben im Feld *Formate* aus, ändern diese gegebenenfalls mithilfe der Optionen im unteren Bereich und – nachdem Sie auf *OK* geklickt haben –, ist die Tabelle fix und fertig formatiert.

Bild 9.26: Eine autoformatierte Tabelle

Tabellen zeichnen

Die interessanteste Möglichkeit für das Erstellen einer Tabelle in Expression Web 2 dürfte wohl die Funktion *Tabelle zeichnen* sein. Mit dieser haben Sie die Möglichkeit, alle Eigenschaften der Tabelle intuitiv festzulegen. Durch Anklicken eines beliebigen Punktes innerhalb der Arbeitsoberfläche und einfaches Ziehen mit der Maus können Sie – ähnlich dem Arbeiten mit einem Bleistift – eine neue Tabelle erstellen. Einer der großen Vorteile dieses Arbeitens ist, dass Sie die Tabelle direkt in Ihre zukünftige Webseite eingeben können und so bei der Erstellung direkten Einfluss auf die Gesamtgestaltung nehmen. Die Texteingabe und die Bearbeitung der Tabelle oder das Einfügen von Bildern bei einer gezeichneten Tabelle unterscheiden sich übrigens nicht von den Vorgehensweisen der bisher gezeigten Techniken.

▲ Grundgerüst erstellen

Das benötigte Werkzeug finden Sie in der Symbolleiste *Tabelle*. Um sie anzuzeigen, rufen Sie die Menüreihenfolge *Ansicht / Symbolleisten / Tabellen* auf. Dort finden Sie die Schaltfläche *Layouttabelle zeichnen*. Klicken Sie diese an und der Cursor nimmt die Form eines Bleistifts an.

Eine so zu erstellende Tabelle benötigt zunächst eine einzige Zelle. Deshalb klicken Sie auf den äußeren (linken) Punkt der zukünftigen Tabelle und ziehen bei gedrückter Maustaste einen Rahmen bis zum äußeren (rechten) Rand auf.

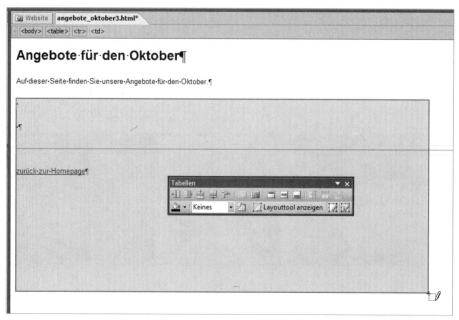

Bild 9.27: Das Grundgerüst der neuen Tabelle ist fertig.

▲ Gezeichnete Tabellen nachbearbeiten

Allerdings wird es Ihnen nicht immer gelingen, die Tabellen so zu zeichnen, wie Sie sich das vorgestellt haben. In diesem Fall kommen aber die weiteren Schaltflächen der Symbolleiste *Tabellen* zum Einsatz. Innerhalb der Tabelle legen Sie nun mithilfe der entsprechenden Symbole die Zeilen und Spalten fest. Für eine Unterteilung in neue Spalten klicken Sie beispielsweise auf die Schaltfläche *Spalte links*.

Für die Textausrichtung verwenden Sie die bereits bekannten Schaltflächen *Ausrichtung oben*, *Vertikal zentrieren* und *Ausrichtung unten*. So können Sie den Text oben, in der Mitte und ganz unten ausrichten. Markierte Zellen erhalten nach einem Klick auf die Schaltfläche *Füllfarbe* die Farbe, die Sie aus dem Angebot wählen.

Die Schaltfläche mit dem etwas gewöhnungsbedürftigen Namen *Tabelle AutoFormat Kombinationsfeld* ermöglicht es Ihnen, die Tabelle mit einem Mausklick zu formatieren. Sie erhalten hier schnellen Zugriff auf die Formate des Dialogfensters *AutoFormat für Tabelle*.

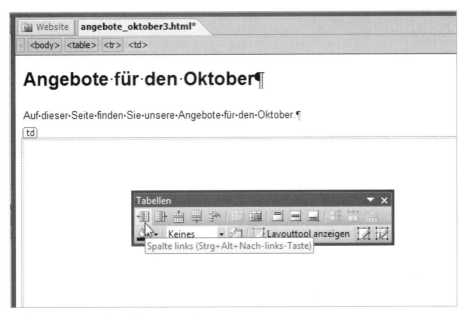

Bild 9.28: Eine Spalte anlegen

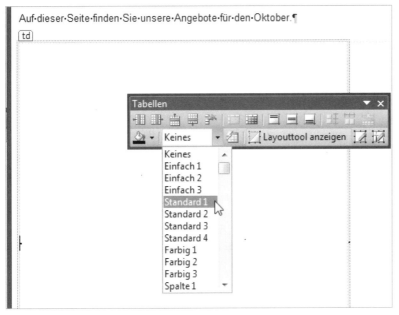

Bild 9.29: Tabellen rasch formatieren

9.2   Layouttabellen

Wenn Sie ein wenig mit Webseiten gearbeitet haben, werden Sie rasch merken, dass das Seitenlayout ein wichtiger, wenn nicht der wichtigste Teil des Webdesigns ist. Mit herkömmlichen Mitteln kommt man beim Gestalten von Webseiten schnell an die Grenze des Machbaren, auch wenn Sie, wie im vorherigen Abschnitt beschrieben, Tabellen verwenden. Eigentlich sind Tabellen ja für die tabellarische Darstellung entworfen worden und nicht etwa, um Layouts zu gestalten. Deshalb bietet Expression Web 2 sogenannte Layouttabellen an. Mit diesen lassen sich nahezu wie mit einem Bleistift Raster für Ihre Seite entwerfen und die gewünschten Objekte anordnen. Die zwei Werkzeuge, die Sie dazu benötigen – *Layouttabelle zeichnen* und *Layoutzelle zeichnen* – finden Sie auf der Symbolleiste *Tabellen*.

Bild 9.30: Hiermit zeigen Sie die Layouttabellen an.

Eine Layouttabelle bildet stets einen Container für eine Layoutzelle, sodass Sie zunächst eine Layouttabelle zeichnen sollten, die Sie danach in Layoutzellen unterteilen.

Layouttabelle anpassen

Um eine Layoutzelle zu zeichnen, aktivieren Sie — wie bereits oben gesehen – das Werkzeug *Layouttabelle anzeigen* und ziehen mit dem Mauszeiger die Tabelle in der gewünschten Größe auf. Wenn Sie dann die Maus loslassen, erstellt Expression Web 2 eine Tabelle, die durch einen grünen Rand und blaue Eckanfasser gekennzeichnet ist.

Möchten Sie die Tabelle noch ein wenig anpassen, zeigen Sie auf einen der Eckanfasser und – wenn der Mauszeiger die Form eines Winkels annimmt – vergößern die Tabelle entsprechend.

Sicherlich sind Ihnen die kleinen Kästchen mit den Zahlenangaben aufgefallen. Sie enthalten die Maße in Pixel und ermöglichen es, die Tabelle genau einzustellen. Klicken Sie einmal darauf, und Sie erhalten ein Menü, in dem Sie entscheiden, ob Sie die Spaltenbreite über ein Menü ändern wollen, oder ob Expression Web 2 die Spalte automatisch strecken soll.

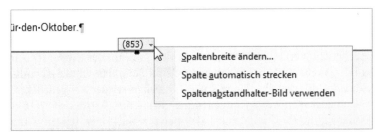

Bild 9.31: Die Spaltenbreite ändern

Entscheiden Sie sich für die erste Option, erhalten Sie das Dialogfenster *Spalteneigenschaften,* in dem Sie die entsprechenden Angaben vornehmen können.

Bild 9.32: Hier legen Sie ganz exakt die Spalteneigenschaften fest …

Möchten Sie eine individuelle Breite verwenden, dann tragen Sie den Wert in das Feld *Spaltenbreite* ein.

Bild 9.33: … und schon passt sich die Spaltenbreite an.

Wollen Sie dagegen zuerst eine Tabelle erstellen, die die gesamte Seite abdeckt, dann aktivieren Sie das Kontrollkästchen *Spalte automatisch strecken* und bestätigen mit *OK*.

Unterteilen mit Layoutzellen

Dieses Gerüst können Sie nun mithilfe des Werkzeugs *Layoutzelle zeichnen* beliebig aufteilen. Aktivieren Sie dazu das Werkzeug. Zur Unterscheidung nimmt der Cursor jedoch
die Form eines Stifts mit einem Winkel an. Diesen platzieren Sie innerhalb der Layouttabelle an der Stelle, an der die Zelle beginnen soll, und ziehen wieder bei gedrückter
linker Maustaste einen Rahmen in der entsprechenden Größe auf. Expression Web 2
erstellt die Zelle. Diese ist im Gegensatz zur Layouttabelle mit einer blauen Linie
gezeichnet und weist nur am oberen Rand eine Maßangabe auf. Auf diese Art können
Sie jetzt die Layouttabelle nach Ihren Vorstellungen in Zellen unterteilen.

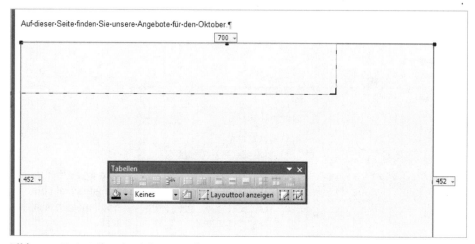

Bild 9.34: Unterteilen durch Layoutzellen

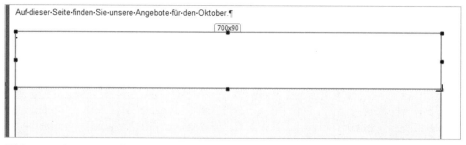

Bild 9.35: Die neu erstellte Zelle

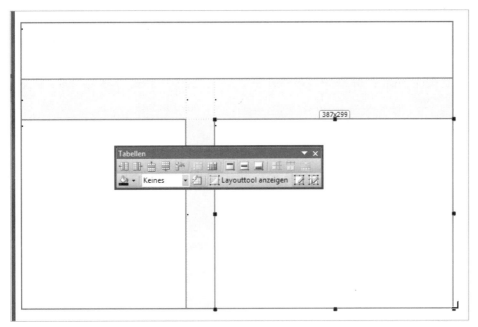

Bild 9.36: So entsteht nach und nach das Grundgerüst.

Dabei können Sie alle Zellen problemlos vergrößern oder verkleinern. Klicken Sie dazu lediglich auf den Rand der Zelle, die Sie ändern wollen, und bewegen dann den Anfasser in die entsprechende Richtung.

Möchten Sie eine Zelle verschieben, klicken Sie auf den Rand. Nimmt der Mauszeiger die Form eines Doppelkreuzes an, können Sie die Zelle bei gedrückter Maus an die neue Position verschieben. Dabei müssen Sie sich keinesfalls auf horizontale oder vertikale Bewegungen beschränken. Expression Web 2 passt die Tabelle automatisch an.

Layoutzellen mit Inhalten füllen

Die Layoutzellen können Sie nun genauso wie normale Tabellen mit Text, Bildern oder anderem Material füllen, denn im Prinzip sind Layouttabellen nichts anderes als gewöhnliche Tabellen. Klicken Sie auf die Schaltfläche *Layouttool anzeigen* auf der Symbolleiste *Tabellen* beziehungsweise in eine Tabellenzelle, werden die Layouttabellenhilfsmittel ausgeblendet und Sie erkennen, dass es sich um normale Tabellen handelt.

Tabellengrundlayout

Sind Sie auf schnelle Erfolge und ein einheitliches Aussehen Ihrer Seiten bedacht, dann sind Sie mit der Option *Tabellenlayout*, die sich ganz unten im Aufgabenbereich

Layouttabellen befindet, gut bedient. Damit können Sie per Mausklick eine komplette Seite aufteilen und müssen nur noch das Einbinden der Elemente selbst übernehmen. Alles, was Sie tun müssen, ist im Bereich *Tabellenlayout* eines der vorgegebenen Muster auszusuchen und darauf zu klicken. Schon legt Expression Web 2 eine entsprechende Layouttabellenstruktur an, die Sie aber jederzeit noch nach Ihren Vorstellungen anpassen können.

Grafiken und Bilder

Eine Webseite ohne Grafiken und Bilder? »Kann ich mir kaum vorstellen«, denken Sie jetzt vermutlich. Zumal man Grafiken auf Webseiten in vielfältigster Weise einsetzen kann. In diesem Abschnitt erfahren Sie alles Grundlegende über Grafiken und deren Einsatzgebiete.

- Insbesondere erfahren Sie, was Sie beim Einsatz von Bildern und Grafiken beachten sollten und woher man grafisches Material bekommen kann.

- Da Bilder nicht immer im richtigen Format oder in gewünchter Größe vorliegen, lernen Sie, wie Sie sie rasch anpassen. Zudem werden Sie sehen, dass man mit anklickbaren Stellen auf Bildern diese noch interessanter gestalten kann.

10.1 Bilder für das Web

Bilder sind ein heikles Thema. Versuchen Sie beispielsweise nicht, Ihre Seiten mit aufwendigen Bildern und Grafiken zu überhäufen. Denken Sie daran, dass große und farbintensive Grafiken die Ladezeit verlängern. Auch wenn es schwerfällt: Ihre Seiten sollten Informationen bereitstellen und nicht als Bilderbuch fungieren.

Wenn Sie Grafiken wie zum Beispiel Bilder oder Animationen einsetzen, führt das schnell zur Vergrößerung der Website und zu längeren Ladezeiten. Deshalb sollten Sie sich rechtzeitig über die Größe, die Auflösung, die Farbtiefe und die Art und Anzahl Gedanken machen. Diese vier Komponenten spielen nämlich zusammen und können erhebliche Probleme hervorrufen. So sollten Sie sich davor hüten, die gleiche Farbenvielfalt wie auf Ihrem heimischen PC zu verwenden. Was dort schon Ihr System ausbremst, denken Sie nur einmal an die netten Hintergrundbilder von Windows, verlangsamt erst recht die Datenübertragung im Internet.

Es gibt aber ein paar Tricks, wie man die Ladezeiten trotzdem in erträglichen Maßen halten kann. So können Sie Symbole (etwa Hinweisschilder auf Unterseiten) mehrfach verwenden. Die meisten Browser haben nämlich eine sogenannte *Cachefunktion*, mit der sie einmal übertragene Dateien auf die Festplatte speichern und bei Bedarf wieder von dort aufrufen. Wenn also dieses Symbol schon einmal aus dem Internet übertragen wurde und im Cache lagert, ruft der Browser es bei der nächsten Anforderung von dort auf.

Speicherbedarf

Ein wichtiges Kriterium, welches Bild beziehungsweise welche Grafik Sie verwenden, sollte der benötigte Speicherbedarf sein. Idealerweise sollten Ihre Grafiken 30 bis 50 KB groß sein, allerhöchstens 100 KB. Größere Dateien dauern zu lange in der Übertragung und verärgern Ihre Besucher nur.

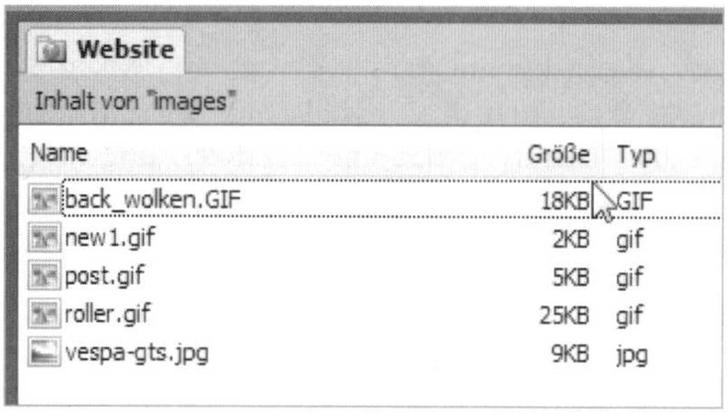

Website		
Inhalt von "images"		
Name	Größe	Typ
back_wolken.GIF	18KB	GIF
new1.gif	2KB	gif
post.gif	5KB	gif
roller.gif	25KB	gif
vespa-gts.jpg	9KB	jpg

Bild 10.1: Kontrollieren Sie die Dateigrößen in der Ansicht *Website*.

Die Größe von Bildern wird durch ihre Anzahl an Bildpunkten, die sogenannten Pixel, bestimmt. Deshalb ist die Auflösung eines Bilds wichtig, denn sie bestimmt, wie viele Pixel pro Zoll verwendet und somit abgespeichert werden. Beim Einsatz im Internet genügen 72 Pixel pro Zoll. Außerdem spielt die Farbtiefe eines Bilds eine entscheidende Rolle, denn je mehr Bits zum Speichern von Farbinformationen verwendet werden, desto mehr Speicherplatz braucht die Datei.

Grafikformate

Außer auf den Speicherbedarf sollten Sie Ihre Aufmerksamkeit auch auf das Dateiformat richten, denn davon gibt es eine ganze Reihe. Benannt sind sie – wie viele andere Dateien in der Computerwelt auch – nach ihrer Dateiendung.

Gegenwärtig haben sich dabei zwei Formate durchgesetzt, die von nahezu allen Webbrowsern unterstützt werden. Dies sind Bilddateien mit den Dateiendungen *GIF* (für Graphics Interchange File) und *JPG* (für Joint Photographic Experts Group). In letzter Zeit findet außerdem immer mehr das *PNG*-Format (Portable Network Graphics) Verwendung. Alle Formate verfügen dabei über Kompressionsverfahren, die den Speicherbedarf des Bilds reduzieren und so für den Einsatz im Internet prädestiniert sind.

▲ JPG – Joint Photographics Experts Group

Das JPG-Format ist sehr gut geeignet für Bilder mit fotorealistischen Farbverläufen – also für Fotos und Grafiken mit kontinuierlichen Farbverläufen. Da dieses Format mehrere Kompressionsraten verwendet und im Extremfall die Kompression die Datei um ein Zehntel des ursprünglichen Speicherplatzes zusammenschrumpfen lässt, eignet es sich hervorragend für den Einsatz im Internet.

Der Nachteil dieser hervorragenden Komprimierung sind Qualitätsverluste: Um eine gute Kompression zu erreichen, werden nämlich Bildinformationen gelöscht, die später auch nicht wiederherstellbar sind.

Je nach Verwendungszweck können Sie zwischen zwei Codierungsformen wählen, die sich wie folgt unterscheiden:

- Standardcodierung: Hier wird das Bild während des Downloads aus dem Internet zeilenweise von oben nach unten aufgebaut. Nachteilig ist hier, dass bei einer sehr großen Grafik der Betrachter eine Zeit lang warten muss, bis das Bild vollständig aufgebaut ist.

- Progressive Codierung: Diese Codierung ermöglicht es dagegen, das gesamte Bild zu betrachten, bevor es vollständig aus dem Internet heruntergeladen wurde. Mit jedem Durchlauf wird die Detailtiefe der Bildzeilen erhöht. Sie können das sogar mit dem bloßen Auge erkennen, da sich das jeweilige Bild während des Downloads von einer unscharfen Kopie in eine detailreiche verwandelt.

▲ GIF – Graphics Interchange Format

Das GIF-Format ist eines der am weitesten verbreiteten Formate im Internet. Es unterstützt bis zu 256 Farben, weil es nur eine Farbtiefe von 8 Bit hat. Speziell für Grafiken mit einfarbigen Flächen, wie etwa Konstruktionszeichnungen, Karikaturen oder Webdesignelementen (Buttons, Schmuckleisten und Ähnliches) ist dieses Format empfehlenswert. Zudem arbeitet es mit einer verlustlosen Kompression und weist im Vergleich zu JPG eine geringere Dateigröße auf.

Bild 10.2: Eine GIF-Grafik

Dieses Format eignet sich deshalb besonders gut für Bilder, die keine kontinuierlichen Farbtöne oder großen Bereiche mit ein und derselben Farbe enthalten. So ist dieses Format für Zeichnungen mit begrenzter Farbzahl geradezu ideal.

Das interessante Merkmal ist aber, dass man eine Farbe als transparent definieren kann und damit erreicht, dass der Hintergrund überall dort durchscheint, wo im Bild mit der transparenten Farbe gezeichnet wurde. So können Sie Zeichnungen auf Ihrer Webseite anzeigen, die anscheinend keinen rechteckigen Umriss haben und frei im Bild zu stehen scheinen.

▲ PNG – Portable Network Graphics

Das PNG-Format wurde 1995 speziell für das Internet und andere Netzwerke entwickelt. Ein gewaltiger Vorteil gegenüber GIF und JPG ist, dass es die Vorzüge beider Bildformate vereinigt. So unterstützt dieses Format ebenfalls eine Farbtiefe von 24 Bit (16,7 Millionen Farben), verwendet jedoch eine verlustfreie Methode für die Komprimierung der Dateien. Anders als bei JPG bleiben alle Bildinformationen erhalten – es arbeitet also verlustfrei und kann sogar Bilder mit bis zu 48 Bit pro Pixel speichern. Darüber hinaus unterstützt es Interlacing, d. h., der Betrachter kann das Bild sehen, bevor es vollständig aus dem Internet heruntergeladen ist. Außerdem können Sie bestimmte Stellen im Bild transparent stellen.

Woher die Bilder nehmen

Oft stellt sich die Frage, woher man die Grafiken bekommt, die man in den eigenen Webauftritt einbinden möchte. Expression Web 2 selbst verfügt über kein Bildarchiv – Sie müssen Bilder also selbst bereitstellen.

10.2   Grafiken

Die einfachste Grafik, die Sie einfügen können, ist eine horizontale Linie. Diese Linien können Sie einsetzen, um Informationen übersichtlicher auf Ihrer Webseite anzuordnen. Man verwendet sie meist dazu, den Inhalt von Webseiten voneinander abzusetzen oder eine optische Barriere zu schaffen.

Um eine solche Linie einzufügen, führen Sie die folgenden Schritte durch: Klicken Sie an die Stelle im Dokument, an der Sie die horizontale Linie einfügen wollen. Jetzt müssen Sie nur noch den Menüpunkt *Einfügen / HTML / Horizontale Linie* aufrufen und die Linie erscheint an der Stelle, an der Sie den Cursor platziert hatten.

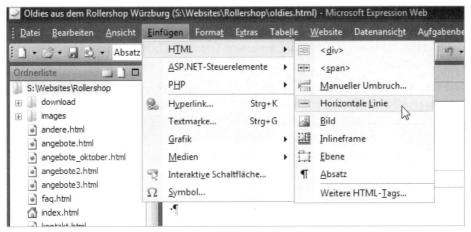

Bild 10.3: Eine horizontale Linie einfügen

Diese Linien können Sie nun Ihren Wünschen gemäß anpassen: Klicken Sie dazu einfach doppelt auf die horizontale Linie, sodass das Dialogfenster *Eigenschaften: Horizontale Linie* erscheint. Nehmen Sie hier die von Ihnen gewünschten Einstellungen vor.

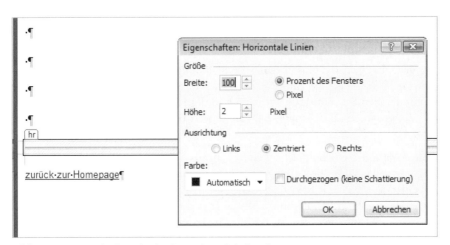

Bild 10.4: Eigenschaften der horizontalen Linie bestimmen

Im Bereich *Größe* bestimmen Sie die Breite der Linie. So legen Sie beispielsweise fest, ob die Linie die gesamte Breite des Browserfensters ausfüllen soll oder nur einen Teil davon. Wenn Sie die Option *Prozent des Fensters* aktiviert haben, passt sich die Linie gemäß den Angaben an die jeweilige Fenstergröße an. Haben Sie dagegen die Option *Pixel* aktiviert, dann nimmt die Linie stets genau die angegebene Größe unabhängig von der Fenstergröße ein.

Über das Feld *Höhe* bestimmen Sie, wie dick oder dünn eine Linie ist. Möchten Sie dagegen die Ausrichtung der Linie verändern, benutzen Sie die Optionen im Bereich *Ausrichtung*. Sie können eine Linie wie einen Text links- oder rechtsbündig oder zentriert formatieren.

Nicht immer wird die graue Standardfarbe der Linie Ihren Geschmack treffen. In diesem Fall klicken Sie auf das Listenfeld *Farbe* und stellen die gewünschte Farbe ein, die vermutlich besser zu Ihrem Design passt. Wenn Sie schließlich noch das Kontrollkästchen *Durchgezogen (keine Schattierung)* aktivieren, wird die Linie einfarbig dargestellt.

10.3   Bilder

Die weitaus meisten Bilder werden Sie zuvor (mit anderen Programmen) erstellt haben. Diese können Sie problemlos in Ihre Site einfügen, sofern sich die Dateien bereits in Ihrem Web oder in einem Ordner auf Ihrer Festplatte befinden.

Bilder einfügen

Platzieren Sie zunächst den Cursor an die Stelle, an der das Foto eingefügt werden soll.

▲ Bilder von der Festplatte einfügen

Holen Sie das Dialogfenster *Bild* über das Menü *Einfügen / Grafik / Aus Datei* auf den Bildschirm. In ihm stellen Sie zunächst in dem Feld *Suchen in* den Speicherort Ihrer Grafiken ein. Suchen Sie nun den Dateinamen in der Liste und markieren Sie ihn. Wie Sie der Endung entnehmen können, handelt es sich bei dem Foto um eine Datei im *.jpg-Format.

Klicken Sie dann auf die Schaltfläche *Einfügen*, um das Foto einzufügen. Es öffnet sich das Dialogfenster *Eigenschaften für alternative Darstellungsweisen*. Hier sollten Sie unbedingt im Feld *Alternativer Text* einen entsprechenden Text eingeben. Dieser wird immer dann angezeigt, wenn die Grafik nicht übertragen oder aus anderen Gründen nicht angezeigt werden konnte. Ferner wird im Internet Explorer dieser Text angezeigt, wenn Sie den Mauszeiger eine kurze Zeit über dem Bild belassen. Wenn Sie abschließend mit *OK* bestätigen, wird das ausgewählte Bild an der Cursorposition eingefügt.

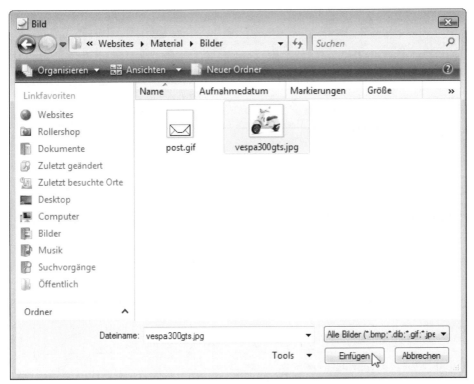

Bild 10.5: Ein Bild (Foto) einfügen: Wenn Sie – wie in der Abbildung – keine Vorschau des Fotos erhalten, dann wählen Sie über das Symbol *Ansichten* eine der Symbol-Ansichten.

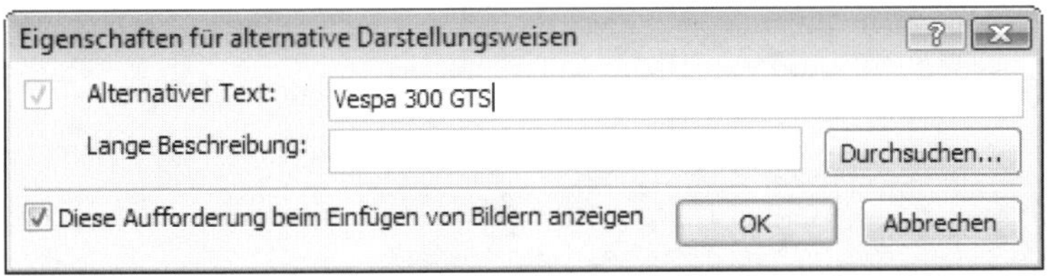

Bild 10.6: Tragen Sie einen erklärenden Text in das Feld *Alternativer Text* ein.

An dieser Stelle sollten Sie einmal speichern und das neue Bild in den Ordner *images* platzieren. Klicken Sie abschließend einmal auf das Symbol *Vorschau im Windows Internet Explorer*, um die Seite im Browser zu betrachten.

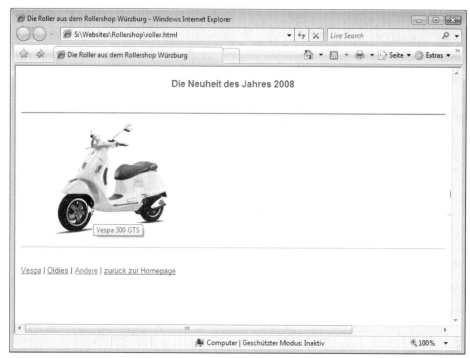

Bild 10.7: Die neu eingefügte Grafik im Internet Explorer

▲ Aus Adobe Photoshop

Sehr häufig werden Bilder mit Adobe Photoshop bearbeitet. Expression Web 2 trägt dem Rechnung und ermöglicht Ihnen, direkt die Arbeitsdateien einzufügen.

Rufen Sie dazu die Menüfolge *Einfügen / Grafik / Aus Adobe Photoshop (PSD)* auf.

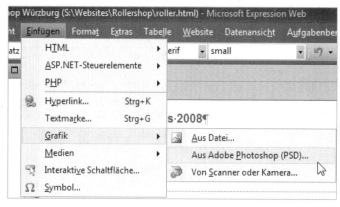

Bild 10.8: Eine Photoshopdatei einfügen

Wählen Sie die Photoshopdatei aus und bestätigen Sie mit *Öffnen*. Im dem nun folgenden Dialogfenster können Sie einige Einstellungen vornehmen, beispielsweise *Alle Ebenen* oder nur *Ausgewählte Ebenen* übernehmen. Ferner treffen Sie die Entscheidung, mit welchen *Optimierungseinstellungen* die Photoshopdatei internettauglich gemacht werden soll. Danach können Sie noch einen anderen *Dateinamen* vergeben und mit einem Klick auf *Importieren* den Vorgang abschließen.

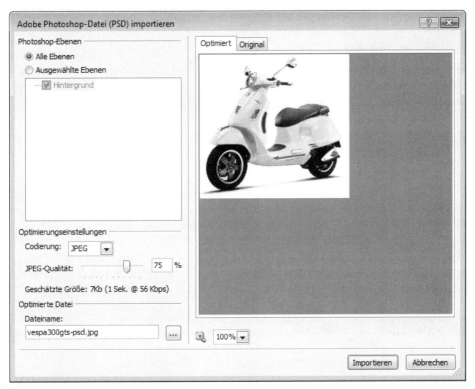

Bild 10.9: Die Photoshopdatei internettauglich machen

▲ Bilder einscannen

Sehr oft liegen Bilder als Fotos vor. Diese können Sie direkt aus Expression Web 2 – einen angeschlossenen Scanner vorausgesetzt – einscannen und in Ihre Website übernehmen. Dazu platzieren Sie den Cursor wieder an die Stelle, an der das Foto erscheinen soll, und legen die Vorlage auf den Scanner. Rufen Sie dann den Menüpunkt *Einfügen / Grafik / Von Scanner oder Kamera* auf. Im erscheinenden Dialogfenster wählen Sie das gewünschte *Gerät* aus und stellen die benötigte *Auflösung* ein. Für den Einsatz im Internet übernehmen Sie ruhig die vorgegebene Einstellung *Webqualität*.

Bild 10.10: Bilder direkt einscannen

Wenn Sie dann die Schaltfläche *Einfügen* anklicken, wird das Bild eingescannt und an der Cursorposition platziert. Möchten Sie noch weitere Einstellungen vornehmen, die allerdings von dem installierten Scanner und dem entsprechenden Treiber abhängen, klicken Sie auf die Schaltfläche *Einfügen anpassen* und nehmen diese Einstellungen vor.

▲ Bilder aus der Digitalkamera

Besitzer einer Digitalkamera können Bilder problemlos importieren: Schließen Sie zunächst Ihre Kamera (im Regelfall über die USB-Schnittstelle) an den Computer an und schalten Sie sie ein. Wählen Sie dann die Menüreihenfolge *Einfügen / Grafik / Von Scanner oder Kamera* an. Im folgenden Dialogfenster wählen Sie Ihre Kamera aus und entscheiden sich, ob Sie beim Einfügen noch Anpassungen vornehmen wollen oder nicht. Im letzten Fall klicken Sie auf die Schaltfläche *Einfügen anpassen* und entscheiden, welches Foto Sie einfügen wollen. Klicken Sie abschließend noch auf die Schaltfläche *Bilder übertragen* (die Beschriftung hängt vom verwendeten Kameratyp ab), und fertig: Das Bild befindet sich nun auf Ihrer Webseite.

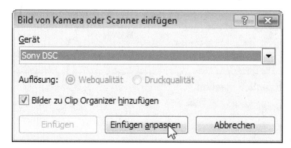

Bild 10.11: Wählen
Sie Ihre Kamera aus.

Bildeigenschaften anpassen

Das Bild wird in der ursprünglichen Größe eingefügt, was aber nicht immer ideal ist, denn unter Umständen kann das Bild zu groß sein. In diesem Falle können Sie es – genau wie weiter oben bei den Autoformen gezeigt – über die Markierungspunkte anpassen. Achten Sie aber darauf, dass die Grafik markiert ist und die Markierungspunkte (acht kleine schwarze Quadrate) angezeigt werden.

Bild 10.12: Die Bildgröße
mit der Maus anpassen

Wenn Sie dabei einen der Eckpunkte verwenden, wird die Grafik proportional verkleinert beziehungsweise vergrößert und Sie erhalten keine unschönen Stauchungen. Noch mehr Einstellungsmöglichkeiten haben Sie, wenn Sie das Dialogfenster *Bildeigenschaften* verwenden.

Klicken Sie dazu auf das Bild und rufen über das Kontextmenü den Eintrag *Bildeigenschaften* auf. Aktivieren Sie anschließend die Registerkarte *Darstellung*.

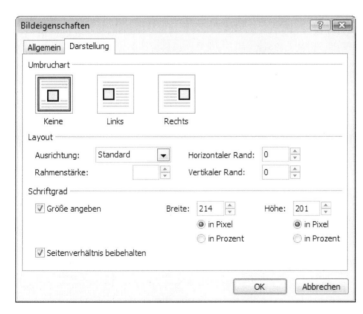

Bild 10.13: Die
Bildgröße über das
Dialogfenster
anpassen

Im Bereich *Umbruchart* legen Sie rasch die gewünschte Ausrichtung des Bilds innerhalb des Textes fest. Neben der Vorgabe *Keine* stehen Ihnen die Umbrucharten *Links* oder

Rechts zur Verfügung. Weitere Umbruchmöglichkeiten finden Sie im Listenfeld *Ausrichtung* im Bereich *Layout*. Soll die Grafik mit einem Rahmen versehen werden, stellen Sie im Feld *Rahmenstärke* dessen Stärke mithilfe der Pfeilschaltflächen ein.

Den Abstand vom umgebenden Text bestimmen Sie mit den beiden Feldern *Horizontaler Abstand* und *Vertikaler Abstand*. Tragen Sie hier die gewünschten Werte ein oder betätigen Sie die Pfeilschaltflächen.

Die Größe ändern Sie in dem etwas missverständlichen Bereich *Schriftgrad*. Nachdem Sie das Kontrollkästchen *Größe angeben* aktiviert haben, geben Sie in den dahinter liegenden Feldern *Breite* und *Höhe* die gewünschten Werte *in Pixel* oder *in Prozent* ein. Achten Sie darauf, dass das Kontrollkästchen *Seitenverhältnis beibehalten* aktiviert ist, denn so achtet Expression Web 2 darauf, dass Ihre Bilder nicht verzerrt werden.

Bildeigenschaften verändern

Für den Fall, dass Bilder nicht im geeigneten Format vorliegen, verfügt Expression Web 2 über eine entsprechende Option, die Ihnen dann weiterhilft. Befinden Sie sich im Dialogfenster *Bildeigenschaft*, klicken Sie in der Registerkarte *Allgemein* auf die Schaltfläche *Bilddateityp*. Befinden Sie sich in der Ansicht *Entwurf*, dann bringen Sie ein Klick mit der rechten Maus und die Anwahl des Kontextmenüpunkts *Bilddateityp* in das entsprechende Dialogfenster.

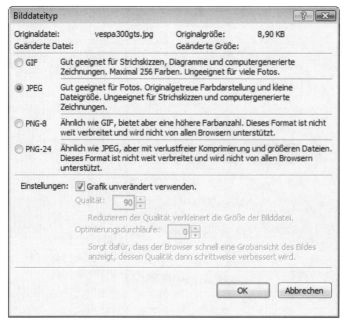

Bild 10.14: Die Bildeigenschaften ändern

Im oberen Bereich finden Sie zunächst Angaben zur Größe der ursprünglichen Datei und darunter die Werte der Datei, wenn Sie die Veränderungen so übernehmen würden. Über die Optionsschaltflächen haben Sie – je nach vorgegebenen Kompatibilitätseinstellungen – die Möglichkeit, das gewünschte Bildformat auszuwählen.

Handelt es sich um ein JPG-Bild, so haben Sie im unteren Bereich *Einstellungen* zusätzlich die Möglichkeit, die Grafik zu verändern. Beispielsweise lässt sich hier die *Qualität* des Bilds verringern, was zu einer geringeren Dateigröße führt. Oder Sie legen die Anzahl der *Optimierungsdurchläufe* fest, was dazu führt, dass der Betrachter das Bild schneller erkennt.

Haben Sie ein GIF-Bild eingefügt, können Sie an dieser Stelle entscheiden, ob es im sogenannten Interlacing-Modus geladen werden soll. Das bedeutet, dass das Bild in versetzten Streifen geladen wird und so eher erkennbar ist, als wenn der Browser – wie üblich – es von oben nach unten aufbaut.

10.4 Bildbearbeitung

Expression Web 2 ist kein Programm zur Bilderstellung oder gar Bildbearbeitung. Sie können zwar kleinere Korrekturen vornehmen, aber wenn Sie ausgefeiltere Bildbearbeitungstechniken anwenden möchten, sollten Sie auf eine speziellere Software, etwa das Schwesterprogramm *Microsoft Expression Design* oder das bereits erwähnte *Adobe Photoshop*, zurückgreifen.

Grafiken bearbeiten

Wie man die Größe einer Grafik und den Textfluss anpasst, haben Sie bereits weiter oben gesehen. Doch das sind beileibe nicht alle Möglichkeiten, die Ihnen Expression Web 2 bietet, wenn es darum geht, Grafiken und Bilder nach Ihren Vorstellungen zu gestalten. Die meisten Arbeitsschritte lassen sich dabei über die Symbolleiste *Bilder* erledigen. Sie wird immer dann sichtbar, wenn Sie eine Grafik markieren oder das Menü *Ansicht / Symbolleisten / Bilder* anklicken.

▲ Grafik aus Datei einfügen

Ein Klick auf diese Schaltfläche öffnet das bereits bekannte Dialogfenster *Bild*, mit dem Sie eine Grafik von Ihrer Festplatte einfügen können.

▲ Automatische Miniaturansichten

Nicht immer ist es sinnvoll, gleich eine große Grafik zu präsentieren. Oft ist es klüger, den Besucher entscheiden zu lassen, ob er das Bild sehen will oder nicht. In einem solchen Fall setzen Sie die Option *Automatische Miniaturansicht* ein.

Bild 10.15: Eine automatische
Miniaturansicht erstellen

Diese bewirkt, dass der Betrachter zunächst eine kleine Vorschau, auch Thumbnail (Daumennagel) genannt, sieht und dann per Mausklick entscheiden kann, ob er die volle Grafik sehen möchte oder nicht. Alles, was Sie dazu tun müssen, ist, erst die Grafik und dann besagte Schaltfläche anzuklicken. Expression Web 2 erstellt dann automatisch eine verkleinerte Grafik, verlinkt sie mit der großen Grafik und speichert beide Dateien automatisch ab. Die kleinere Grafik erhält dabei automatisch den Zusatz _small_.

Bild 10.16: Die beiden Bilddateien

Wenn Sie anschließend im Browser auf das verkleinerte Bild (welches Sie an den durch den Hyperlink vorgegebenen Rahmen erkennen) klicken, wird das Bild in voller Größe dargestellt.

Bild 10.17: Wer mehr sehen möchte, muss klicken.

▲ Drehen und kippen

Objekte lassen sich auch um einen von Ihnen festgelegten Ursprung drehen. Markieren Sie dazu das Objekt, das Sie drehen oder kippen wollen, und klicken Sie anschließend auf eine der entsprechenden Schaltflächen (*Linksdrehung 90 Grad*, *Rechtsdrehung 90 Grad*, *Horizontal kippen* oder *Vertikal kippen*).

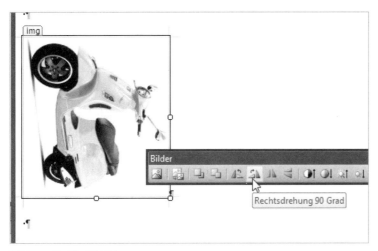

Bild 10.18: Ein Bild kippen

▲ Helligkeit und Kontrast

Mithilfe der Schaltflächen *Mehr Kontrast*, *Weniger Kontrast*, *Mehr Helligkeit* und *Weniger Helligkeit* können Sie intuitiv die Helligkeit und den Kontrast anpassen.

▲ Grafik beschneiden

Ist die Grafik, die Sie in Ihre Webseite einbauen wollen, zu groß oder sind Dinge zu sehen, die Sie gar nicht zeigen wollen, dann setzen Sie das Werkzeug *Zuschneiden* ein. Allerdings können Sie mit dieser Funktion nur rechteckige Teile aus der Grafik ausschneiden. Klicken Sie dazu auf die Schaltfläche *Zuschneiden*. Es erscheint ein gestricheltes Rechteck mit Anfassern in der Grafik. Über dieses Rechteck wählen Sie nun den Bildausschnitt aus. Halten Sie den Mauszeiger über die Markierungspunkte, nimmt er die Form eines Doppelpfeils an, mit dem sich die gewünschten Vergrößerungen oder Verkleinerungen vornehmen lassen. Um den ausgewählten Bereich zuzuschneiden, klicken Sie abermals auf die Schaltfläche *Zuschneiden* oder drücken einfach die Enter-Taste. Daraufhin nimmt der ausgewählte Bereich die Größe der eigentlichen Grafik an.

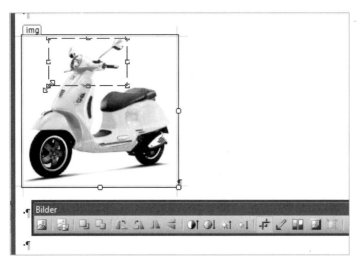

Bild 10.19: Den Beschneidungsrahmen festlegen

▲ Transparente Grafiken

Bilder sind oft von einem sichtbaren Rand umgeben, der stört. Um diesen Rand zu entfernen, speichern Sie Ihr Bild zunächst als GIF, denn in diesem Format können Sie eine bestimmte Farbe eines Bilds transparent stellen – soll heißen: An den transparent gestellten Stellen scheint der Hintergrund durch.

Bild 10.20: Was nicht passt, wird passend gemacht!

Um eine Farbe transparent zu machen, verwenden Sie das Werkzeug *Transparente Farbe bestimmen*, welches Sie einfach auf der Symbolleiste anklicken. Der Mauscursor nimmt dann die Form eines Radierstifts an. Führen Sie ihn auf die Farbe, die Sie transparent stellen wollen.

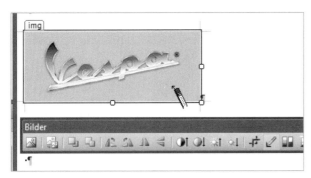

Bild 10.21: Auswahl der transparent zu stellenden Farben

Haben Sie an dieser Stelle auf eine Grafik geklickt, die nicht im GIF-Format vorliegt, meldet Expression Web 2 in einem Hinweisfenster, dass das Bild erst einmal in das GIF-Format umgewandelt werden muss und dass dieser Vorgang zu einer Reduzierung der Farben führen kann. Um fortzufahren, bestätigen Sie mit *OK*. Danach erscheint die angeklickte Farbe transparent und lässt den Hintergrund durchscheinen. Aber Vorsicht: Alle Bildteile, die die angeklickte Farbe haben, werden in dem Bild transparent gestellt. Das kann manchmal zu Überraschungen führen.

10.5   Farbe

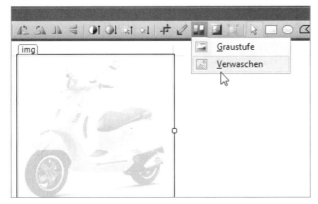

Bild 10.22

Diese Schaltfläche ermöglicht es Ihnen, das Bild auf zweifache Weise zu verändern: Sie können es in Grauwerte (*Graustufe*) umwandeln oder *Verwaschen* darstellen. Die letztere Option eignet sich hervorragend, um Wasserzeichen für Hintergründe oder Ähnliches herzustellen.

▲ Abschrägung

Wünschen Sie einen dreidimensionalen Rand um ein Bild, dann ist diese Schaltfläche erste Wahl.

▲ Erneut einlesen

Diese Schaltfläche ist nur aktiv, wenn Sie ein Bild verkleinert haben. Ein Klick darauf bewirkt, dass auch die Dateigröße dementsprechend angepasst wird.

▲ Wiederherstellen

Ist Ihnen beim Bearbeiten ein Missgeschick unterlaufen, können Sie die ursprüngliche Datei wieder herstellen.

Imagemaps

Sicherlich ist Ihnen aufgefallen, dass bei der vorherigen Auflistung noch eine Gruppe gefehlt hat – nämlich die Hotspots. Dieser Begriff taucht immer auf, wenn es um sogenannte *Imagemaps* geht.

Imagemaps sind Bilder, die mit unterschiedlichen Links verknüpft sind. Sie werden oft verwendet, um besondere »Attraktionen« beispielsweise auf Landkarten oder Bildern von Produkten hervorzuheben. Um diesen Bereich im Bild anklickbar zu machen, wird um ihn ein sogenannter Hotspot mit einer Verlinkung zu einer weiteren Seite eingefügt. Klickt der Besucher später darauf, wird er zu einer Seite oder Grafik »weiter verbunden«. Deshalb kann ein Imagemap erheblich zur Aussage einer Webseite beitragen.

Ein weiteres Beispiel für eine Anwendungsmöglichkeit ist beispielsweise ein Gruppenfoto: Um den Bereich jedes Kopfes wird ein Hotspot angelegt. Will der Besucher später mehr über einen bestimmten Mitarbeiter erfahren, klickt er einfach auf dessen Konterfei, und schon bekommt er zusätzliche Informationen angezeigt.

Bevor Sie ein Imagemap anlegen können, benötigen Sie zunächst eine Grafik oder ein Bild. Das kann im Prinzip jedes Bild sein – ein Stadtplan (wie in unserem Beispiel), eine Skizze, ein Foto oder eine Grafik, die man erklären möchte. Fügen Sie dieses Bild wie gewohnt mithilfe des Menüs *Einfügen / Grafik / Aus Datei* in die Seite ein.

▲ Rechteckige oder runde Hotspots erstellen

Eine Imagemap benötigt sogenannte *Hotspots*. Dabei handelt es sich um bestimmte Bereiche, die als grafischer Hyperlink funktionieren und im Browserfenster unsichtbar sind. Erst wenn Sie den Mauszeiger auf einen solchen Hotspot, beispielsweise eine Grafik, bewegen, erkennen Sie ihn an dem Mauszeigersymbol.

Im Prinzip funktionieren diese Hotspots wie die im normalen Text eingebetteten Verweise. Ein Klick führt zu einer anderen Seite.

Markieren Sie gegebenenfalls die Grafik, damit die Symbolleiste *Bild* sichtbar ist. Die benötigten Werkzeuge sind in einer Gruppe zusammengefasst und Sie haben die Auswahl unter folgenden Formen:

- *Rechteckiger Hotspot*: Hiermit erstellen Sie einen rechteckigen Hotspot.

- *Runder Hotspot*: Erstellt einen runden Hotspot.

- *Polygonförmiger Hotspot*: Dieses Werkzeug erlaubt die Definition eines unregelmäßig geformten Hotspots.

Klicken Sie auf die Schaltfläche *Runder Hotspot*, worauf das grafische Werkzeug automatisch die Form eines Stifts annimmt. Mit diesem bewegen Sie sich auf das Bild und ziehen mit gedrückter Maustaste die Form über den gewünschten Punkt auf.

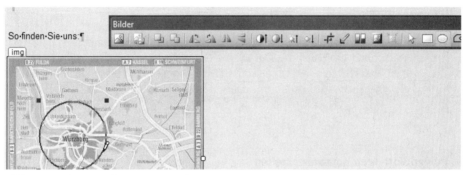

Bild 10.23: Einen runden Hotspot anlegen

Hat der Kreis das gewünschte Ausmaß, lassen Sie die Maustaste los, woraufhin Expression Web 2 das Dialogfenster *Hyperlink einfügen* öffnet. Hier wählen Sie die Datei oder den Hyperlink aus, die nach einem Klick auf den Hotspot geöffnet werden sollen. Vergeben Sie noch eine *QuickInfo*, damit Ihre Leser den Hotspot besser erkennen und so gleich wissen, was sie nach einem Klick darauf erwartet.

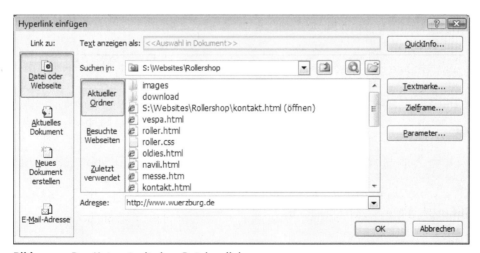

Bild 10.24: Den Hotspot mit einer Datei verlinken

Schließen Sie anschließend das Dialogfenster mit *OK*. Im der Ansicht *Entwurf* erkennen Sie den Hotspot an einem dünnen Rand, der über der Grafik liegt. Wechseln Sie dann einmal mit dieser Seite in den Browser und betrachten Sie Ihr Meisterwerk.

Bild 10.25:
Der Hotspot in Aktion

▲ Polygonförmigen Hotspot erstellen

Möchten Sie ein unregelmäßiges Objekt mit einem Hotspot versehen, dann verwenden Sie den polygonförmigen Hotspot, welcher Ihnen im Unterschied zu den beiden anderen Werkzeugen erlaubt, eine individuelle Form anzulegen. Wenn Sie dieses Werkzeug ausgewählt haben, gehen Sie wie folgt vor:

Wählen Sie den Anfangspunkt in der Grafik aus und klicken Sie einmal mit der Maus. Bewegen Sie sich nun von diesem Ort weg, ohne die Maustaste zu drücken. Wie Sie sehen, zieht sich beim Bewegen des Mauszeigers eine Linie hinterher. Haben Sie den Punkt erreicht, an dem Sie die Richtung ändern müssen, klicken Sie einmal mit der Maus, um einen weiteren Punkt anzulegen.

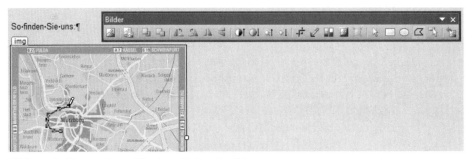

Bild 10.26: Einen polygonförmigen Hotspot zeichnen

Verfahren Sie auf diese Art und Weise, bis Sie wieder den Anfangspunkt erreicht haben, und klicken auf diesen. Dadurch öffnet sich das Dialogfenster *Hyperlink einfügen* und Sie können die Datei, die sich nach dem Anklicken öffnen soll, auswählen.

▲ Hotspots verändern

Auch wenn Sie manchmal den Wunsch verspüren: Der Bereich, der einen Hotspot markiert, kann im Nachhinein nicht mehr bearbeitet, sondern lediglich verschoben werden. Ist er überhaupt nicht nach Ihren Vorstellungen, dann bleibt Ihnen nur, ihn zu löschen und von vorne zu beginnen. Befindet sich der Hotspot nicht ganz da, wo Sie ihn gerne hätten, dann benutzen Sie das Werkzeug *Auswählen*. Zeigen Sie mit dem veränderten Mauszeiger innerhalb des Bereichs, den die Markierungspunkte bilden, und ziehen Sie ihn bei gedrückter Maustaste an die gewünschte Stelle.

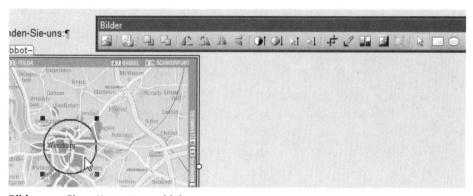

Bild 10.27: Einen Hotspot verschieben

Wollen Sie einen Hotspot löschen, dann markieren Sie ihn und betätigen dann die Taste [Entf]. Möchten Sie dagegen die Eigenschaften eines Hotspots ändern, etwa weil Sie eine andere Datei verlinken wollen, führen Sie einen Doppelklick auf den Hotspot aus, um das Dialogfenster *Hyperlink bearbeiten* zu erhalten.

Ein weiteres Problem kann auftauchen, wenn Sie mehrere Hotspots auf einer Grafik abgelegt haben. Meist erkennen Sie sie nicht auf den ersten Blick. Doch bevor Sie jetzt mühsam suchen, können Sie den Hotspot freilegen, das heißt, Sie sehen nur noch die Hotspots und die eigentliche Grafik wird ausgeblendet. Um diesen Effekt zu erzielen, rufen Sie die Schaltfläche *Hotspots markieren* auf. Diese Funktion schalten Sie durch nochmaliges Anklicken der Schaltfläche wieder aus.

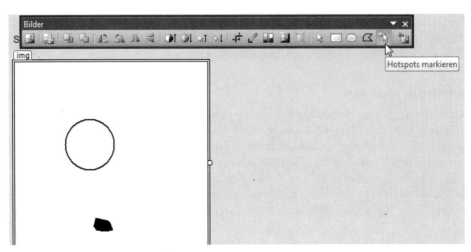

Bild 10.28: So entdecken Sie jeden Hotspot.

Mehr Aufmerksamkeit mit Spezialeffekten

In diesem Kapitel finden Sie eine Auswahl interessanter Effekte für Ihre Webseite:

- Musik oder Flash
- Effekte a la PowerPoint
- interaktive Schaltflächen
- sogenannte *Verhalten*

11.1 Medieneinsatz

Expression Web 2 ermöglicht es Ihnen nicht nur, einfache Grafiken einzufügen, sondern Sie können Ihre Website auch mit Flash-Animationen, Silverlight-Applikationen, interaktiven Schaltflächen, Hintergrundmusik und Seitenübergängen aufpeppen.

Flash und Silverlight

Wenn es um Multimedia geht, dann stehen Adobe Flash und Microsoft Silverlight ganz hoch im Kurs.

▲ Flash-Film

Das i-Tüpfelchen für viele Webdesigner stellen interaktive und vertonte Animationen dar. Nicht zuletzt deswegen hat Flash in den letzten Jahren enorm an Bedeutung gewonnen. Kein Wunder, denn die Flash-Technologie ist eine ausgezeichnete Lösung für vektorbasierende Grafiken und Animationen, die sich durch geringe Dateigrößen auszeichnen und gerade für den Interneteinsatz prädestiniert sind. Flash setzt allerdings auf der Betrachterseite einen Player voraus, der jedoch in den allermeisten Browsern bereits implementiert ist. Dem konnte sich Expression Web 2 nicht länger verschließen und bietet nun ebenfalls eine einfache Möglichkeit, fertige Flash-Animationen in die Seiten einzubinden.

Platzieren Sie zunächst den Cursor an der Stelle, an der der Film erscheinen soll. Rufen Sie dann über das Menü *Einfügen / Medien* den Menüpunkt *Flash-Film* auf. Im folgenden Dialogfenster wählen Sie die Flashdatei im Format *swf* aus und bestätigen Ihre Wahl mit *Einfügen.*

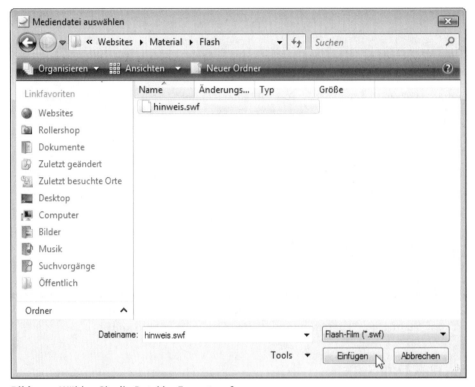

Bild 11.1: Wählen Sie die Datei im Format *swf* aus.

In der Ansicht *Design* wird Ihnen nun ein grauer Rahmen mit einem Blitz gezeigt. Diesen passen Sie mithilfe der Anfasser wie eine Grafik Ihren Erfordernissen entsprechend an.

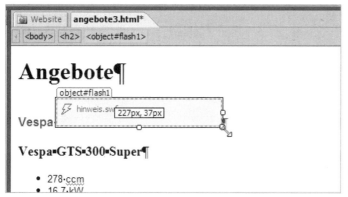

Bild 11.2: Passen Sie
die Abspielfläche an.

Zunächst speichern Sie die Seite, um den Flash-Film in Ihre Website zu befördern, und
betrachten das Ergebnis in Ihrem Browser!

Bild 11.3: Eine
Flashdatei in Aktion

▲ Silverlight-Präsentation

Der Erfolg von Flash hat Microsoft nicht ruhen lassen und im Frühjahr 2007 wurde
Silverlight präsentiert. Wenn Sie eine Silverlight-basierende Anwendung einfügen
möchten, gehen Sie wie bei einer Flashanimation vor, nur rufen Sie die Menüfolge *Einfügen / Medien / Silverlight* auf. Im folgenden Dialogfenster wählen Sie den Ordner aus,
der die *xaml*-Datei enthält.

Hinweis: XAML steht für eXtensible Application Markup Language und ist das Format von Microsoft, mit dem Elemente wie Dreiecke, Videos oder Animationen in Silverlight definiert werden. Das Format ist mit dem XML-Dialekt vergleichbar. Diese Dateien können von dem Schwesterprogramm Expression Blend erzeugt werden. Mit diesem erstellen Sie die Inhalte für Ihr Projekt, der eigentliche XAML-Code wird im Hintergrund erzeugt.

Interaktive Schaltflächen

Mithilfe des Dialogfelds *Interaktive Schaltflächen* fügen Sie Schaltflächen für die Navigation in Ihre Homepage ein. Sie sind problemlos zu handhaben und machen einen professionellen Eindruck. Diese Schaltflächen sind skalierbar und sehen auch gedruckt hervorragend aus. Im Folgenden soll die Ihnen schon bekannte Navigationsdatei *navili.htm* umgebaut werden.

Erstellen Sie eine Kopie von dieser Datei, benennen diese in *naviliis.htm* um und löschen die Tabellen, mit denen die Schaltflächen gestaltet waren.

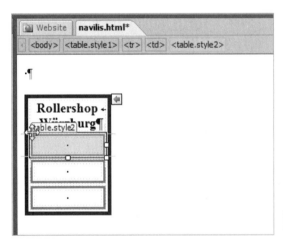

Bild 11.4: Die inliegenden Tabellenzellen löschen

Setzen Sie den Cursor dann in die zweite, leere innere Tabelle der Navigationsleiste und rufen Sie das Menü *Einfügen / Interaktive Schaltflächen* auf. Es erscheint das recht umfangreiche Dialogfenster *Interaktive Schaltflächen*.

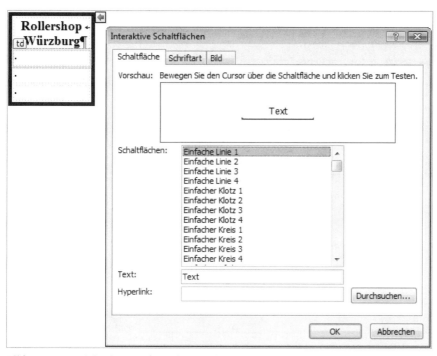

Bild 11.5: Das Dialogfenster *Interaktive Schaltflächen*

Wählen Sie zunächst im Feld *Schaltflächen* das Aussehen der gewünschten Schaltfläche. Das Aussehen der Schaltfläche entnehmen Sie dem Feld *Vorschau*. Fahren Sie einfach mit der Maus auf dieses Abbild und überprüfen Sie, ob Ihnen der Effekt zusagt.

Geben Sie dann im Feld *Text* die *Beschriftung* der Schaltfläche an, indem Sie den vorhandenen Text einfach überschreiben. Im Feld *Verknüpfung* tragen Sie den Hyperlink zu der Seite ein, die geöffnet werden soll. Ist Ihnen der Name nicht mehr geläufig, so machen Sie ihn mithilfe der Schaltfläche *Durchsuchen* ausfindig. Diesen Weg sollten Sie in jedem Fall nehmen, wenn Ihre Website als Frameversion geplant ist, damit Sie gleich den richtigen *Zielframe* einstellen. Näheres dazu lesen Sie im Kapitel über Frames.

Bild 11.6: Eine Schaltfläche fertigstellen

Die Abmessungen der interaktiven Schaltfläche stellen Sie auf der Registerkarte *Bild* ein. Aktivieren Sie diese durch einen Klick.

Die Ausmaße der Schaltflächen sollen aufgrund der Struktur der Tabelle 120 Pixel in der Breite betragen. Diesen Wert tragen Sie in das Feld *Breite* ein, welches standardmäßig eine Breite von 100 Pixeln vorgibt. Möchten Sie nicht, dass gleichzeitig die *Höhe* angepasst wird, sollten Sie das Kontrollkästchen *Proportionen beibehalten* deaktivieren.

Bild 11.7: Das Aussehen der Schaltfläche festlegen

Die drei darunter liegenden Kontrollkästchen sollten Sie aktiviert lassen. Mit *Hovergrafik erstellen* erreichen Sie, dass beim Darüberstreichen mit der Maus die Schaltfläche entsprechend markiert wird. Gleiches gilt für *Grafik für »Gedrückt« erstellen*. Wenn der Betrachter die Maustaste auf der Schaltfläche gedrückt lässt, wird eine dementsprechende Grafik angezeigt, um diesen Status sichtbar zu machen. Wichtig ist schließlich *Schaltflächengrafik vorab laden*, denn so vermeiden Sie Wartezeiten beim Betrachter, wenn er auf die Schaltfläche klickt. Diese werden dann schneller angezeigt, weil sie sich schon auf seiner Festplatte befinden. Das Aussehen der Schaltfläche können Sie schließlich noch über die Registerkarte *Schriftart* bestimmen, die Ihnen selbsterklärende Optionen bereitstellt.

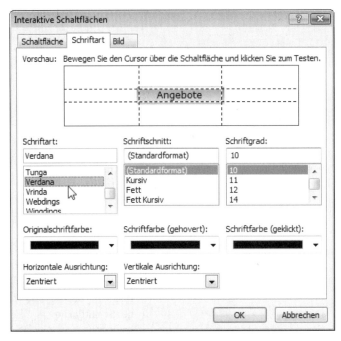

Bild 11.8: Die Schriftart der Schaltfläche einstellen

Sind alle Eingaben erledigt, klicken Sie nur noch auf *OK*, um die interaktive Schaltfläche in Ihre Webseite einzufügen. Verfahren Sie mit den restlichen Schaltflächen ebenso.

Bild 11.9: Die fertige Navigationsleiste

Möchten Sie nachträglich eine interaktive Schaltfläche an Ihre Vorstellungen anpassen, führen Sie lediglich einen Doppelklick darauf aus und Sie erhalten wieder das Dialogfenster *Interaktive Schaltflächen*.

Hintergrundmusik

Das Internet bietet nicht nur Lesestoff im Überfluss, sondern auch viel für Ohren und Augen. Bedenken Sie aber: Eine gute Audio-Qualität setzt einen guten Soundchip beziehungsweise eine gute Soundkarte und einen Lautsprecher voraus. Außerdem muss die Sounddatei auf den Rechner übertragen werden. Sie können entscheiden, ob Sie eine Hintergrundmusik einbinden möchten oder ob der Besucher selbst entscheiden kann, ob er Sound hören will oder nicht. Erfahrungsgemäß ist die letzte Variante die bessere, da sich nicht jeder berieseln lassen will.

Möchten Sie einen Hintergrundsound abspielen, dann gehen Sie wie folgt vor:

Öffnen Sie die Seite, die Sie mit Hintergrundmusik versehen möchten, und rufen von dort das Menü *Datei / Seiteneigenschaften* auf. Im Register *Allgemein* finden Sie die Einstellungsoptionen für den Hintergrundsound. Klicken Sie dort auf die Schaltfläche *Durchsuchen*.

Im folgenden Dialogfenster *Hintergrundsound* suchen Sie die Sounddatei aus, die Sie einfügen wollen. Sie können insbesondere Dateien im WAV- und MID-Format verwenden.

Haben Sie die richtige Datei gefunden, klicken Sie auf *Öffnen*. Der Pfad zu der Sounddatei wird nun im Feld *Adresse* angezeigt. Wenn Sie dieses Dialogfenster später verlassen, wird die Datei in Ihre Website kopiert, sodass Sie sich an dieser Stelle noch keine Gedanken machen müssen.

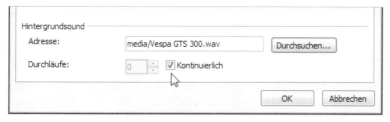

Bild 11.10: Den Pfad zur Sounddatei legen

Vorsicht: Würden Sie an dieser Stelle einfach die *OK*-Schaltfläche betätigen, würde der Sound ohne Ende abgespielt, wenn die Seite in den Browser geladen würde. Das ist aber sicher nicht immer ideal. Wünschen Sie, dass der Sound nur eine bestimmte Anzahl von Durchläufen abgespielt wird, dann deaktivieren Sie das Kontrollkästchen *Kontinuierlich* und stellen im Feld *Durchläufe* die gewünschte Zahl ein. Sie können die Einstellungen aber auch nachträglich ändern, wenn Sie in der betreffenden Seite die Menüreihenfolge erneut aufrufen.

Beim Verlassen des Dialogfensters mit *OK* werden Sie aufgefordert, die Sounddatei zu speichern. Wenn Sie jetzt die Seite im Browser betrachten, müssten Sie den Sound – Soundchip/-karte und Lautsprecher vorausgesetzt – gemäß Ihren Einstellungen hören.

Seitenübergänge

Kennen Sie Microsofts PowerPoint? Bei dem Programm, mit dem Sie Präsentationen beziehungsweise Folien erstellen, gibt es die Möglichkeit, die einzelnen Folien ineinander zu überblenden. Einen ähnlichen Effekt können Sie auch auf Ihrer Website über die sogenannten *Seitenübergänge* erreichen.

Als Beispiel soll die Homepage beim Anklicken eines Links wie ein Rollo aufgerollt werden. Stellen Sie den Cursor in die betreffende Seite (in dem Fall die Homepage) und rufen Sie das Menü *Format / Seitenübergang* auf. Es öffnet sich das Dialogfenster *Seitenübergang*. Klicken Sie zunächst das Listenfeld *Ereignis* an. Hier bestimmen Sie, ob das Ereignis beim Betreten oder Verlassen einer (einzelnen) Seite oder einer Website auftreten soll. Wählen Sie den Eintrag *Seite verlassen* aus.

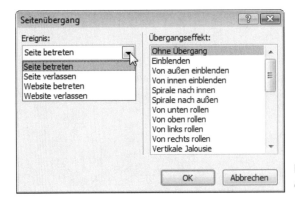

Bild 11.11: Die Qual der Wahl bei den Seitenübergängen

In dem Feld darunter tragen Sie dann die Dauer in Sekunden ein, die der Effekt gezeigt werden soll. Anschließend wählen Sie einen der Effekte auf der rechten Seite aus der Liste aus. Für unser Projekt ist der Effekt *Spirale nach außen empfehlenswert* – Sie sollten aber einmal in Ruhe alle anderen ausprobieren. Wenn Sie jetzt noch auf *OK* klicken und dann die Seite in Ihrem Browser aufrufen, erkennen Sie diesen Effekt sehr schön .

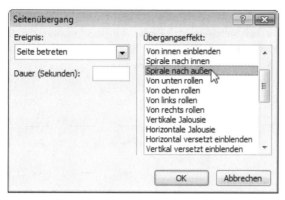

Bild 11.12: Suchen Sie sich einen Übergangseffekt aus.

Bild 11.13: Ein Seitenübergang in voller Aktion

11.2 Verhalten

Verhalten steuern beziehungsweise verändern das Verhalten von Objekten. Vereinfacht kann man sagen, dass es sich dabei um eine Kombination aus einer Aktion und einem daraus resultierenden Ereignis handelt. Eine typische Reaktion auf eine Aktion ist das Überfahren eines Bilds mit der Maus und die entsprechende Reaktion darauf.

Sicherlich kennen Sie dieses Verhalten bereits von einigen Menüs. Wenn Sie einen Punkt ausgewählt haben, verändert er beispielsweise die Farbe, um Ihnen anzuzeigen, dass eine Reaktion dahintersteckt. Expression Web 2 bietet Ihnen eine Reihe solcher Aktionen im Ihnen schon bekannten Aufgabenbereich *Verhalten* an.

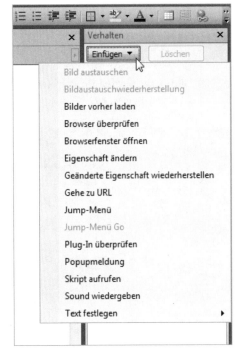

Bild 11.14: Alle *Verhalten* im Überblick

Welche *Verhalten* in diesem Menü aktiviert sind, hängt von dem zuvor markierten Objekt ab. Hier eine Auswahl, mit denen Sie Ihre Homepage aufpeppen:

Bilder austauschen / Bildaustausch wiederherstellen

Bestimmt sind Ihnen im Internet schon einmal Bilder aufgefallen, die ihr Aussehen ändern, wenn Sie mit der Maus darauf zeigen. Dabei handelt es sich um sogenannte *Rollover-Bilder*. Ein solches Rollover-Bild ist eine Kombination aus einem Ereignis – dem Zeigen mit der Maus – und einer Aktion, dem Austauschen des Bilds. Eine solche Aktion lässt sich nicht mit normalem HTML-Code bewerkstelligen, sondern setzt JavaScript voraus.

Hinweis: Benennen Sie zunächst das Bild, damit es besser angesprochen werden kann. Rufen Sie dazu die Symbolleiste *Stil* auf und tragen Sie den Namen in das Feld *ID* ein.

Den Quellcode müssen Sie zum Glück nicht selbst erstellen, denn Expression Web 2 bringt alles mit, was Sie für diesen Effekt benötigen. Im konkreten Beispiel soll sich die Farbe eines Rollers verändern, wenn Sie mit der Maus darüberfahren.

Markieren Sie die Grafik und rufen Sie über die Schaltfläche *Einfügen* des Aufgabenbereichs *Verhalten* den Menüpunkt *Bilder austauschen* auf.

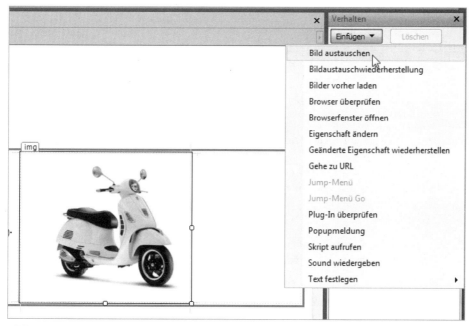

Bild 11.15: Dem Bild ein Verhalten zuweisen

Diese Aktion ersetzt ein Bild durch ein anderes und ermöglicht Ihnen das Erstellen von recht ansprechenden Bildeffekten.

Im Feld *Austauschbild-URL* geben Sie den Pfad und Dateinamen des neuen Bilds ein. Ist er Ihnen nicht bekannt, klicken Sie auf die Schaltfläche *Durchsuchen*, um die Bilddatei auszuwählen.

Wenn Sie – wie vorgeschlagen – die Grafiken benannt haben, dürfte es Ihnen nicht schwerfallen, die Verhaltensweisen zuzuordnen. Hätten Sie die Benennung nicht vorgenommen, würden Sie im Feld *Bilder* lediglich Einträge mit der Bezeichnung *Unbenannt <img>* finden und müssten raten, zu welcher Grafik welcher Eintrag gehört.

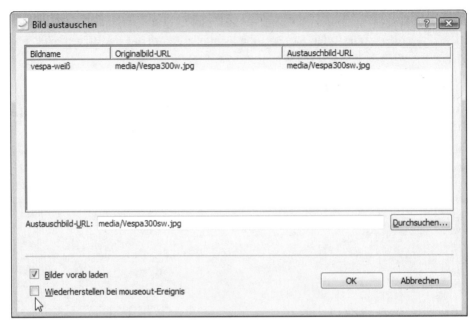

Bild 11.16: Die Einstellungen für den Bildaustausch

Sollen die Grafiken beim Laden der Seite in den Cache-Speicher des Browsers geladen werden (die Grafik muss dann nicht mehr über das Netz heruntergeladen werden, was den Seitenaufbau beschleunigt), so belassen Sie die Aktivierung des Kontrollkästchens *Bilder vorab laden*.

Das Aktivieren des Kontrollkästchens *Wiederherstellen bei mouse-out-Effekt* bewirkt, dass der Urzustand wiederhergestellt wird, wenn Sie die Maus von dem Bild wegbewegen.

Wiederholen Sie diese Schritte für alle weiteren Bilder, die geändert werden sollen. Zusätzlich können Sie das weitere Verhalten der Bilder in diesem Dialogfenster festlegen. Ihre Vorgaben bestätigen Sie mit *OK*. Anschließend überprüfen Sie im Browser, ob das Standardereignis das gewünschte Ereignis ist.

Bild 11.17: Der Mouseover-Effekt in Aktion

Bilder vorher laden

Gerade bei größeren Bildern kann es passieren, dass diese nicht sofort auf der Seite angezeigt werden und der Betrachter voller Ungeduld weitersurft. Mithilfe eines weiteren *Verhaltens* können Sie jedoch speicherintensive Bilder vorausladen, die dann im Cachespeicher des Browsers abgelegt und von dort bei Bedarf rasch angefordert werden können.

Dazu markieren Sie zunächst das Bild, welchem Sie diesen Effekt zuweisen möchten. Dann klicken Sie im Arbeitsbereich *Verhalten* auf die Schaltfläche *Einfügen* und wählen aus dem erscheinenden Menü den Eintrag *Bilder vorher laden*. Es erscheint das gleichnamige Dialogfenster.

Tragen Sie den Pfad und Dateinamen des vorauszuladenden Bilds in das Feld *Bildquelldatei* ein oder klicken Sie auf *Durchsuchen*, um die Bilddatei auszuwählen. Anschließend klicken Sie auf die Schaltfläche *Hinzufügen*, um sie in die Liste *Bilder vorab laden* aufzunehmen. Diesen Schritt sollten Sie unbedingt durchführen, bevor Sie das nächste Bild angeben, da sonst das eben gewählte Bild in der Liste durch das neue Bild ersetzt wird.

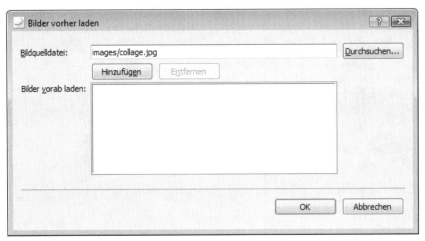

Bild 11.18: Das Dialogfenster *Bilder vorher laden*

Wiederholen Sie die Schritte für alle weiteren Bilder, die Sie auf der aktuellen Seite vorausladen möchten.

Möchten Sie ein Bild aus der Liste *Bilder vorher laden* entfernen, wählen Sie es aus und klicken auf die Schaltfläche *Entfernen*

Sind alle Eingaben korrekt, beenden Sie diesen Vorgang mit einem Klick auf *OK*. Das Ergebnis Ihrer Bemühungen sehen Sie im Bedienfeld *Verhalten*. Wenn diese Seite später im Browser aufgerufen wird, lädt der Browser das Objekt bereits in den Cache, obwohl er es noch gar nicht anzeigt.

Bild 11.19: Durch diesen Befehl werden Bilder vorab geladen.

Browser überprüfen

Leider interpretieren manche Browser bestimmte Befehle unterschiedlich und stellen Webseiten dann verfälscht oder im schlimmsten Fall gar nicht dar. Mit dem Verhalten *Browser überprüfen* können Sie dieses Manko beheben. Rufen Sie dazu im Aufgabenbereich über die Schaltfläche das dazugehörige Dialogfenster auf.

Hier stellen Sie Ihren bevorzugten Browser in der Liste *Aktueller Browsertyp* ein und –
sofern er auf der Betrachterseite vorhanden ist – weisen ihn an, die angegebene Datei zu
laden. Alle anderen Browser laden die im Feld *Gehe zur URL* alternativ angegebene Datei
(die Sie natürlich ohne besagte Elemente erstellen müssen).

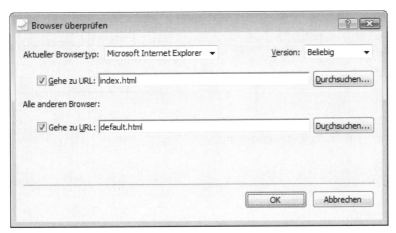

Bild 11.20: Überprüfen des Browsers

Browserfenster öffnen

Standardmäßig öffnet sich nach dem Klick auf einen Hyperlink die damit verbundene
Seite im gleichen Fenster. Sie können einem Hyperlink aber ein Verhalten zuweisen,
dass die URL in einem neuen Fenster geöffnet wird. Die Eigenschaften dieses neuen
Fensters müssen Sie festlegen, einschließlich Name, Größe und Attribute. Legen Sie
keine Attribute fest, dann wird das neue Fenster in der gleichen Größe und mit den
gleichen Attributen wie das Fenster geöffnet, von dem aus es gestartet wurde.

Um einer Textstelle eine Verhaltensweise zuzuweisen, sodass mit einem Klick auf diese
Textstelle ein neues Fenster geöffnet wird, muss diese zuerst markiert werden. Rufen Sie
im Aufgabenbereich *Verhalten* über die *Einfügen*-Schaltfläche die Option *Browserfenster
öffnen* aus der Liste der Aktionen auf und tragen Sie im folgenden Dialogfenster in das
Feld *Gehe zur URL* den Namen der Datei ein, die gezeigt werden soll. Falls Sie den
Namen nicht auswendig wissen, finden Sie ihn über den Button *Durchsuchen*.

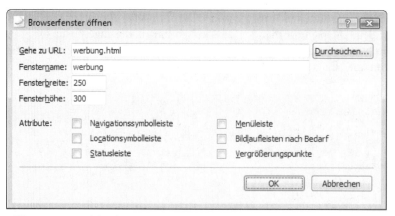

Bild 11.21: Das Dialogfenster *Browserfenster öffnen*

Hinsichtlich des Fensters können Sie folgende Elemente steuern:

Fensterbreite	Tragen Sie hier den Wert in Pixeln ein, wie breit das Fenster sein soll.
Fensterhöhe	Hier bestimmen Sie die Höhe des Fensters in Pixeln.
Navigationssymbolleiste	Blendet die Browserschaltflächen wie *Zurück*, *Weiter*, *Abbrechen*, *Aktualisieren* usw. ein oder aus.
Locationssymbolleiste	Betrifft die Reihe der Browseroptionen, einschließlich des Standortfelds.
Statusleiste	Anzeige des Bereichs am unteren Rand des Browserfensters für Meldungen (beispielsweise die verbleibende Ladedauer).
Menüleiste	Anzeige der Leiste mit Menüs, wie *Datei*, *Bearbeiten*, *Ansicht* usw.
Bildlaufleisten nach Bedarf	Blendet die Bildlaufleiste ein, wenn der Inhalt über den sichtbaren Bereich hinausgeht.
Vergrößerungspunkte	Steuern die Möglichkeiten, die Fenstergröße zu ändern, indem Sie entweder die untere rechte Fensterecke ziehen oder in der oberen rechten Ecke auf die Schaltfläche zur Größenänderung klicken (über das Symbol in der Titelleiste).

Schließlich legen Sie im Feld *Fenstername* den Namen des neuen Fensters fest. Geben Sie keinen Fensternamen ein, der Leer- oder Sonderzeichen beinhaltet. Diese können nicht angezeigt werden.

Nachdem Sie Ihre Einstellungen getroffen haben, klicken Sie auf *OK*. Anschließend sollten Sie das Ergebnis gleich im Browser austesten.

Bild 11.22: Das geöffnete »Werbe«-Fenster

Eigenschaften ändern / geänderte Eigenschaften wiederherstellen

Dieses Verhalten ermöglicht es, Einfluss auf Objekte Ihrer Website zu nehmen. Beispielsweise soll erst nach Klick auf einen Text ein Bild angezeigt werden.

Sorgen Sie zunächst dafür, dass das Bild beim Laden der Seite nicht sichtbar ist. Markieren Sie es, klicken im Aufgabebereich *Verhalten* auf die Schaltfläche *Verhalten* und wählen Sie den Menüpunkt *Eigenschaften ändern*. Aktivieren Sie die Option *Element auswählen*, um den *Elementtyp* auf *img* und die *Element-ID* (hier *vespa-weiß*) einzustellen.

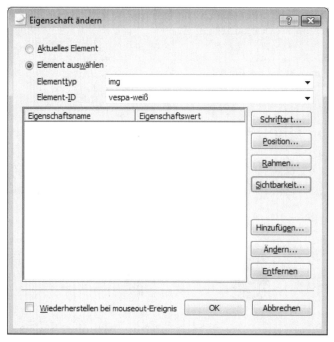

Bild 11.23: Die Eigenschaften eines Objekts ändern

Über die vier Schaltflächen auf der rechten Seite bestimmen Sie nun *Schriftart*, *Position* oder *Rahmen*. Wählen Sie dazu die Schaltfläche *Sichtbarkeit* und im folgenden, gleichnamigen Dialogfenster die Option *Unsichtbar*. Bestätigen Sie mit *OK* und sorgen Sie anschließend dafür, dass das Objekt angezeigt werden kann.

Markieren Sie das Objekt, beispielsweise einen Absatz, das das Verhalten auslösen soll. Rufen Sie dann über den Aufgabenbereich *Verhalten* das Dialogfenster *Eigenschaften ändern* auf und wählen Sie das gleiche Element wie zuvor aus. Abschließend wechseln Sie wieder auf die Schaltfläche *Sichtbarkeit* und wählen diesmal die Option *Sichtbar*.

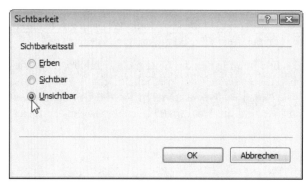

Bild 11.24: Blenden Sie die Grafik aus.

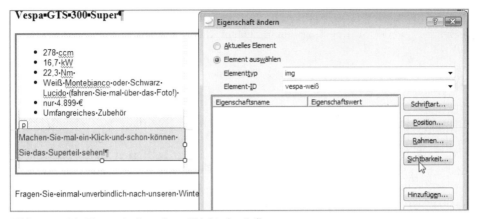

Bild 11.25: Die Eigenschaften eines Objekts beeinflussen

Abschließend stellen Sie noch das gewünschte Ereignis ein: Möchten Sie das Objekt etwa durch Anklicken sichtbar machen, wählen Sie im Feld *Ereignisse* den betreffenden Listenpfeil und das Ereignis *onclick* aus.

Bild 11.26: Welches Ereignis soll die Aktion auslösen?

Gehe zur URL

Mit dem Verhalten *Gehe zur URL* öffnen Sie im aktuellen Fenster eine neue Seite. Nachdem Sie das Verhalten aufgerufen haben, erhalten Sie das gleichnamige Dialogfenster. In dem Feld *Gehe zur URL* geben Sie nun Pfad und Dateinamen des zu öffnenden Dokuments an. Beenden Sie Ihre Eingaben mit einem Klick auf *OK*.

Hyperlinkmenüs

Ein *Hyperlinkmenü* ist ein Popup-Menü, das Optionen enthält, die mit einem Dokument oder einer Datei verknüpft sind. So können Sie Hyperlinks zu Dokumenten in Ihrer Website erstellen, aber auch Hyperlinks zu Dokumenten in anderen Websites, E-Mail-Verknüpfungen, Hyperlinks zu Grafiken oder zu beliebigen Dateitypen, die in einem Browser geöffnet werden können. Solche Sprungmenüs eignen sich zudem ideal für den Einsatz in einer Navigationsleiste, da sie das rasche Aufsuchen der Seiten ermöglichen.

Und so erstellen Sie ein Hyperlinkmenü: Platzieren Sie den Cursor an der Stelle, an der Sie das Sprungmenü erstellen möchten, und aktivieren Sie den Aufgabenbereich *Verhalten*, der den benötigten Befehl enthält. Klicken Sie dann auf die Schaltfläche *Einfügen* und wählen Sie den Menüeintrag an, wonach das Dialogfenster *Hyperlinkmenü* erscheint.

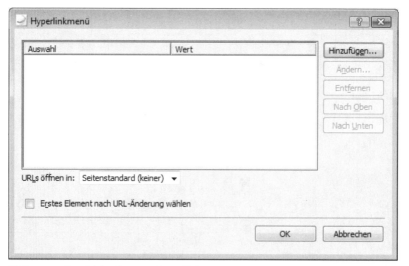

Bild 11.27: Das Dialogfenster *Hyperlinkmenü*

Um den ersten Menüpunkt zu erstellen, rufen Sie über die Schaltfläche *Hinzufügen* das Dialogfenster *Auswahl hinzufügen* auf. Geben Sie anschließend in das Feld *Auswahl* den Text ein, der für den Benutzer angezeigt werden soll. Möchten Sie etwa die Seite *Vespas* aufrufen, tragen Sie genau diese Bezeichnung ein.

Drücken Sie jetzt die `Tab`-Taste, um in das folgende Feld *Wert (wenn markiert, gehe zu URL)* zu gelangen. Tragen Sie hier die zu öffnende Datei ein. Dazu können Sie auch auf die Schaltfläche *Durchsuchen* klicken und im folgenden Dialogfenster *Hyperlink bearbeiten* die zu öffnende Datei auswählen. Schließen Sie das Fenster mit *OK*.

Bild 11.28: Einen Menüpunkt definieren

Wie Sie sehen, befindet sich der erste Wert in der Auswahlliste. Verwenden Sie eine Seite innerhalb eines Frames, müssen Sie nun noch den Zielframe im Feld *URLs öffnen in* einstellen.

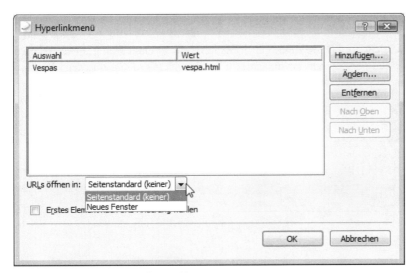

Bild 11.29: Achten Sie auf den Zielframe!

Um eine Auswahlaufforderung einzurichten, aktivieren Sie das Kontrollkästchen *Erstes Element nach URL-Änderung wählen*. Um ein weiteres Menüelement hinzuzufügen, verfahren Sie wie eben gezeigt. Möchten Sie nachträglich die Reihenfolge ändern, so bringen Sie jeden einzelnen Menüpunkt mit den Schaltflächen *Nach Oben* beziehungsweise *Nach Unten* an die gewünschte Stelle. Zum Schluss fügen Sie einen Auswahlpunkt

Bitte wählen Sie hinzu, vergeben einen Nullhyperlink und befördern ihn an die erste Stelle. Haben Sie alle Menüpunkte zusammen, bestätigen Sie mit *OK*.

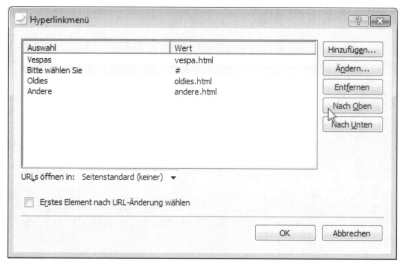

Bild 11.30: Die Menüpunkte in die gewünschte Reihenfolge schieben

Testen Sie anschließend das Sprungmenü im Browser. Über den Listenpfeil am rechten Rand der Liste nehmen Sie den gewünschten Eintrag vor. Wenn Sie mit der Maus auf den Eintrag klicken, öffnet sich im Browser sofort die entsprechende Seite.

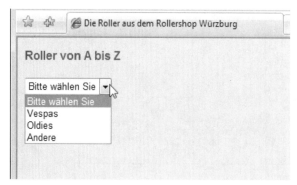

Bild 11.31: Seiten aufrufen mit dem Jump-Menü

Popupmeldung

Eine weitere Möglichkeit, die Aufmerksamkeit zu erregen, sind sogenannte Popup-Fenster. Diese kleinen Fenster erscheinen mit von Ihnen definierten Hinweisen und müssen vom Anwender geschlossen werden.

Markieren Sie das Objekt, welches Sie mit diesem Verhalten versehen möchten, und rufen Sie dann über die Schaltfläche *Einfügen* das Ereignis auf. Im folgenden Dialogfenster *Popupmeldung* geben Sie den gewünschten Text ein und bestätigen mit *OK*.

Bild 11.32: Die Popupmeldung anlegen

Das war auch schon alles. Wenn der Anwender im Browserfenster über diese Stelle fährt (sofern Sie das Ereignis *onmouseover* gewählt haben), erscheint ein kleines Hinweisfenster, das er erst schließen muss, bevor er weitersurfen kann.

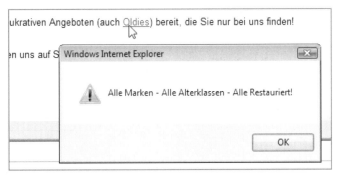

Bild 11.33: Das Popup-Fenster in Aktion

Text einer Statusleiste festlegen

Für einen Besucher Ihrer Website kann es sehr informativ sein, wenn er beim »Überfahren einer Textstelle« in der Statusleiste des Browsers einen erläuternden Text lesen kann – beispielsweise mit Informationen zu einem Hyperlink.

Um eine solche Informationsleiste auch auf Ihrer Website einzurichten, markieren Sie zunächst den Hyperlink, den Sie mit einem Text versehen wollen. Öffnen Sie dann den Aufgabenbereich *Verhalten* und klicken Sie auf die Schaltfläche *Einfügen*. Im Menü wählen Sie *Text definieren / Statusleistentext festlegen* aus der Liste der Aktionen aus. Es öffnet sich das gleichnamige Dialogfenster. Tragen Sie den Text in das Feld *Nachricht* ein, der in der Statusleiste erscheinen soll. Achten Sie darauf, dass die Meldung möglichst kurz ist. Die Browser verkürzen nämlich den Text, wenn er nicht in die Statusleiste passt. Bestätigen Sie Ihren Eintrag mit *OK* und überprüfen Sie in Ihrem Browser, ob das Ergebnis Ihren Vorstellungen entspricht.

Bild 11.34: Tragen Sie den gewünschten Text ein.

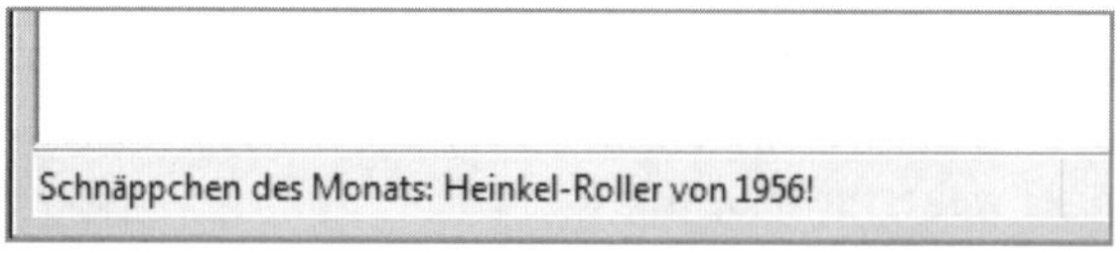

Bild 11.35:
Der Statusleistentext im Browser

Frames

12

Frames werden zur besseren Gliederung von Inhalten auf Webseiten benutzt. Sie unterteilen das Fenster eines Browsers in mehrere Bereiche, die dann mit unterschiedlichen Seiten gefüllt werden können und durch die man sich mit eigenen Bildlaufleisten bewegen kann. Die Seiten selbst können wiederum alle möglichen Elemente einer Webseite enthalten.

12.1 Vorarbeiten

Das Arbeiten mit Frames ist an sich eine einfache Sache, wenn man ein paar Kleinigkeiten beachtet. So müssen Sie den Namen der bisherigen Homepage ändern, weil der Browser nach der Datei *index.html* sucht und deshalb das Frameset so benannt werden muss.

Klicken Sie mit der rechten Maustaste auf die Datei *index.html* und wählen Sie aus dem Kontextmenü den Eintrag *Umbenennen* aus. Geben Sie nun den neuen Namen *home.html* ein und drücken die ⌨Enter-Taste. Expression Web 2 stellt sofort fest, dass diese Seite die Homepage ist, und warnt Sie dementsprechend. In diesem Fall bestätigen Sie mit *Ja*.

Bild 12.1: Das Umbenennen der Homepage will gut bedacht sein!

Anschließend erhalten Sie eine Meldung, dass diese Seite durch Hyperlinks mit anderen verbunden ist. Das Programm bietet Ihnen nun an, diese Seiten zu aktualisieren, damit die Hyperlinks nach dem Umbenennen auch noch funktionieren. Hier sollten Sie deshalb mit *Ja* bestätigen. Der Web Designer ändert daraufhin alle Hyperlinkverbindungen der gefundenen Dateien.

Bild 12.2: Ein guter Ratschlag

12.2 Frameset

Die Aufteilung des Browserfensters in Frames wird *Frameset* genannt. Ein solches Frameset können Sie sich wie eine Tabelle vorstellen, die ein Fenster in Zeilen und Spalten unterteilt. Die dadurch entstehenden Zellen werden mit den Seiten aufgefüllt. Ein Frameset ist eine einzelne Datei, die lediglich die Angaben zur Größe, zur Anordnung und zum Inhalt der einzelnen Framebereiche enthält.

Bild 12.3: Die (fertige) Frameversion der Homepage

Die Vorteile von Frames liegen auf der Hand: Durch eine feste Navigationsleiste behält der Surfer beispielsweise den Überblick. Er weiß, wo er sich befindet und was es noch anzusehen gibt – er sieht quasi ein ständig aufgeklapptes Inhaltsverzeichnis. Auf der anderen Seite sollten Sie aber wissen, dass es Browser gibt, die mit Frames nichts anzufangen wissen. Weitere Probleme können auftreten, weil sich nur die Startseite als Lesezeichen (Favorit) speichern lässt und manche Suchmaschinen Probleme bei der Indizierung bekommen.

Frames planen

Bevor Sie mit den Arbeiten für Ihre Website beginnen, sollte bereits die Entscheidung für oder gegen eine Frameversion gefallen sein. Da die Seitengestaltung auf das gesamte Erscheinungsbild abgestimmt ist, kann das nachträgliche Hinzufügen oder Entfernen von Frames einen sehr hohen Arbeitsaufwand bedeuten.

Außerdem sollten Sie festlegen, wie viele Frames Sie verwenden möchten. Bedenken Sie dabei insbesondere, dass die Frames selbst Platz benötigen und den sichtbaren Bereich des Bildschirms einschränken. Empfehlenswert ist es, die Anzahl der Frames auf zwei, höchstens drei zu beschränken.

Eine gute Ausgangslage sind die verschiedenen Vorlagen im Dialogfenster *Seitenvorlagen*. Hier finden Sie eine reiche Auswahl an fertigen Frameunterteilungen einschließlich Beschreibung. Sie erreichen dieses Fenster durch Anwählen der Menüreihenfolge *Datei / Neu Seite*. Anschließend klicken Sie die Kategorie *Framesseiten* an, um die möglichen Vorlagen zu betrachten.

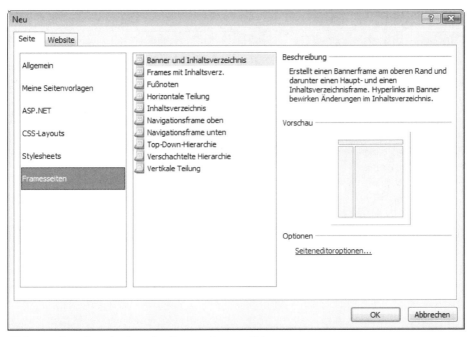

Bild 12.4: Den Grundaufbau des Framesets auswählen

Ein Frameset erstellen

Wenn die Entscheidung für den grundlegenden Aufbau getroffen ist, sollten Sie zunächst alle Dateien schließen. Rufen Sie dann – wie zuvor gezeigt – das Dialogfenster *Neu* auf. Suchen Sie die Vorlage *Banner und Inhaltsverzeichnis*, die für unser Beispielprojekt verwendet werden soll, und markieren Sie sie mit einem Mausklick. Bestätigen Sie Ihre Wahl mit *OK*. Der Web Designer legt nun eine neue Seite an, die sicherlich anders aussieht als die, die Sie bisher so gesehen haben.

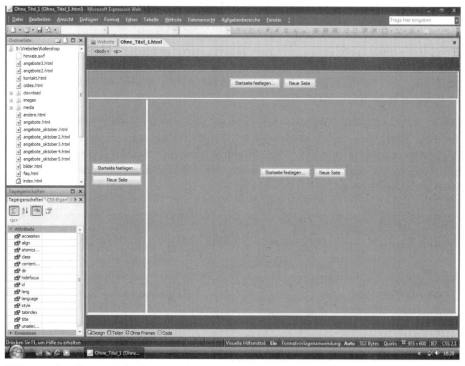

Bild 12.5: Das Frameset im Urzustand

Betrachten Sie diese Seite einmal genauer: Zunächst fällt auf, dass sie in drei Bereiche unterteilt ist. Der linke Bereich ist mit einem Rahmen versehen zum Zeichen, dass er aktiv ist und sofort bearbeitet werden kann.

Weiter enthält jeder Bereich zwei Schaltflächen: Die Schaltfläche *Startseite festlegen* und die Schaltfläche *Neue Seite*. Mit der ersten binden Sie eine bereits vorhandene Webseite ein, mit der zweiten erstellen Sie an dieser Stelle eine neue – noch leere – Seite.

▲ Startseiten

Als Erstes legen Sie die bereits vorhandenen Startseiten fest. Im linken Bereich soll die Navigationsleiste platziert werden, die Sie weiter oben erstellt haben. Klicken Sie deshalb in diesem Bereich auf die Schaltfläche *Startseite festlegen*. Es öffnet sich das Dialogfenster *Hyperlink einfügen*. Suchen Sie hier die Datei *navilis.html* und markieren Sie sie. Mit einem weiteren Klick auf *OK* bestätigen Sie dann Ihre Wahl. Expression Web 2 fügt daraufhin die linke Seite ein.

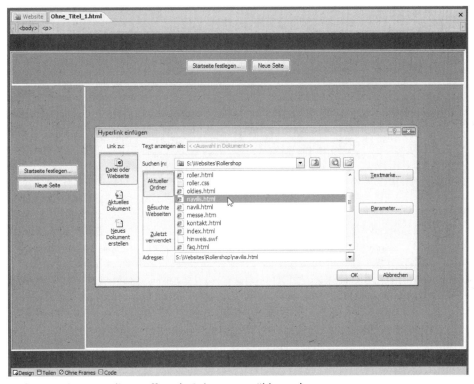

Bild 12.6: Hier muss die zu öffnende Seite ausgewählt werden.

Bevor Sie daran denken, irgendwelche Änderungen vorzunehmen, sollten Sie die Frameversion erst einmal fertigstellen. Legen Sie dann für den Hauptbereich die Seite *home.html als Startseite fest*. Nun ist nur noch der obere Bereich leer. Klicken Sie auf die Schaltfläche *Neue Seite,* und Expression Web 2 fügt diese ein.

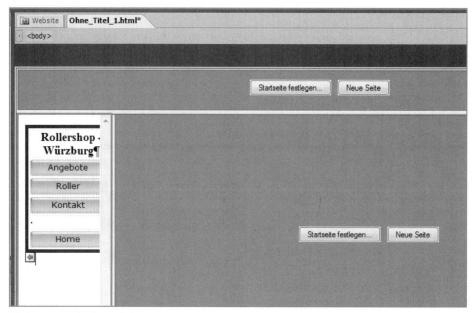

Bild 12.7: Und schon wird sie im Frame angezeigt.

 Hinweis: Als Startseite für den rechten Hauptbereich ist die Datei *index.html* vorgesehen. Würden Sie diese jedoch mit dieser Bezeichnung einfügen, könnte es zu Problemen kommen, da bei Aufruf einer Internetadresse zumeist diese Datei gesucht und in den Browser geladen wird. Deshalb sollten Sie im vorherigen Abschnitt die Datei *index.html* in *home.html* umbenennen. Haben Sie das bisher nicht getan, sollten Sie es an dieser Stelle nachholen.

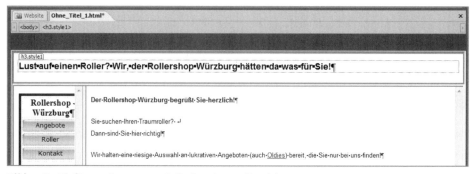

Bild 12.8: Einfügen einer neuen Seite im oberen Bereich

Frameset speichern

Nun wird es aber Zeit die Änderungen zu speichern. Wie Sie der Registerkarte am oberen Rand entnehmen, hat sie immer noch die Bezeichnung *Seite1.html*.

▲ Seiten abspeichern

Klicken Sie auf die Schaltfläche *Speichern* beziehungsweise drücken Sie ⌷Strg⌷ + ⌷S⌷, um das Dialogfenster *Speichern unter* zu erhalten. Das Programm will zunächst, wie Sie anhand des blauen Rahmens erkennen, die noch nicht gesicherte neue Seite speichern. Geben Sie der Datei deshalb einen entsprechenden Namen, z. B. *top.html*.

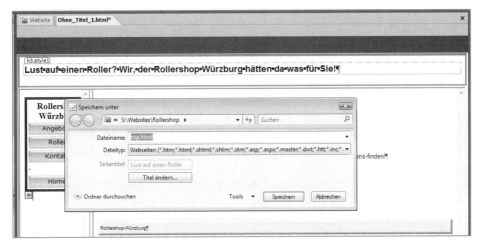

Bild 12.9: Achten Sie auf die Markierung!

 Tipp: Vergessen Sie nicht, einen Seitentitel zu vergeben. Dazu betätigen Sie lediglich die Schaltfläche *Titel ändern* und geben einen entsprechenden Titel ein.

Zum endgültigen Sichern klicken Sie dann auf die Schaltfläche *Speichern*. Danach wird abermals das Dialogfenster *Speichern unter* geöffnet, und Sie erkennen anhand der Vorschau, dass diesmal das Frameset an der Reihe ist.

Diesmal entscheiden Sie sich für den Dateinamen *index.html*. Dieser Name ist – wie schon erwähnt – wichtig, weil Dateien mit diesem Namen automatisch zuerst in den Browser geladen werden. Wenn ein Betrachter die komplette Seite sehen soll, muss das Frameset als Erstes geladen werden.

Hier sollten Sie noch den Seitentitel entsprechend ändern, bevor Sie die Schaltfläche *Speichern* zum endgültigen Sichern betätigen. Klicken Sie also zunächst auf die Schaltfläche *Titel ändern* und geben Sie eine aussagekräftige Bezeichnung ein. Beenden Sie Ihre Arbeiten am Frameset durch Klick auf *Speichern*.

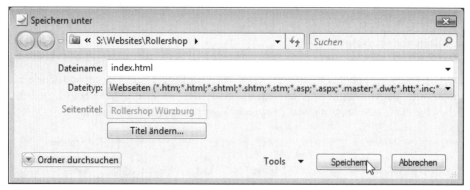

Bild 12.10: Das Frameset abspeichern

▲ Homepage festlegen

Nachdem Sie die Datei *index.html* geschlossen haben, ist nur noch eine Kleinigkeit zu erledigen: Wechseln Sie auf die Ansicht *Website*. Wie Sie sehen, trägt die Seite *home.html* noch das Symbol mit dem Häuschen. Das liegt daran, dass die Seite *index.html* vom Web Designer noch nicht als Homepage erkannt wird. Das lässt sich aber rasch ändern: Klicken Sie mit der rechten Maustaste auf die neue Homepage und wählen Sie aus dem Kontextmenü den Eintrag *Als Homepage bestimmen* aus.

Das Umbenennen der ursprünglichen Datei *index.htm* ist nicht unbedingt notwendig, da der Web Designer die Datei, die Sie als Homepage bestimmen, mit diesem Namen versieht und der ursprünglichen Datei als Erkennungszeichen *-old* anfügt.

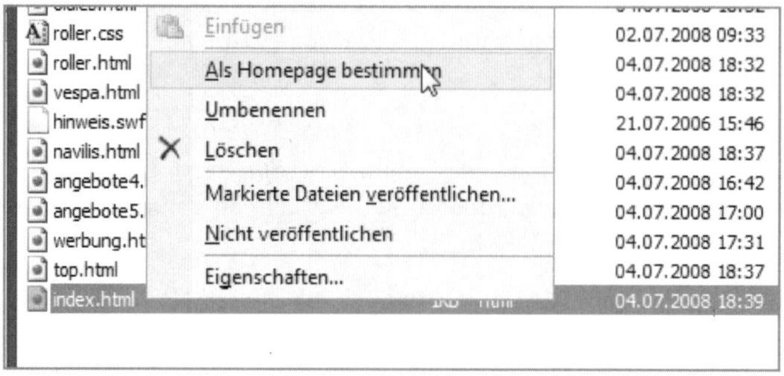

Bild 12.11: Für Expression Web 2 ist das Frameset noch nicht die Homepage.

▲ Framehinweis für ältere Browser

An dieser Stelle sollten Sie gleich noch Vorsorge für die Browser treffen, die nicht in der Lage sind, Frames darzustellen. Für diesen Fall hat der Web Designer die Ansicht *Ohne Frames* vorgesehen. Wenn Sie dorthin wechseln, sehen Sie bereits einen Meldungstext, den Sie nach Belieben ändern können.

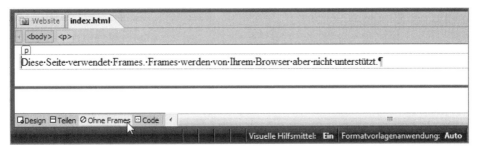

Bild 12.12: Informationen für Browser, die mit Frames nichts anfangen können

Frames anpassen

Für den Fall, dass Sie mit der Aufteilung des Framesets nicht einverstanden sind, können Sie sie jederzeit und ohne großen Aufwand ändern.

▲ Breite eines Frames ändern

Wechseln Sie an dieser Stelle in die Ansicht *Entwurf* und bewegen den Mauszeiger auf die Linie zwischen den beiden Seiten. Er nimmt die Form eines Doppelpfeils an. Wenn Sie jetzt die linke Maustaste drücken und festhalten, können Sie diesen Bereich sehr leicht verschieben und die Seitenaufteilung verändern.

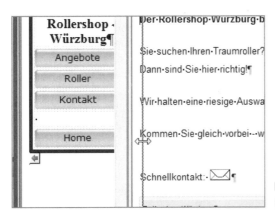

Bild 12.13: Breite des Frames intuitiv ändern

Alternativ lässt sich die Größe des Frames aber auch per Dialogfenster bestimmen. Klicken Sie dazu mit der rechten Maustaste in den linken Frame und rufen Sie dann den Kontextmenüpunkt *Frameeigenschaften* auf. Hier geben Sie im Feld *Breite* einen Wert ein, der entweder in *Pixel, Prozent* oder *Relativ* erfolgt. Bei letzterer Angabe wird die Breite in Beziehung zu den anderen Frames betrachtet, während eine prozentuale Angabe angibt, wie viel Prozent des Browserfensters von diesem Frame beansprucht werden kann. Ein Wert in Bildpunkten ermöglicht schließlich, dass Sie einen Frame mit einer absoluten Breite erstellen können.

Bild 12.14: Die Framegröße exakt einstellen

Möchten Sie dagegen, dass ein Besucher die Größe der Frames ändern darf, dann sollten Sie im Dialogfenster *Frameeigenschaften* das Kontrollkästchen *Größe im Browser veränderbar* aktivieren. Zugleich können Sie auch festlegen, ob Bildlaufleisten angezeigt werden sollen oder nicht. Bildlaufleisten ermöglichen dem Betrachter, den Inhalt auf und abzuscrollen, falls der Inhalt nicht vollständig auf dem Bildschirm sichtbar ist.

Bild 12.15: Achten Sie darauf, dass gegebenenfalls die Bildlaufleisten zu sehen sind.

Diese Einstellungen nehmen Sie im Feld *Bildlaufleiste anzeigen* vor.

- Mit der Option *Falls erforderlich* erreichen Sie, dass sich die Webseite an den Bildschirm des Betrachters anpasst und nur angezeigt wird, wenn auf dessen Bildschirm nicht alles sichtbar ist.

- Die Option *Nie* sollten Sie nur dann verwenden, wenn Sie sicher sind, dass der betreffende Frame bei allen Betrachtern auch angezeigt wird. Diese Einstellung ist mit Vorsicht zu genießen und sollte nur bei sehr kleinen Frames eingesetzt werden. Für die Navigationsleiste wäre es nicht die ideale Einstellung, da so unter Umständen der

Betrachter an gewisse Punkte gar nicht herankäme. In unserem Beispiel könnte man diese Option für den oberen Frame einstellen.

○ Die Option *Immer* bedeutet dagegen, dass die Bildlaufleisten stets angezeigt werden, auch wenn alles sichtbar ist. Ob man diese Einstellung nimmt, ist sicherlich Geschmackssache, denn die Bildlaufleisten werden stets angezeigt, obwohl sie gar nicht notwendig sind und unter Umständen den Gesamteindruck stören.

▲ Rahmen

Wenn Sie die Rahmen der Frames stören, können Sie sie auch ausblenden: Dazu klicken Sie im Dialogfenster Frameeigenschaften im Bereich *Optionen* auf die Schaltfläche Framesseite. Im folgenden Dialogfenster *Seiteneigenschaften* deaktivieren Sie auf der Registerkarte *Frames* dann das Kontrollkästchen *Rahmen anzeigen*.

Bild 12.16: Den Rand des Framesets ausblenden

Wie Sie sehen, wird der *Abstand* automatisch auf *0* gesetzt. Belassen Sie diese Einstellung und verlassen Sie das Fenster mit *OK*. Wenn Sie die Seite anschließend im Browser betrachten, werden die Rahmen nicht mehr angezeigt.

Bild 12.17: Die Site mit ausgeblendeten Rahmen

▲ Frames benennen

Die Framesseite steuert die gesamte Website. Aus diesem Grunde sollten die einzelnen Frames benannt werden, damit man sie gezielt ansteuern kann.

Um einen Frame zu benennen, klicken Sie in der Ansicht *Entwurf* in die Seite *home.html* und rufen über den Eintrag *Frameeigenschaften* des Menüs *Frames* auf. Im oberen

Bereich finden Sie das Feld *Name*. Expression Web 2 hat für diesen bereits standardmäßig den Namen *Hauptframe* eingefügt. Der linke Rahmen heißt standardmäßig *Inhalt* und der obere *Banner*. Wenn Sie diese Namen ändern möchten, löschen Sie einfach die Vorgaben und ersetzen sie durch Ihre eigenen.

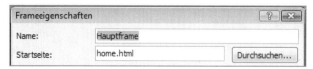

Bild 12.18: Geben Sie dem Frame einen Namen.

12.3   Frameset verlinken

Nachdem das Frameset steht, müssen nun noch die Hyperlinks angelegt werden, denn ein Frameset ohne Hyperlinks hat keinen rechten Sinn. Zwar mögen Sie jetzt einwenden, dass Sie bereits die Hyperlinks angelegt haben. Laden Sie die Seite jedoch einmal in den Browser und klicken Sie dann auf die Schaltfläche *Roller*. Das Ergebnis wird Sie sicherlich nicht überzeugen.

Je nach Browser kann es sein, dass die betreffende Seite im Navigationsframe geöffnet wird. Wenn Sie in der linken Seite auf einen Hyperlink klicken, soll jedoch in der rechten Seite die entsprechende Webseite geöffnet werden. Sie müssen folglich den Link so gestalten, dass er die neue Seite nicht in seinem Fenster, sondern in einem anderen Fenster öffnet. Deshalb müssen Sie beim Verlinken einer Framesseite wie folgt vorgehen:

Zunächst markieren Sie im linken Frame den Textbereich, der als Hyperlink dienen soll. Dann rufen Sie wie gewohnt das Dialogfenster *Hyperlink einfügen* über die entsprechende Schaltfläche auf.

Suchen Sie die zu verbindende Datei und markieren Sie sie. Doch jetzt schließen Sie das Fenster nicht mit *OK*, sondern klicken auf die Schaltfläche *Zielframe*, die sich am rechten Rand des Dialogfensters befindet. Dadurch erhalten Sie das Dialogfenster *Zielframe*. Hier können Sie im linken Bereich die aktuelle Framesseite einstellen. Um – wie in unserem Beispiel – die Seite im rechten Bereich zu öffnen, klicken Sie lediglich mit der Maus auf den rechten Frame der Grafik *Aktuelle Framesseite*. Dadurch wird diese ausgewählt und Expression Web 2 schreibt in das Feld *Zieleinstellung* den Wert *Hauptframe*.

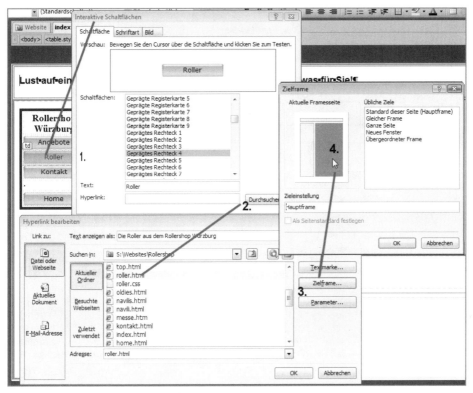

Bild 12.19: Achten Sie auf den Zielframe!

In diesem Fenster können Sie aber auch ein anderes Verhalten festlegen. Möchten Sie, dass die Seite im gleichen Frame aufgerufen wird, in dem der Hyperlink angeklickt wurde, dann wählen Sie in der Liste *Übliche Ziele* die Einstellung *Gleicher Frame*. Soll dagegen die Seite im ganzen Browserfenster alleine erscheinen, dann ist *Ganze Seite* die richtige Wahl. Wenn Sie dagegen die Seite in einem neuen Fenster geöffnet wissen wollen, dann wählen Sie *Neues Fenster*. Die Option *Übergeordneter Frame* ist dann richtig, wenn Sie die Seite in das übergeordnete Rahmenfenster geladen wissen wollen. Mit *OK* verlassen Sie jeweils dieses und das vorherige Fenster.

Wechseln Sie gleich einmal in den Browser und probieren Sie die Verknüpfung aus. Das Fenster müsste sich jetzt nach einem Klick in der Navigationsstruktur im Hauptfenster öffnen. Verlinken Sie abschließend noch alle Dateien der Website, sodass Sie über eine funktionstüchtige Frameversion der Homepage verfügen.

Formulare, Formulare

Steht Ihre Homepage erst einmal im Netz, möchten Sie sicherlich gerne auch einmal ein Feedback von Ihren Besuchern bekommen. Dafür eignen sich sogenannte Formulare am besten, bei denen es sich im Grunde genommen um nichts anderes handelt als um eine Sammlung von Feldern. In ihnen kann ein Besucher Eingaben vornehmen und diese zum Beispiel an den Besitzer der Website schicken .

Erstellen von Formularen

Formulare setzen sich aus zwei Bestandteilen zusammen: einer HTML-Seite, die die Formularelemente enthält, und einer serverseitigen Anwendung oder einem Skript, das die Formulareingabe verarbeitet. Im Folgenden werden Sie das Erstellen und Anbinden von Formularen kennenlernen. Das Vermitteln der Kenntnisse einer entsprechenden Skriptsprache, die nötig ist, um die Formulare zum Laufen zu bringen, würde jedoch den Rahmen dieses Buchs sprengen. Sie werden aber eine andere Lösung kennenlernen.

Formulare werden normalerweise für Umfragen, Bestellungen und Suchschnittstellen verwendet. Dabei lassen sich recht aufwendige Formulare für nahezu jeden Zweck gestalten – beispielsweise Bestellzettel oder Anforderungsformulare für weiteres Material und vieles mehr.

Legen Sie zunächst eine Seite, in unserem Beispiel *meinung.html,* für Ihr Formular an. Danach rufen Sie den Aufgabenbereich *Toolbox* auf und lassen sich – durch Klick auf das Pluszeichen – die *Formularsteuerelemente* anzeigen. Platzieren Sie anschließend den Cursor an die Stelle, an der das Formular beginnen soll.

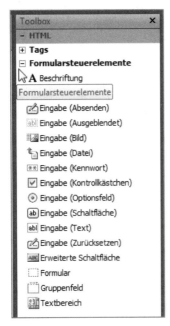

Bild 13.1: Die Formularsteuerelemente

Ein Formular benötigt zumindest ein Eingabeelement und eine Schaltfläche zum Absenden des Formularergebnisses. Dabei müssen Sie zwischen der Funktionsweise eines Elements und seinem Aussehen unterscheiden. Die Elemente eines Formulars verfügen über verschiedene, einstellbare Eigenschaften. Unabhängig davon können Sie auch das Erscheinungsbild der Formularelemente selbst gestalten und so Ihren Wünschen anpassen.

Zunächst benötigen Sie das Formular selbst. Dazu zeigen Sie auf die erste Schaltfläche *Formular* und ziehen sie auf die gewünschte Stelle. Expression Web 2 fügt an dieser Stelle einen gestrichelten Rahmen ein.

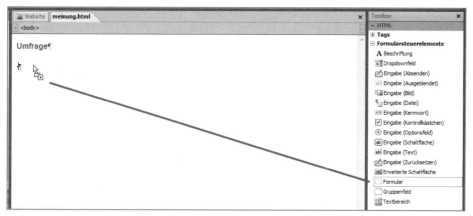

Bild 13.2: Fügen Sie zunächst den Formularrahmen ein.

Bild 13.3: Das Grundgerüst

Ein Formular gestalten

Nachdem Sie ein Formular angelegt haben, können Sie es nach Belieben erweitern und insbesondere um zusätzliche Elemente ergänzen.

▲ Textfelder

Drücken Sie ein paar Mal die `Enter`-Taste, um den Rahmen zu erweitern. Damit das Formular später einwandfrei funktioniert, müssen sich alle weiteren Formularobjekte innerhalb dieses Rahmens befinden.

Fangen wir mit einem *Textfeld* an: Es kommt in fast allen Formularen vor, denn hier kann der Benutzer einfache Texteingaben tätigen. Besonders häufig findet man dieses Element zur Eingabe von kurzen individuellen Informationen wie Namen oder E-Mail-Adressen.

Um dieses Element hinzuzufügen, klicken Sie auf das entsprechende Symbol (*Eingabe (Text)*) und ziehen es in die entsprechende Zelle.

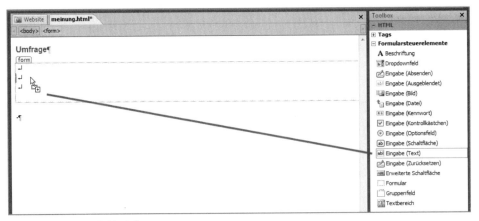

Bild 13.4: Ein Textfeld einfügen

Nachdem Sie das Textfeld in den Formularbereich eingefügt haben, können beziehungsweise müssen Sie noch die jeweiligen Eigenschaften festlegen. Klicken Sie dazu doppelt auf das Feld, um an das Dialogfenster *Textfeldeigenschaften* zu gelangen.

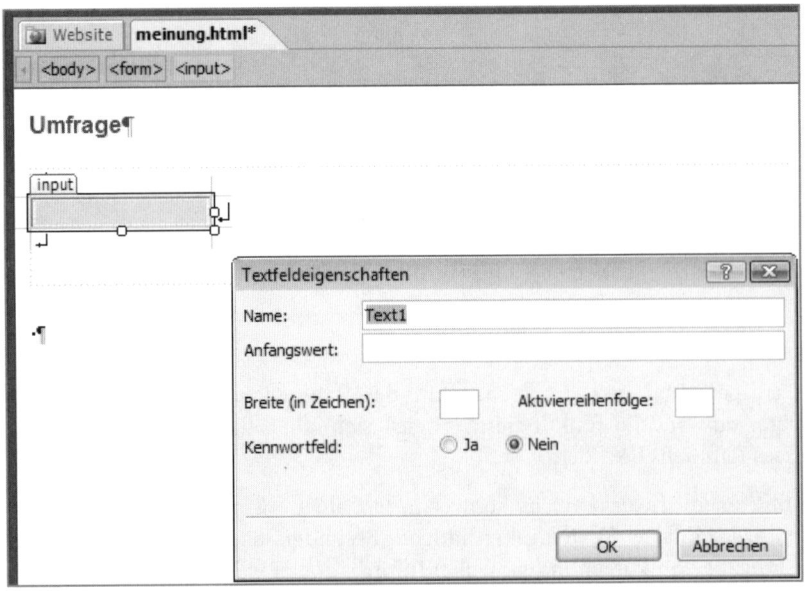

Bild 13.5: Festlegen der Textfeldeigenschaften

Geben Sie in dem einzeiligen Textfeld einen eindeutigen Namen ein, der das spätere Auswerten erleichtert.

Darüber hinaus können Sie die Breite des Felds festlegen, indem Sie den entsprechenden Wert in das Feld *Breite (in Zeichen)* eintragen. Tragen Sie hier beispielsweise einen Wert von *30* ein. Fügen Sie unterhalb dieses Elements noch ein weiteres für den Vornamen ein.

 Tipp: Hilfreich ist es, ein Gerüst mithilfe von Tabellen anzulegen, sodass sich die Elemente des Formulars übersichtlich platzieren lassen.

▲ Textbereich

Die Eingabe in Textfelder ist aufgrund der einzeiligen Eigenschaft für längere Texte nicht sonderlich geeignet. Deshalb verwenden Sie für längere Eingabemöglichkeiten das Element *Textbereich*.

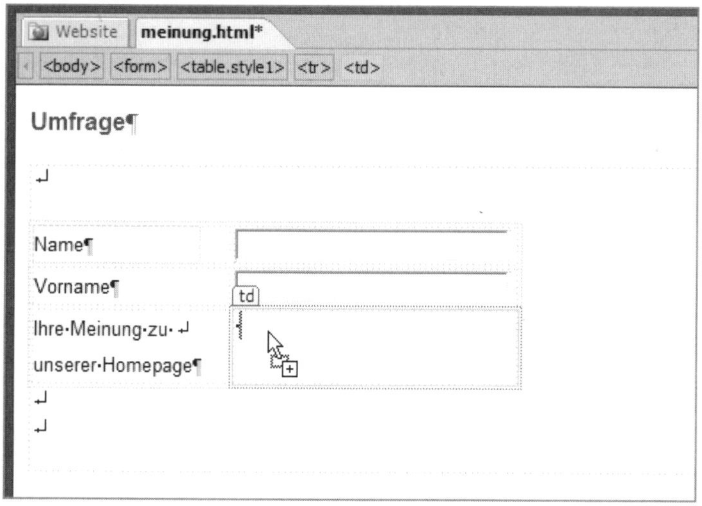

Bild 13.6: Einen Textbereich definieren

Auch hier werden die Eigenschaften wieder über ein Dialogfenster bestimmt, das Sie über das jeweilige Kontextmenü erhalten. Vergeben Sie im Feld *Name* einen entsprechenden Namen. Möchten Sie, dass bereits im Textfeld ein *Anfangswert*, beispielsweise ein aufmunternder Text, enthalten ist, geben Sie diesen in das Feld ein. Er erscheint dann jedes Mal, wenn das Formular geöffnet wird, und muss vom Betrachter gelöscht werden. Schließlich legen Sie noch die *Breite (in Zeichen)* und die *Anzahl der Zeilen* fest, die angezeigt werden sollen.

Bild 13.7: Die Eigenschaften des Textbereichs auswählen

Da die nächste Zeile etwas mehr Platz für den Text benötigt, sollten Sie die drei Zellen markieren und dann mit einem Klick auf die Schaltfläche *Zellen verbinden* der Symbolleiste *Tabellen* miteinander verbinden.

Bild 13.8: Zellen verbinden

▲ Optionsfeld

Ein *Optionsfeld* dient zur ausschließlichen Auswahl einer bestimmten Option aus einer Gruppe. Das kann die Auswahl einer Zahlungsart oder die Angabe des Geschlechts sein. Optionsschalter definieren immer Optionen, die sich gegenseitig ausschließen. Wenn Sie einen Optionsschalter in einer Gruppe aktivieren, werden alle anderen Optionsschalter dieser Gruppe deaktiviert. Erstellen Sie zunächst wieder das Grundgerüst mithilfe der Tabellenfunktion. Sie benötigen vier Zellen.

Tipp: Da Tabellen dazu neigen, sich aneinander auszurichten, sollten Sie an dieser Stelle den Cursor außerhalb der bisherigen Tabelle stellen und eine weitere vierspaltige Tabelle ohne Rand einfügen. Anschließend können Sie die Zeilenschaltung entfernen, wonach die neue direkt an die alte Tabelle platziert wird.

Ziehen Sie anschließend je ein *Optionsfeld* in die zweite und vierte Spalte. Nehmen Sie dann die textliche Gestaltung und Anordnung der Zellen wie in folgender Abbildung ersichtlich vor.

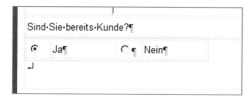

Bild 13.9: Die Optionsfelder

Aktivieren Sie das Fenster für die *Optionsfeldeigenschaften* und geben Sie als *Gruppenname* den Wert *Kunde* und als *Wert j* ein. Alle Optionsfelder, die zur gleichen Gruppe von Auswahlfeldern gehören, benötigen den gleichen Namen. Dadurch werden die Optionsfelder zu einer gemeinsamen Gruppe gebündelt, innerhalb deren nur eine Auswahl möglich ist. Im Feld *Wert* tragen Sie den Wert ein, der für die Auswertung übergeben werden soll.

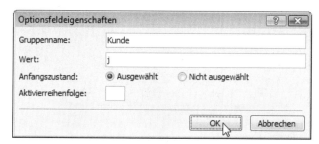

Bild 13.10: Die Eigenschaften des Optionsfelds näher bestimmen

Verfahren Sie mit dem Optionsfeld *Nein* ebenso. Den Anfangszustand müssen Sie hier nicht einstellen, da nur das erste Optionsfeld, in unserem Falle *j*, aktiviert ist. Alle anderen Optionsfelder sind stets *Nicht ausgewählt*.

Wenn Sie das Formular an dieser Stelle schon mal in Ihrem Browser testen, werden Sie nur zwischen den beiden Möglichkeiten wählen können.

▲ Kontrollkästchen

Mit einem *Kontrollkästchen* können Benutzer einzelne oder mehrere Optionen aktivieren oder deaktivieren. Sie können so Ihren Lesern beispielsweise eine Frage stellen und mehr als eine Antwort bekommen.

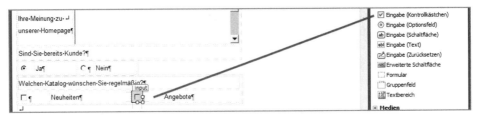

Bild 13.11: Ein Kontrollkästchen einfügen

Die Eigenschaften ändern Sie im Dialogfenster *Kontrollkästcheneigenschaften*. Hier können Sie neben dem Namen den *Anfangszustand* festlegen. Anders als bei den Optionsfeldern stehen die Kontrollkästchen nicht untereinander in Beziehung und können so je nach Anforderungen *Aktiviert* oder *Deaktiviert* werden.

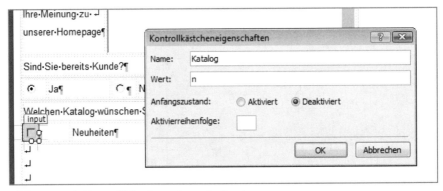

Bild 13.12: Die Kontrollkästchen-Eigenschaften

▲ Dropdownfeld

Ein *Dropdownfeld* enthält eine Liste von Werten, aus denen der Anwender wählen kann. Diese werden in einer aufklappbaren Liste angezeigt, aus denen der Betrachter einer Auswahl vornehmen kann.

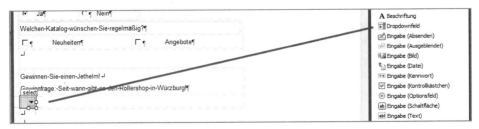

Bild 13.13: Ein Dropdownfeld anlegen

Nachdem Sie das *Dropdownfeld* eingefügt haben, tragen Sie im Dialogfenster *Drop-downfeld-Eigenschaften* die entsprechenden Werte ein. Klicken Sie rechts auf die Schaltfläche *Hinzufügen*. Im folgenden Dialogfenster geben Sie nun im Feld *Auswahl* den gewünschten Wert ein und übernehmen ihn mit *OK*. Möchten Sie einen Vorgabewert machen, dann wählen Sie den entsprechenden *Anfangszustand* aus. Auf diese Art und Weise fügen Sie alle gewünschten Werte ein.

Bild 13.14: Das Dialogfenster *Dropdownfeld-Eigenschaften* mit aktiviertem Auswahlfenster

Mithilfe der Schaltflächen auf der rechten Seite können Sie die Auswahl noch verändern, indem Sie beispielsweise einen Wert *Nach oben* oder *Nach unten* befördern. Falsche Werte können Sie entweder *Ändern* oder *Entfernen*.

Bild 13.15: Ordnen Sie die Punkte nach Ihren Vorstellungen an.

Im Regelfall wird von einem *Dropdownfeld* nur die erste Zeile angezeigt. Möchten Sie mehrere Zeilen auf dem Bildschirm anzeigen, tragen Sie die erforderliche Anzahl in das Feld *Höhe* ein. Und wenn der Betrachter auch noch mehrere Werte auswählen darf, dann müssen Sie zusätzlich die Option *Mehrfachauswahl zulassen* auf *Ja* stellen.

Vervollständigen Sie das Formular abschließend mit zwei Schaltflächen, die zum einen den Versand und zum anderen das Löschen von fehlerhaften Eingaben ermöglichen.

Dazu verwenden Sie die Schaltfläche *Eingabe (Absenden)* und *Eingabe (Zurücksetzen)*.

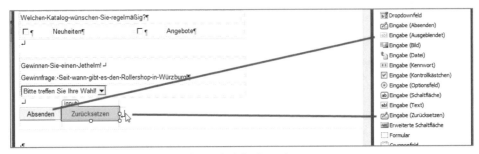

Bild 13.16: Fügen Sie noch diese beiden Schaltflächen ein.

Formatieren Sie das Formular anschließend noch nach Ihren Vorstellungen oder Anforderungen.

13.1   Versand von Formulardaten

Um die Eingaben eines Formulars auszuwerten, benötigen Sie im Regelfall ein Programm, welches die Daten weiterverarbeitet. Expression Web 2 bietet Ihnen drei Lösungen an:

- Verwendet Ihr Provider die sogenannten *FrontPage-Server-Erweiterungen*, ist bereits alles vorbereitet und Sie brauchen nichts mehr zu tun. Expression Web geht standardmäßig davon aus, dass dieser Weg gewählt wird, und hat deshalb schon alles eingerichtet.

- Allerdings stellt nicht jeder Provider – aus welchen Gründen auch immer – diese Möglichkeit zur Verfügung. Deshalb müssen Sie aber nicht auf Formulare verzichten, weil Ihnen Expression Web 2 auch das Einbinden sogenannter *CGI-Skripte* ermöglicht.

- Da aber nicht jeder mit Skripten arbeiten kann oder will, erfahren Sie weiter unten, wie man Formulardaten per *E-Mail* empfangen kann.

Formulardaten mit einem CGI-Skript übermitteln

Die Abkürzung CGI steht für *Common Gateway Interface* und stellt eine Schnittstelle dar, über die der Browser ein *Skript* auf dem Webserver aufruft. Ein solches Skript können Sie selbst erstellen oder aber eines der vielen fertigen verwenden, die man im Internet findet. Vielleicht bietet Ihr Provider sogar ein solches Skript an – dann sind Sie fein raus, denn diese sind meist einfach einzurichten. In das Formular müssen Sie lediglich die entsprechenden Vorgaben Ihres Providers eintragen. Das eigentliche Einrichten in Expression Web 2 erfolgt komfortabel über das Dialogfenster. Hier geben Sie lediglich das Verzeichnis und den Namen des Skripts an.

> **Tipp:** Bietet Ihnen Ihr Provider keine eigenen Skripten an, erlaubt aber das Einrichten eines eigenen CGI-Verzeichnisses, dann schauen Sie sich doch im Internet um: Hier findet Sie jede Menge kostenloser Formmailer-Skripten, die Sie entsprechend anpassen können. Schauen Sie doch mal bei *www.formmailer.com* oder *www.cgifree.com* vorbei.

Rufen Sie über das Kontextmenü das Dialogfenster *Formulareigenschaften* auf. Die Option *Anderer Empfänger* ist bereits ausgewählt. Deren nähere Optionen stellen Sie über das Dialogfenster *Optionen für benutzerdefinierte Formularbehandlungsroutine* ein, welches Sie durch Anklicken der Schaltfläche *Optionen* erhalten.

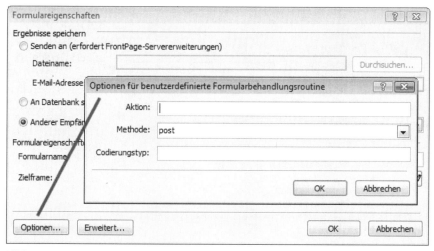

Bild 13.17: Diese Angaben müssen Sie machen.

Im Feld *Aktion* geben Sie den Pfad für den Aufruf des CGI-Programms ein. Im Regelfall ist das Verzeichnis */cgi-bin/*. Danach fügen Sie den Namen des eigentlichen Programms an. In der Abbildung ist es das bekannte (Standard-)Programm *formmail.pl*. Die Endung weist übrigens darauf hin, dass es mit der Sprache Perl geschrieben wurde.

Im Listenfeld *Methode* können Sie es meist bei der Vorgabe *post* belassen. Dieser Parameter legt die Art der Übermittlung fest. Wenn der Anwender auf die *Absenden*-Schaltfläche klickt, wird die Aktion ausgeführt. Die Aktion selbst können Sie übrigens nicht lokal testen. Um ein Formular mit CGI-Anbindung zu überprüfen, müssen Sie es erst auf den Webserver kopieren.

Verarbeiten ohne Skript

Sie können ein Formular mit HTML-Tags so steuern, dass eine E-Mail mit den eingetragenen Werten verschickt wird. Einziger Nachteil ist, dass auf dem besagten Rechner ein funktionstüchtiges Mailprogramm installiert sein muss.

Im Prinzip handelt es sich lediglich um einen simplen Aufruf Ihrer E-Mail-Adresse, so wie Sie ihn vielleicht schon zur Kontaktverwaltung genutzt haben. Die einzige Änderung, die Sie hier vornehmen, ist, dass Sie in das Feld *Aktion* des Dialogfensters *Optionen für benutzerdefinierte Formularbehandlungsroutine* die E-Mail-Adresse eintragen, an die die Formulardaten verschickt werden sollen.

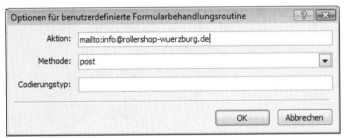

Bild 13.18: Die Mailadresse, an die Daten per Mail verschickt werden.

Testen Sie das Formular, indem Sie es in Ihren Browser laden, ein paar Felder ausfüllen und es dann abschicken. Sie erhalten einen Hinweis, dass das Formular als E-Mail versandt wird. Bestätigen Sie mit *OK*.

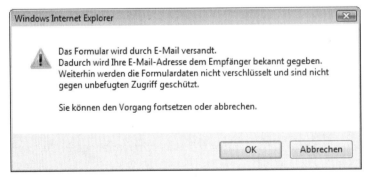

Bild 13.19: Es klappt! Das Formular wird per E-Mail versandt.

Der Anwender erfährt allerdings nicht, dass die Angaben zunächst in seinem Postausgang landen. Erst wenn er sich das nächste Mal einloggt, etwa um seine Post abzuholen oder zu verschicken, wird auch diese E-Mail mit den Angaben weiterbefördert. Es ist deshalb empfehlenswert, unterhalb der Schaltflächen einen entsprechenden Hinweis zu geben.

In Ihrem Mailprogramm finden Sie dann eine Mail mit den Daten als Anhang. Das ist zum einen nicht sehr bequem, weil Sie jedes Mal diesen Anhang öffnen müssen, und zum anderen nicht sehr professionell.

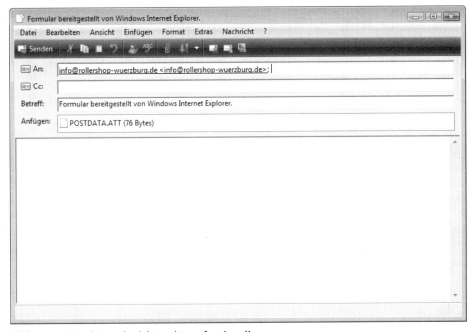

Bild 13.20: Das ist noch nicht recht professionell.

Damit die Werte der einzelnen Felder des Formulars angezeigt werden, ist aber nur ein kleiner Eingriff in den HTML-Quellcode notwendig. Klicken Sie dazu auf die Schaltfläche *Teilen*. In dieser Ansicht fügen Sie einen Parameter an das Ende des Tags *<form action ...>* ein.

Suchen Sie zunächst die betreffende Stelle. Das geht am schnellsten mithilfe der Suchfunktion. Rufen Sie über das Menü *Bearbeiten / Ersetzen* oder durch Drücken von ⌨Strg + ⌨H das gleichnamige Dialogfenster auf. Wechseln Sie dann auf die Registerkarte *HTML-Tags* und suchen Sie über die Liste *Tags suchen* den Tag *form*. Klicken Sie anschließend auf die Schaltfläche *Weitersuchen*, um die Suche zu starten.

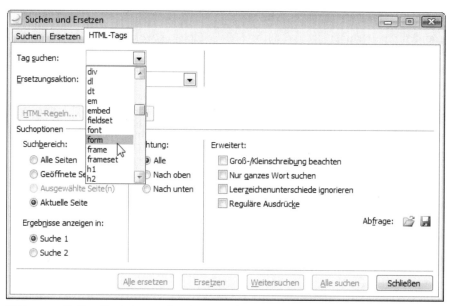

Bild 13.21: Stellen Sie den zu suchenden Tag ein.

Expression Web 2 durchsucht daraufhin das Dokument und markiert die betreffende Stelle. Schließen Sie das *Suchen*-Fenster mit einem Klick auf die gleichlautende Schaltfläche. Klicken Sie an das Ende dieses Tags und geben Sie über die Tastatur den Buchstaben *e* ein. Das Programm analysiert Ihre Eingabe und stellt Ihnen an Ort und Stelle in einem kleinen Listenfeld eine Reihe von Befehlen, die mit dieser Zeichenfolge beginnen, zur Auswahl. Markieren Sie *enctype* und betätigen Sie die ⌊Enter⌋-Taste.

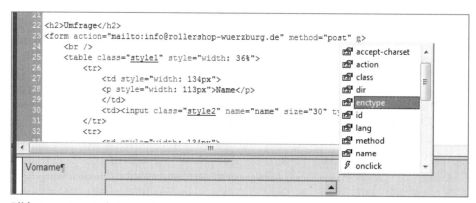

Bild 13.22: Den Code übernehmen

Expression Web 2 fügt den Code ein und öffnet zwischen den beiden Anführungszeichen abermals das Listenfeld. Ignorieren Sie das und geben Sie ein Gleichheitszeichen ein. Fügen Sie jetzt noch den Rest des Codes, *text/plain,* in die beiden Anführungszeichen hinzu.

```
le" method="post" enctype="text/plain">
```

Bild 13.23: So sollte es jetzt aussehen.

Achten Sie dabei unbedingt auf die genaue Schreibweise, sonst funktioniert es nicht. Haben Sie alles erledigt, speichern Sie diese Seite mit einem Klick auf *Speichern* ab und probieren Sie es gleich mal aus. Rufen Sie die Seite erneut im Browser auf, füllen ein paar Felder aus und klicken Sie dann abschließend auf die Schaltfläche *Absenden.*

Wenn Sie danach diese Mail in Ihrem Mailprogramm betrachten, sehen Sie, dass die Formulardaten nicht mehr als Anhang, sondern im Klartext verschickt worden sind.

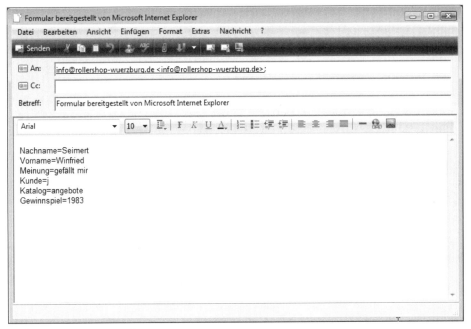

Bild 13.24: Jetzt passt es!

Ebenen ermöglichen es, Seitenelemente pixelgenau zu platzieren und sogar übereinander in Stapeln auf einer Seite anzuordnen.

Schichten effektiv einsetzen

In diesem Kapitel lernen Sie

- mithilfe von Ebenen Seitenelemente zu platzieren
- Ebenen in Stapeln übereinander auf einer Seite anzuordnen und so interessante Effekte zu erzielen

14.1 Schichten erstellen

Hilfreich ist es, zunächst den Aufgabenbereich *Schichten* einzublenden (der etwas unglücklich übersetzte Begriff für Ebenen). Klicken Sie dazu auf das Menü *Aufgabenbereiche* und wählen Sie *Schichten* aus.

Bild 14.1: Der Aufgabenbereich *Schichten* einblenden

Eine Schicht fügen Sie dann ganz einfach durch einen Klick auf die Schaltfläche *Ebene einfügen* ein. Expression Web 2 fügt dann einen Rahmen in Ihr Dokument ein, der an der oberen linken Seite die Bezeichnung *Ebene1* trägt.

Bild 14.2: Bevor die Ebene eingefügt wurde

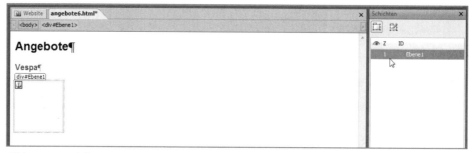

Bild 14.3: Nachdem die Ebene eingefügt wurde

Gleichzeitig wird diese Ebene im Arbeitsbereich *Schichten* angezeigt. Möchten Sie eine Ebene lieber selbst zeichnen, klicken Sie im Arbeitsfeld auf das Werkzeug *Ebene zeichnen*. Mit diesem Werkzeug können Sie anschließend Ebenen wie mit einem Stift zeichnen: Bewegen Sie dazu den Cursor zu dem Punkt, an dem die Ebene beginnen soll, und klicken Sie einmal mit der Maus. Bei gedrückter linker Maustaste ziehen Sie nun einen Rahmen in beliebiger Größe auf.

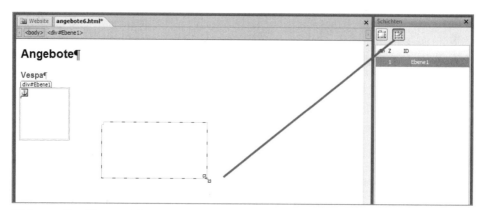

Bild 14.4: Eine Ebene zeichnen

Hat der Rahmen die gewünschte Größe erreicht, lassen Sie ihn einfach los, und schon haben Sie die zweite Ebene erstellt.

Möchten Sie mehrere Ebenen zeichnen, so halten Sie, während Sie auf die Schaltfläche *Ebene zeichnen* klicken, *die* Strg *-Taste gedrückt.* Anschließend können Sie mit der Maus weitere neue Ebenen nach Ihren Vorstellungen zeichnen, bis Sie erneut auf die Schaltfläche klicken.

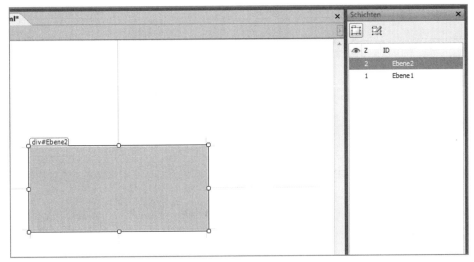

Bild 14.5: Die zweite – gezeichnete – Ebene

14.2 Verschachtelte Ebenen erstellen

Wenn Sie eine Ebene innerhalb einer anderen Ebene erstellen, entsteht eine verschachtelte Ebene. Um eine solche verschachtelte Ebene zu erstellen, platzieren Sie zunächst den Einfügepunkt einfach innerhalb einer vorhandenen Ebene und klicken dann wieder auf die Schaltfläche *Ebene einfügen*. Die neue Ebene wird in der anderen Ebene platziert, die Unterordnung wird in dem Aufgabenbereich *Schichten* dadurch angezeigt, dass sie etwas eingerückt erscheint.

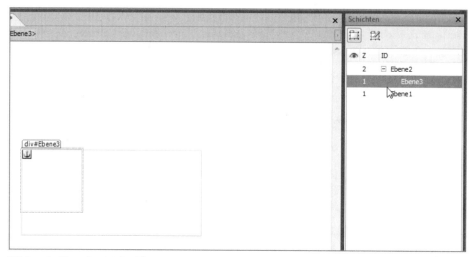

Bild 14.6: Verschachtelte Ebenen

14.3   Bearbeiten von Ebenen

Ebenen lassen sich aktivieren, auswählen, vergrößern oder verkleinern.

Ebenen markieren und aktivieren

Damit Sie mit einer Ebene arbeiten können, muss sie zunächst aktiviert werden: Zeigen Sie mit der Maus auf den Ebenenrahmen und wenn der Mauszeiger die Form eines Fadenkreuzes annimmt, klicken Sie einmal.

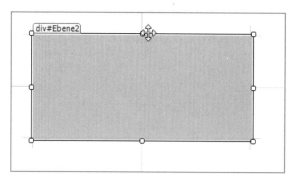

Bild 14.7: Markieren der Ebene

Dadurch werden die Ebenenrahmen hervorgehoben und die acht Anfasser angezeigt. Beachten Sie aber: Die Ebene wurde nicht aktiviert, sondern nur markiert.

Um mehrere Ebenen zu markieren, halten Sie die `Strg`-Taste gedrückt, während Sie die Ebenen nach und nach anklicken. Alternativ wählen Sie im Aufgabenbereich *Schichten* den betreffenden Namen aus.

Um eine Ebene zu aktivieren, klicken Sie auf eine beliebige Stelle innerhalb der Ebene. In diesem Fall erhalten Sie keine Auswahlgriffe, sondern der Cursor blinkt innerhalb der Ebene auf.

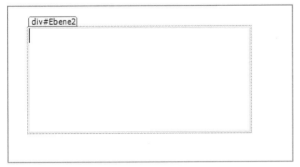

Bild 14.8: Aktivieren der Ebene

Ebenengröße ändern

Sie können eine Ebene auch verkleinern, vergrößern oder die Größe von mehreren Ebenen gleichzeitig ändern, um sie auf die gleiche Breite und Höhe einstellen.

Die Größe einer Ebene lässt sich ganz einfach durch Ziehen verändern: Wählen Sie die Ebene aus und bewegen Sie den Mauszeiger auf einen der Griffe. Wenn der Zeiger die Form eines Doppelpfeils annimmt, ziehen Sie einen der Größenänderungsgriffe in die gewünschte Größe.

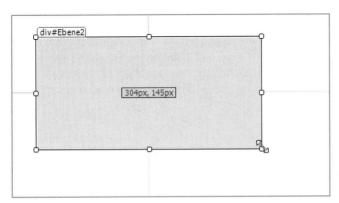

Bild 14.9: Die Größe der Ebene intuitiv verändern

Möchten Sie eine Ebene nur geringfügig in der Größe ändern, so drücken Sie die `Strg`-Taste und betätigen die entsprechende Pfeiltaste auf der Tastatur. Die Ebene vergrößert oder verkleinert sich nun pro Druck um ein Pixel in die gewünschte Richtung.

Möchten Sie mehrere Ebenen gleichzeitig ändern, dann markieren Sie die betreffenden Ebenen zuerst im Dokumentfenster. Wenn Sie jetzt einen Anfasser einer Ebene in eine bestimmte Richtung ziehen, reagieren die gleichfalls markierten Ebenen auf die gleiche Weise.

14.4   Ebenen verschieben

Um Ebenen zu verschieben, zeigen Sie einfach auf den Ebenenrand. Wenn der Mauszeiger wieder die Form des Fadenkreuzes annimmt, klicken Sie und verschieben die Maus bei gedrückter Maustaste an die gewünschte Position. Dort angekommen lassen Sie die Maus einfach los.

Um die Ebene punktgenau zu verschieben, betätigen Sie die entsprechende Pfeiltaste auf der Tastatur. Die Ebene bewegt sich nun pro Druck um ein Pixel in die gewünschte Richtung.

14.5   Ebenen ausrichten

Wenn Sie Ebenen positionieren, vergrößern oder verkleinern, ist das Gitternetz eine gute visuelle Hilfe. Wenn Sie die Einrastfunktion aktivieren, ordnet Expression Web 2 die Ebenen automatisch an der nächstgelegenen Einrastposition an, sodass das mitunter mühsame Ausrichten von Hand entfällt.

Um das Gitternetz anzuzeigen, klicken Sie auf die Menüreihenfolge *Ansicht / Lineal und Gitternetz / Raster anzeigen*.

Damit Ebenen an einem Raster einrasten, aktivieren Sie die Einrastfunktion. Diese Funktion finden Sie im Menü *Ansicht / Lineal und Gitternetz / Am Raster ausrichten*. Haben Sie diese Funktion aktiviert und ziehen eine ausgewählte Ebene, rastet diese Ebene an der nächsten Gitternetzposition ein, sobald Sie die Maustaste loslassen,

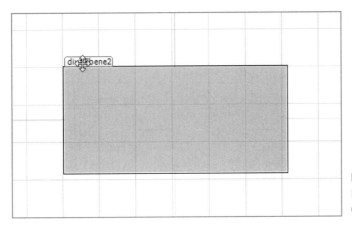

Bild 14.10:
Eine Ebene am
Gitternetz ausrichten

Um die Einrastvorgaben zu verändern, rufen Sie das Dialogfenster *Seitenoptionen* auf. Sie erhalten es, wenn Sie die Menüreihenfolge *Ansicht / Lineal und Gitternetz / Konfigurieren* anklicken.

Seiteneditoroptionen						? ✕
Allgemein	AutoMiniaturansicht	Standardschriftarten	Codeformatierung	CSS	Farbcodierung	
(Dokument)erstellung	Bild	Codeausschnitte	Lineal und Raster	IntelliSense	Schriftartfamilien	

Lineal- und Rastereinheiten: Pixel

Raster anzeigen

Abstand: 50,00

Linienart: Durchgezogen

Linienfarbe: Automatisch

Ausrichtung am Raster

Abstand: 5,00

Bild 14.11: Optionen für Lineal und Gitternetz

Hier legen Sie unter anderem den Abstand zwischen den Linien des Rasters im Feld *Abstand* fest. Möchten Sie mit einem anderen Maß als Pixel arbeiten, wählen Sie im darüber befindlichen Listenfeld *Lineal- und Gitternetzeinheiten* die gewünschte Maßeinheit aus. Es stehen Ihnen ferner *Zoll*, *Zentimeter* und *Punkte* zur Auswahl.

Stapelreihenfolge ändern

Wenn Sie mit mehreren Ebenen arbeiten, werden Sie diese zum Gestalten einsetzen. Da ist es hilfreich, dass Sie die Reihenfolge der Ebenen ändern können. Wenn Ebenen übereinander liegen, können Sie sich das wie Spielkarten vorstellen.

Diese Arbeiten führen Sie im Arbeitsbereich *Schichten* durch. Hier ändern Sie problemlos die Stapelreihenfolge der Ebenen. Die Ebene, die in der Liste der *Ebenen*-Palette ganz oben steht, befindet sich an der ersten Stelle der Stapelreihenfolge. Dabei zeigt der *Z*-Index die gegenwärtige Stapelreihenfolge an. Diese Reihenfolge können Sie nun ganz einfach durch Ziehen ändern. Dazu markieren Sie eine Ebene und ziehen sie nach oben oder unten an die gewünschte Position in der Stapelreihenfolge. Achten Sie dabei auf die Linie, die angezeigt wird, wenn Sie die Ebene verschieben. Befindet sich diese Linie in der Stapelreihenfolge an der gewünschten Position, lassen Sie die Maustaste los.

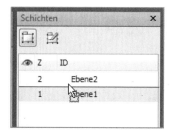

Bild 14.12: Ebenen anordnen

14.6   Ebeneneigenschaften

Ebenen lassen sich auf vielfältige Art und Weise verändern. Rufen Sie den Aufgabenbereich *Formatvorlagen verwalten* (Menü *Aufgabenbereiche*) auf und klicken Sie auf *Neue Formatvorlage*. Im folgenden Dialogfenster wählen Sie im Feld *Definieren in* das vorhandene Stylesheet *roller.css* auf und stellen im Feld *Auswahl* das Tag *layer* ein.

Rahmen

Ebenen lassen sich vielfältig gestalten. Wenn Rahmen und Schattierungen angesagt sind, klicken Sie auf die Kategorie *Randbereich* und nehmen die gewünschten Einstellungen vor. Wählen Sie beispielsweise im Listenfeld *border-style* einen Eintrag, etwa *inset*, aus.

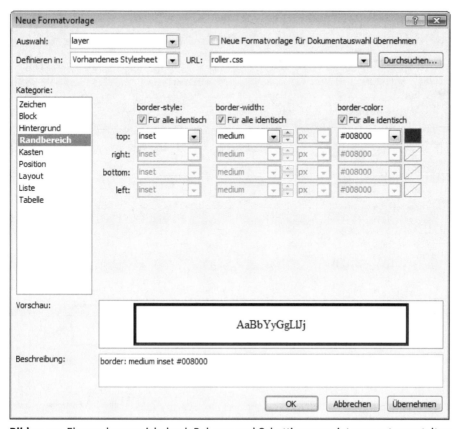

Bild 14.13: Ebenen lassen sich durch Rahmen und Schattierungen interessanter gestalten.

14.7 Positionierung

Zum Positionieren einer Ebene gibt es zwei interessante Möglichkeiten: *absolute* und *relative*. Diese Einstellungen nehmen Sie in der Kategorie *position* vor.

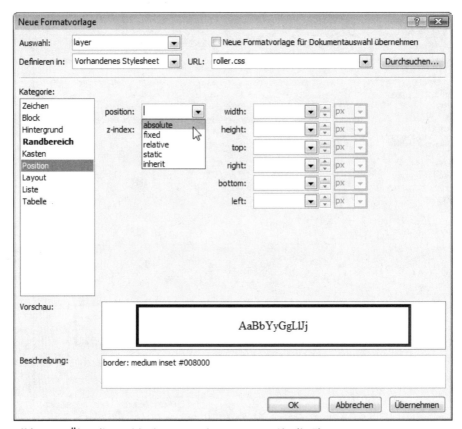

Bild 14.14: Über die Positionierungsoptionen passen Sie die Ebenen an.

Entscheiden Sie sich für *absolute*, beziehen sich die Angaben der X- und Y-Koordinaten auf die linke obere Ecke. Anders verhält es sich bei der Angabe *relative*: Diese Angaben beziehen sich auf die ursprüngliche Position des Objekts. Die Werte, die Sie dann eingeben, berechnen sich immer von dieser ursprünglichen Position aus.

14.8   Eigenschaften ändern mit Verhalten

Mithilfe von Ebenen und Verhalten lassen sich ansehnliche Effekte erzielen. Um das zu zeigen, gestalten Sie zunächst eine Seite, auf der eine interessante Information in einer Ebene untergebracht ist.

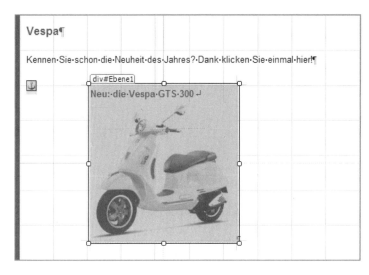

Bild 14.15: Eine Ebene mit einem Bild als Inhalt

Eigenschaften ändern

Damit ein Anwender erst auf den Text klicken muss, um als Ergebnis dieses Klicks eine entsprechende Information zu erhalten, darf die Ebene beim Laden der Seite zunächst nicht sichtbar sein. Dazu markieren Sie die Ebene und klicken im Aufgabenbereich *Schichten* einmal in Höhe der betreffenden Ebene auf das Augensymbol. Sobald es geschlossen dargestellt wird, ist die Ebene ausgeblendet.

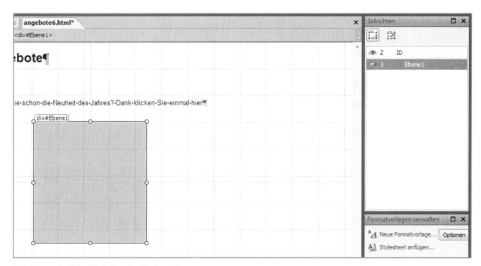

Bild 14.16: Die Sichtbarkeit der Ebene anpassen

Als optischer Hinweis wird die Ebene mit einer Hintergrundfarbe versehen und der Inhalt ist nicht mehr erkennbar. Jetzt benötigen Sie den Aufgabenbereich *Verhalten*, den Sie mit der gleichnamigen Menüfolge aufrufen und so das Arbeitsfeld mit dem Aufgabenbereich *Schichten* als Registerkarten anzeigen. Ganz oben finden Sie eine Schaltfläche mit der Beschriftung *Einfügen*, auf die es im Folgenden ankommt.

Bild 14.17: Das Arbeitsfeld *Verhalten*

Markieren Sie den Textbereich, ein Bild oder ein sonstiges Element, das mit dem Ereignis versehen werden soll, klicken Sie dann auf die Schaltfläche und wählen den Eintrag *Eigenschaft ändern* aus. Sie erhalten das gleichnamige Dialogfenster.

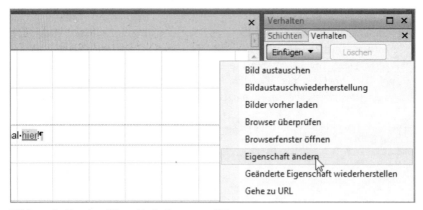

Bild 14.18: Das benötigte Verhalten auswählen

Hier aktivieren Sie zunächst die Option *Element auswählen* und stellen im Listenfeld *Element-ID* die Ebene ein, deren Verhalten Sie ändern wollen.

Bild 14.19:
Eigenschaften ändern

Klicken Sie dann auf die Schaltfläche *Sichtbarkeit*, denn die Aktion soll ja bewirken, dass sich diese Eigenschaft verändert. Wählen Sie deshalb im folgenden Dialogfenster die Option *Sichtbar* und bestätigen Sie mit *OK*.

Bild 14.20: Die Optionen
für die Sichtbarkeit

Im Feld *Eigenschaftsname* und *Eigenschaftswert* des Dialogfensters *Eigenschaft ändern* befindet sich nun ein Eintrag. Damit ist das Verhalten eingestellt.

Nun können Sie auch dieses Dialogfenster mit *OK* schließen.

Damit das Verhalten auch so reagiert, wie das ursprünglich geplant war, müssen Sie noch eine Kleinigkeit ändern: Im Aufgabenbereich *Verhalten* ist das Ereignis *onmouseover* eingestellt, d. h., die Ebene wird angezeigt, wenn der Anwender über die zuvor markierte Stelle mit der Maus fährt. Das widerspricht aber dem dort angezeigten Text. Klicken Sie auf das Ereignis mit der Maus. Daraufhin klappt ein Menü mit den möglichen Aktionen auf. Da hier auf ein Mausklicken reagiert werden soll, ist *onclick* die richtige Wahl.

Bild 14.21: Der vorgenommene Eintrag

Bild 14.22: Auswahl der Aktion

Wenn Sie jetzt die Seite im Browser betrachten, erscheint zunächst wieder nichts. Sobald Sie aber auf den Text klicken, wird die Ebene einschließlich Information eingeblendet.

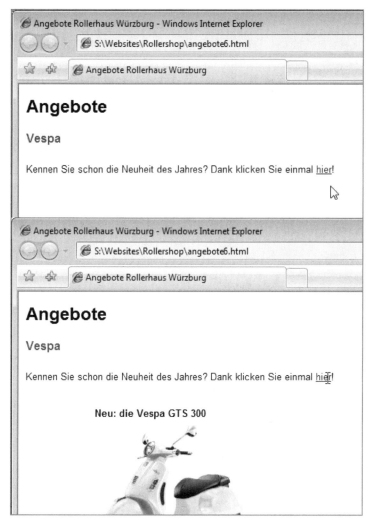

Bild 14.23: Mit einem Klick erscheint die Information (oben vorher, unten nachher).

Ebenentext

Ein weiterer interessanter Effekt ist, die Ebene mit Text zu versehen, der erst sichtbar wird, wenn der Anwender den Mauszeiger über sie bewegt. Markieren Sie die betreffende Ebene (*Ebene1*) und wählen Sie im Fenster *Verhalten* nach Klick auf die Schaltfläche *Einfügen* den Eintrag *Text festlegen / Ebenentext festlegen*.

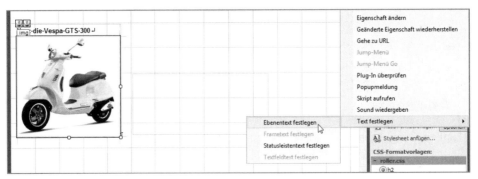

Bild 14.24: Das Verhalten auswählen

Im folgenden Fenster tragen Sie im Feld *Neues HTML* den Text ein, der in der Ebene erscheinen soll. Im Feld *Ebene* wählen Sie die Ebene (*Ebene 2*) aus, die erscheinen soll.

Bild 14.25: Dieser Text soll erscheinen.

Bestätigen Sie Ihre Wahl mit *OK*. Wenn Sie anschließend die Seite in den Browser laden und mit der Maus auf die erste Ebene klicken, sollte der korrekte Text erscheinen.

Dynamische Vorlagen

In diesem Kapitel lernen Sie, wie Sie Ihr Web mithilfe von sogenannten Templates erstellen, also mit vorgefertigten Bausteinen. Das ganze Grundgerüst dieser Seiten steht also und Sie müssen im Prinzip »nur noch« etwas Text eingeben.

15.1 Rasch eine Website mit Vorlagen erstellen

Sie möchten möglichst rasch Ihre erste Website unter Verwendung fertiger Vorlagen gestalten? Dann bietet Ihnen Expression Web 2 eine große Auswahl an vorgefertigten Vorlagen, mit denen Sie rasch zu einem professionellen Ergebnis kommen.

Dazu legen Sie zunächst eine Website an. Klicken Sie auf *Datei*, anschließend auf *Neu* und wählen Sie den Eintrag *Website*. Sie erhalten das Dialogfenster *Neu*, welches zwei Registerkarten beinhaltet: *Seite* und *Website*. Letztere ist durch Ihre Menüwahl bereits aktiviert.

Auf der linken Seite finden Sie drei Kategorien, im mittleren Bereich deren Inhalte und auf der rechten Seite eine Beschreibung. Für das rasche Erstellen wählen Sie die Kategorie *Vorlagen*. Klicken Sie beispielsweise die Vorlage *Kleinunternehmen 2* an.

 Tipp: Auf die vollen Möglichkeiten von Expression Web können Sie nur zugreifen, wenn Sie für jedes Projekt eine eigene Adresse vergeben. Das bedeutet, dass das Programm ein Verzeichnis für sämtliche Dateien (Texte, Bilder usw.) anlegt. Nur dadurch sind die vielen Funktionen des Programms überhaupt nutzbar, weil das Programm stets »weiß«, wo sich welche Datei befindet. Sie sollten deshalb – auch wenn es sich nur um eine einzige Seite handelt – für jedes Webprojekt eine eigene Adresse anlegen.

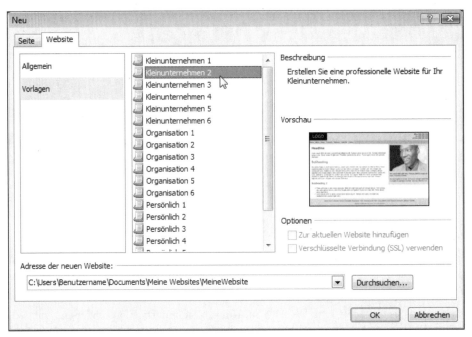

Bild 15.1: Der Ausgangspunkt Ihrer Website

Als Nächstes geben Sie die Adresse Ihrer neuen Website an. Standardmäßig speichert Expression Web 2 Dateien im Verzeichnis *C:\Users\Benutzername\Documents\Meine Websites\MeineWebsite*. Stellen Sie mithilfe der Schaltfläche *Durchsuchen*, die sich unterhalb des Felds *Adresse der neuen Website* befindet, Ihren bevorzugten Ordner ein. Haben Sie das getan, legen Sie mit einem Klick auf *OK* das Web an. Je nach Rechnergeschwindigkeit zeigt Expression Web 2 den Fortschritt in einem kleinen Hinweisfenster an und nach kurzer Zeit finden Sie sich im Hauptfenster wieder.

Sie befinden sich in der Ansicht *Website*, die die Struktur Ihrer Website anzeigt. Hier finden Sie neben einigen Ordnern auch die Datei *default.htm*, also die Startseite oder mithin das, was man als Homepage bezeichnet. Klicken Sie doppelt auf das kleine Symbol mit dem Häuschen, woraufhin die Seite angezeigt wird.

Bild 15.2: Schon ist das Web »fertig«.

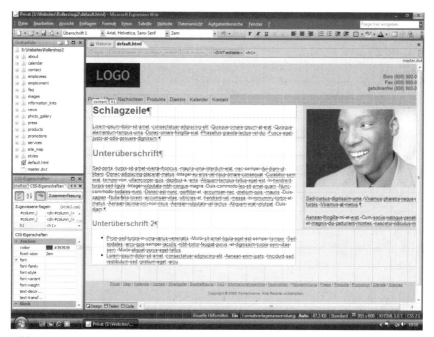

Bild 15.3: Die Homepage Ihres Internetauftritts

Texte austauschen

Nun können Sie die Texte austauschen, beispielsweise die Überschrift, indem Sie auf das Wort *Schlagzeile* doppelklicken. Überschreiben Sie dann die Markierung einfach mit Ihrem Wunschtext.

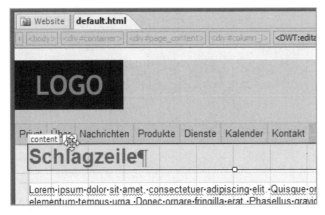

Bild 15.4: Überschrift überschreiben

Bild 15.5: Ein Dreifachklick markiert den gesamten Absatz.

Um den ersten Absatz zu überschreiben, markieren Sie ihn mit einem Dreifachklick. Anschließend betätigen Sie die [Entf]-Taste und geben den neuen Text ein.

Bild 15.6: Geben Sie dann Ihren Text ein.

Bilder tauschen

Als Nächstes tauschen Sie die Vorgabebilder aus. Ermitteln Sie zunächst deren Größe, um Ihre Bilder mit einer Bildbearbeitung an- und einzupassen. Dazu klicken Sie auf die betreffende Grafik. Im Aufgabenbereich *Tageigenschaften* finden Sie anschließend die benötigten Angaben. Im Feld *height* (Höhe) und *width* (Breite) lesen Sie die Angaben in Pixel ab und passen Ihre Grafik entsprechend an. Die Grafik selbst passen Sie nun über das Feld *src* an. Nach einem Klick in dieses Feld erscheint am rechten Rand eine kleine Schaltfläche mit drei Punkten, auf die Sie ebenfalls klicken. Dadurch öffnet sich das Dialogfenster *Datei auswählen*. Hier stellen Sie den Speicherort der einzufügenden Grafik ein und markieren diese (um Verzerrungen zu vermeiden, sollte diese Grafik die gleichen Ausmaße besitzen wie die Vorgabegrafik). Mit einem Klick auf *Öffnen* bestätigen Sie Ihre Wahl.

Nun ist die Grafik in Ihre Seite eingefügt, aber noch nicht Bestandteil Ihrer Webseite. Klicken Sie deshalb auf das Disketten-Symbol in der Symbolleiste oder drücken Sie [Strg] + [S]. Sie erhalten das Dialogfenster *Eingebettete Dateien speichern*. Nehmen Sie die Speicherung wie gewohnt vor.

Den Master anpassen

Was jetzt noch angepasst werden muss, ist der Navigationsbereich und die auf allen Seiten wiederkehrenden Elemente der Website. Dieser Bereich befindet sich in einer eigenen Datei mit dem Namen *master.dwt*.

site_map				
styles				
master.dwt	3KB	dwt	06.07.2008 10:08	Joyce10\Winfried
defau...html	5KB	html	06.07.2008 10:21	Joyce10\Winfried

Bild 15.7: In dieser Datei stecken Navigation und wiederkehrende Elemente.

Öffnen Sie diese Datei in der *Website* mit einem Doppelklick auf das Dateisymbol. Auch hier markieren Sie die betreffenden Passagen oder Wörter mit Ihrem eigenen Text. Bestandteile, die Sie nicht benötigen, wie etwa Schaltflächen oder Ähnliches, markieren und löschen Sie einfach.

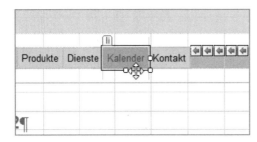

Bild 15.8: Diese Schaltfläche wird nicht benötigt.

Als Nächstes soll noch die Hintergrundfarbe eines Objekts geändert werden. Klicken Sie dazu auf den Rand des Objekts und suchen Sie im Aufgabenfeld *Tageigenschaften* den Eintrag *id*, den Sie anklicken. Im Aufgabenfeld *CSS-Eigenschaften* wählen Sie den Eintrag *Hintergrund* und hier das Feld *background-color*. Dieses ist für die Farbdarstellung verantwortlich.

Bild 15.9: Die markante Stelle für den Hintergrund

Nachdem Sie dieses Feld angeklickt haben, sehen Sie auf der rechten Seite einen Listen-pfeil, über den Sie eine kleine Farbauswahl öffnen. Im oberen Bereich finden Sie die Standardfarben und im unteren Teil die bereits im Dokument verwendeten Farben.

Bild 15.10: Stellen Sie die Farben ein.

Ist die gewünschte Farbe bereits auf dieser Liste, genügt ein Klick, um sie zu überneh-men. Ist das nicht der Fall, dann klicken Sie auf *Weitere Farben* und stellen die gewünschte Farbe über den Farbwähler ein. Um zu speichern, klicken Sie auf das Symbol *Speichern* oder betätigen Sie *Strg + S*.

Je nach Umfang Ihrer Arbeiten müssen nun noch einige Dateien angepasst werden, was Ihnen Expression Web 2 in einem Hinweisfenster anzeigt.

Bild 15.11: Es müssen noch einige Dateien angepasst werden.

Schließen Sie die Datei *master.dwt* an dieser Stelle und rufen Sie die Datei *default.htm* auf. Wie Sie deutlich sehen, sieht diese deutlich verändert aus. Alle Bestandteile des Masters werden nämlich auf diese Seite projiziert und geben ihr so ein einheitliches Aussehen.

Abschlussarbeiten

Nachdem die Arbeiten am Master abgeschlossen sind, widmen Sie sich den restlichen Seiten, die im Prinzip genauso wie oben gezeigt angepasst werden können. Darüber hinaus entfernen Sie die Seiten, die Sie in Ihrer Website nicht benötigen. In unserem Beispiel wird u. a. die Seite *faq* nicht verwendet und kann deshalb gelöscht werden. Dazu klicken Sie in der *Dateiliste* mit der rechten Maustaste auf den betreffenden Ordner und wählen aus dem Kontextmenü den Eintrag *Löschen*.

Bild 15.12: Eine Seite entfernen

15.2 Dynamische Vorlagen selbst erstellen

Es ist keine gute Idee, den Besucher der Website zu sehr zu verwirren. Deshalb sollten Sie auf ein einheitliches Erscheinungsbild achten. Ein probates Mittel, das zu erreichen, sind dynamische Vorlagen. Mit deren Hilfe legen Sie bearbeitbare Bereiche fest, die als Platzhalter für veränderbare Inhalte dienen. Der Vorteil: Erstellt man später von einer solchen Vorlage eine Webseite, so muss man lediglich Änderungen in diesen bearbeitbaren Bereichen vornehmen. Alle anderen Änderungen können dagegen von der dynamischen Webvorlage vorgenommen werden.

Rufen Sie die Menüfolge *Datei / Neu / Webseite* auf. Im folgenden Dialogfenster finden Sie in der Kategorie *Allgemein* den Eintrag *Dynamische Webvorlage*. Die angezeigte Vorlage enthält bereits einen solchen bearbeitbaren Bereich, den Sie durch Anklicken sichtbar machen und theoretisch auch verwenden können. In diesem Beispiel soll er aber entfernt werden. Betätigen Sie deshalb `Entf` und gestalten Sie zunächst die Seite mit den Elementen, die einheitlich bleiben sollen. Sind Sie fertig, speichern Sie die Vorlage unter einem Namen ab.

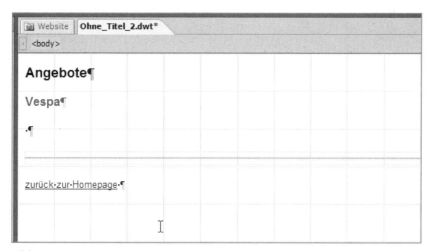

Bild 15.13: Gestalten der festen Elemente

Bearbeitbare Bereiche

Als Nächstes gilt es, die bearbeitbaren Bereiche festzulegen. Platzieren Sie dazu den Cursor an die Stelle, an der dieser Bereich eingefügt werden soll. Rufen Sie die Menüfolge *Format / Dynamische Webvorlage / Bearbeitbare Bereiche verwalten* auf und tragen Sie in das Feld *Bereichsname* einen ein.

Anschließend klicken Sie auf die Schaltfläche *Hinzufügen*, damit er in die Liste aufgenommen wird. Beenden Sie dann die Eingabe durch einen Klick auf *Schließen*. Nun wird der bearbeitbare Bereich angezeigt.

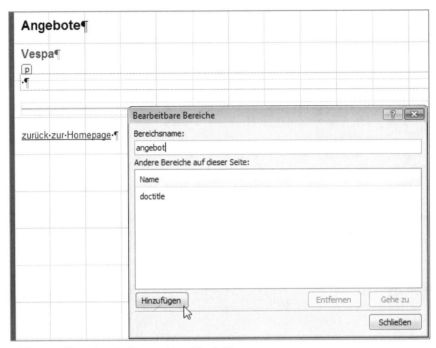

Bild 15.14: Einen bearbeitbaren Bereich einfügen

Neue Webseiten erstellen

Um anschließend aus dieser Vorlage neue Webseiten zu erstellen, klicken Sie lediglich in der Ordnerliste auf die Vorlage mit der rechten Maustaste und wählen aus dem Kontextmenü den Eintrag *Neu aus Dynamischer Webvorlage*.

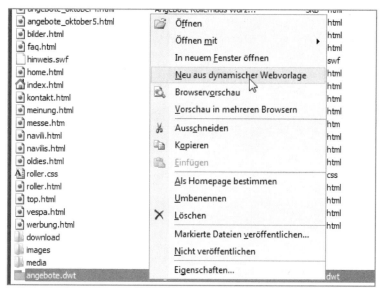

Bild 15.15: Die dynamische Webvorlage im Einsatz

Expression Web 2 erstellt nun eine neue Webseite. Diese weist zum einen die Besonder-heit auf, dass oben rechts der Vorlagenname steht, auf der sie basiert, und zum anderen wird der bearbeitbare Bereich durch einen orangen Rahmen angezeigt. Nur innerhalb dieses Rahmens können Sie nun Texte oder Sonstiges eingeben. Sobald Sie ihn verlassen, ändert sich der Mauszeiger und zeigt Ihnen an, dass Sie hier keine Bearbeitungen vor-nehmen können.

Die Website bekannt machen

Wenn Sie sich bis an diese Stelle durchgearbeitet haben, dann dürfte Ihre Website schon einen ziemlichen Umfang angenommen haben. Höchste Zeit also, sich etwas um die Organisation und die Öffentlichkeitsarbeit zu kümmern.

- Erfahren Sie, welche Kontrollmaßnahmen man einsetzen sollte, um Logik, Struktur und Funktionsweise der Website zu überprüfen.

- Verwenden Sie die eingebaute Aufgabenfunktion, damit Sie keine wesentlichen Dinge vergessen und eine unfertige Homepage ins Netz stellen.

- Spüren Sie Rechtschreib- und sonstige Fehler in Ihren Texten auf.

- Lernen Sie, wie man eine Website ins Internet bringt und einem möglichst großen Publikum bekannt macht.

16.1 Kontrollmaßnahmen

Eine optisch ansprechende Website zu erstellen ist das eine, eine (möglichst) fehlerfreie Seite dagegen das andere, denn leider verbergen sich viele Fehler auf Webseiten so gut, dass man sie erst spät oder gar nicht bemerkt. Sie können jedoch einige Vorarbeiten leisten und die gröbsten Schnitzer abfangen, wenn Sie folgende Regeln beachten:

- Überprüfen Sie alle Hyperlinks. Rufen Sie die einzelnen Seiten auf und gehen Sie alle Links durch. Dabei können Sie mit Ihrem Browser recht einfach überprüfen, ob Sie den Link schon getestet haben. Noch nicht aufgerufene Links stellt der Browser üblicherweise in blauer Farbe und unterstrichen dar, bereits aufgerufene Verweise erkennen Sie an der violetten Farbe. Überprüfen Sie auch alle Links ins Internet. Das Internet ist dynamisch. Seiten erscheinen und Seiten verschwinden. Deshalb sollten Sie regelmäßig solche Links überprüfen, damit Ihre Leser nicht in die Irre beziehungsweise Leere geführt werden. Das gilt auch für E-Mail-Adressen in Formularen. Füllen Sie ruhig einmal selbst ein Formular aus und lassen Sie sich das Ergebnis schicken.

- Durchforsten Sie Ihre Seiten auf Rechtschreibfehler. Dabei kann auch gleich ein Check auf Funktionalität und Logik Ihrer Seiten erfolgen. Bitten Sie ruhig einen

»kritischen« Freund darum. Das ist immer besser, als wenn Ihnen fremde Menschen entsprechende »Hinweise« geben.

● Testen Sie die Seiten sofort, nachdem Sie sie ins Internet gestellt haben. Sehr oft funktioniert erst an dieser Stelle etwas nicht und es wäre besser, wenn Sie das als Erster entdecken.

Hyperlinks

Sie können sich die in Ihrer Website enthaltenen Hyperlinks grafisch anzeigen lassen, um zu kontrollieren, welche Hyperlinks auf eine Seite zeigen und welche die Seite verlassen, und sie gegebenenfalls problemlos korrigieren.

▲ Hyperlinks grafisch anzeigen lassen

Markieren Sie zunächst in der Website die Datei *index.htm* und wechseln Sie dann in die Ansicht *Hyperlinks*. Dadurch erhalten Sie einen Überblick der Hyperlinks der gewählten Seite, die mittig angezeigt wird.

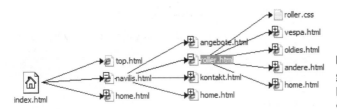

Bild 16.1: Mit der grafischen Darstellung können Sie die Logik der Struktur überprüfen.

Hyperlinks, die auf diese Seite verweisen (mit Ausnahme der Homepage), werden links davon angezeigt, solche, die von dieser Seite aus andere Adressen ansprechen, verzweigen nach rechts. Möchten Sie zusätzlich auch die Verknüpfungen zu den in den Webseiten enthaltenen Hyperlinks zu Bildern kontrollieren, dann klicken Sie mit der rechten Maustaste in einen freien Bereich der *Hyperlinks*-Ansicht und wählen Sie aus dem Kontextmenü den Eintrag *Hyperlinks zu Bildern*.

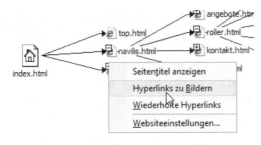

Bild 16.2: Auch Hyperlinks zu Bildern lassen sich anzeigen.

▲ Hyperlinks überprüfen

Diese Ansicht bietet Ihnen aber noch einen entscheidenden Vorteil. Expression Web 2 überprüft Ihre Hyperlinks und stellt automatisch fest, wenn ein Hyperlink unterbrochen ist. Das Programm zeigt Ihnen das durch einen unterbrochenen Pfeil an. Diese Funktion ist sehr praktisch, da Dateien verschoben oder gelöscht werden und sich Adressen im Internet ändern können. Die Folge: sogenannte »tote Links«. Deshalb ist es sinnvoll und wichtig, diese unterbrochenen Hyperlinks aufzuspüren und zu korrigieren. Expression Web 2 bietet Ihnen dafür das richtige Werkzeug.

Name	Anzahl	Größe	Beschreibung
Alle Dateien	58	1.249KB	Alle Dateien in der aktuellen Website
Bilder	25	187KB	Bilddateien in der aktuellen Website (GIF, JPG, BMP, etc.)
Unverknüpfte Dateien	29	1.140KB	Dateien in der aktuellen Website, die von der Homepage ausgehend nicht erreicht werden kön
Verknüpfte Dateien	29	110KB	Dateien in der aktuellen Website, die von der Homepage ausgehend erreicht werden können
Langsame Seiten	2	250KB	Seiten in der aktuellen Website, deren geschätzte Downloadzeit mehr als 30 Sekunden bei 56
Ältere Dateien	5	49KB	Dateien in der aktuellen Website, die seit mehr als 72 Tagen nicht mehr geändert wurden
Zuletzt hinzugefügte D...	56	380KB	Dateien in der aktuellen Website, die in den letzten 30 Tagen hinzugefügt wurden
Hyperlinks	98		Alle Hyperlinks in der aktuellen Website
Unüberprüfte Hyperlinks	4		Hyperlinks, die auf unbestätigte Zieldateien verweisen
Fehlerhafte Hyperlinks	2		Hyperlinks, die auf nicht verfügbare Zieldateien verweisen
Externe Hyperlinks	4		Hyperlinks, die auf Dateien außerhalb der aktuellen Website verweisen
Interne Hyperlinks	94		Hyperlinks, die auf andere Dateien innerhalb der aktuellen Website verweisen
Stylesheetverknüpfungen	18		Alle Stylesheet-Verknüpfungen in der aktuellen Website.
Dynamische Webvorlagen	0		Alle Dateien, die mit einer dynamischen Webvorlage verbunden sind.
Masterseiten	0		Alle Dateien, die einer Masterseite zugeordnet sind.

Bild 16.3: Die Berichte-Ansicht bietet eine reichhaltige Auswahl an Überprüfungsfunktionen.

Wechseln Sie dazu in die Ansicht *Berichte*. In dieser Ansicht finden Sie einen Bericht über Ihr aktuelles Web. Suchen Sie den Eintrag *Hyperlinks* und klicken Sie einmal darauf, um den Bericht *Hyperlinks* zu sehen. Expression Web 2 ist Ihr Web durchgegangen und hat alle Hyperlinks überprüft. Sind sie in Ordnung, versieht es sie mit einem kleinen grünen Haken und der Bemerkung *OK*. Sind sie dagegen unterbrochen, erkennen Sie das an dem gerissenen Kettenglied und der Bemerkung *Fehlerhaft*.

Um die vollständige Prüfung Ihrer Hyperlinks durchzuführen, benötigen Sie einen funktionierenden Internetzugang. Ist das nicht der Fall, werden Verbindungen ins Internet als *Fehlerhaft* gekennzeichnet.

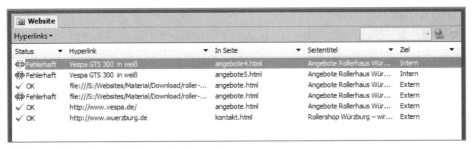

Bild 16.4: Sind da etwa Fehler aufgetreten?

Wollen Sie einen Fehler korrigieren, klicken Sie doppelt auf die entsprechende Zeile mit dem fehlerhaften Status und erhalten ein Dialogfenster.

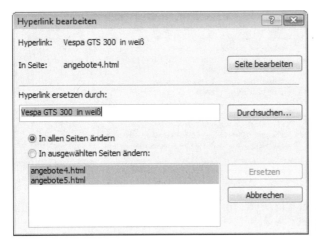

Bild 16.5: So leicht korrigiert man Fehler.

Hier können Sie im Feld *Hyperlink ersetzen durch* den korrekten Dateinamen eingeben beziehungsweise den fehlerhaften gegen einen anderen austauschen. Damit diese Korrektur auch in Ihrem gesamten Webauftritt durchgeführt wird, sollten Sie noch darauf achten, dass die Option *In allen Seiten ändern* aktiviert ist.

Downloadzeiten

Achten Sie auf akzeptable Downloadzeiten. Ein entscheidendes Kriterium für eine Webseite ist, in welcher Zeit sie auf einen Rechner geladen werden kann. Je länger dieser Vorgang dauert, umso größer ist die Gefahr, dass ein Besucher den Ladevorgang abbricht. Und denken Sie daran: Nicht jeder verfügt über einen (schnellen) DSL-Anschluss.

Bereits beim Gestalten Ihrer Seiten mit dem Programm können Sie die Größe der aktuellen Seite ausmachen. Diese Angaben finden Sie unten im Dokumentfenster.

Bild 16.6: Die aktuelle Downloadgröße der Webseite

Bei der Berechnung dieser Größe wird der gesamte Inhalt der Seite berücksichtigt, einschließlich aller verknüpften Objekte, wie beispielsweise Bilder und Plug-Ins. Aus diesen Angaben können Sie die ungefähre Downloaddauer berechnen. Dabei sollten Sie jedoch beachten, dass die tatsächliche Downloadzeit variieren kann. Sie richtet sich nach den allgemeinen Internetbedingungen. Und diese haben Sie als Webdesigner leider nicht im Griff. Werfen Sie auch einmal einen Blick in den Bericht der Website. Hier finden Sie unter anderem die Anzeige von langsamen Webseiten.

Website	home.html			
Websiteübersicht ▾				
Name		Anzahl	Größe	Beschreibung
Alle Dateien		58	1.249KB	Alle Dateien in der aktuellen Website
Bilder		25	187KB	Bilddateien in der aktuellen Website (GIF,
Unverknüpfte Dateien		29	1.140KB	Dateien in der aktuellen Website, die von
Verknüpfte Dateien		29	110KB	Dateien in der aktuellen Website, die von
Langsame Seiten		2	250KB	Seiten in der aktuellen Website, deren ge
Ältere Dateien		5	49KB	Dateien in der aktuellen Website, die seit
Zuletzt hinzugefügte D…		56	380KB	Dateien in der aktuellen Website, die in de
Hyperlinks		98		Alle Hyperlinks in der aktuellen Website

Bild 16.7: Anzeige langsamer Webseiten

Ein Klick auf diesen Hyperlink zeigt Ihnen diese Dateien explizit an. Insbesondere finden Sie hier die Angabe der Downloadzeiten bei einer Übertragung von 56 KB und Sie können darüber nachdenken, wie man diese schlanker machen könnte.

Website	home.html	
Langsame Seiten ▾		
Name ▾	Titel ▾	Downloadzeit ▾
index.html	Rollershop Würzburg	30 Sekunden
angebote2.html	Angebote Rollerhaus Wür…	42 Sekunden

Bild 16.8: Anzeige der Downloadzeiten

Rechtschreibprüfung

Selbstverständlich verfügt Expression Web 2 als moderner Webeditor auch über eine Rechtschreibprüfung. Bereits bei der Texteingabe kennzeichnet das Programm automatisch fehlerhafte Wörter mit einer roten Wellenlinie. Wenn Sie bereits mit Word gearbeitet haben, kennen Sie dieses Prinzip. Diese Wellenlinie zeigt Ihnen allerdings nur die Wörter, die das Programm nicht kennt.

Klicken Sie mit der rechten Maustaste auf ein derart gekennzeichnetes Wort, dann schlägt Ihnen das Programm mehr oder weniger sinnvolle Korrekturmöglichkeiten vor.

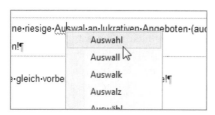

Bild 16.9: Rechtschreibung ist gar nicht einfach! ;-)

Trotzdem sollten Sie die Rechtschreibprüfung unbedingt vor der Publikation Ihres Webs einsetzen. Sie hilft Ihnen nämlich in jedem Fall, die schlimmsten Fehler zu vermeiden.

Das Programm verfügt dazu über eine sehr praktische Einrichtung, die Rechtschreibprüfung für das gesamte Web. Um diese durchzuführen, wechseln Sie in die Ansicht *Ordner* und wählen den Menüpunkt *Extras / Rechtschreibung* an. Daraufhin erscheint das Fenster *Rechtschreibung*. Da der gesamte Webauftritt des Reisebüros Fernweh überprüft werden soll, aktivieren Sie die Option *Gesamte Website*.

Bild 16.10: Am Besten überprüfen Sie Ihre gesamte Website.

Klicken Sie dann auf die Schaltfläche *Beginnen*. Expression Web 2 durchforstet nun Ihr gesamtes Web und liefert Ihnen als Ergebnis im Dialogfenster *Rechtschreibung* eine Liste mit den erkannten Fehlern. Mit einem Klick startet die Rechtschreibprüfung und Sie können Seite für Seite korrigieren.

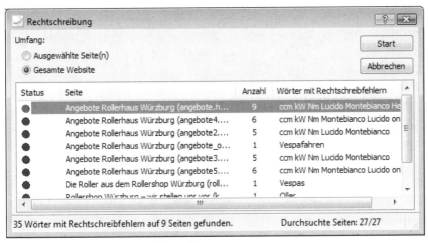

Bild 16.11: Oh je, da wartet Arbeit auf uns.

Suchen und Ersetzen

Je umfangreicher ein Web ist, desto länger kann es dauern, bis Sie einen bestimmten Begriff finden. In diesem Fall können Sie das Dialogfenster *Suchen* einsetzen, mit dessen Hilfe Sie den gesamten Webauftritt nach einem bestimmten Begriff durchsuchen und so die Seite finden, in der er steht.

Wechseln Sie dazu zunächst in die Ansicht *Ordnerliste* und achten Sie darauf, dass keine Datei markiert ist. Rufen Sie dann den Menüpunkt *Bearbeiten / Suchen* auf. In dem erscheinenden Dialogfenster befinden Sie sich bereits auf der Registerkarte *Suchen*.

Klicken Sie in das Feld *Suchen nach* und geben Sie den Suchbegriff ein. Anschließend sollten Sie noch den Suchbereich festlegen, und mit einem Klick auf die Schaltfläche *Auf Webseite suchen* geht es los.

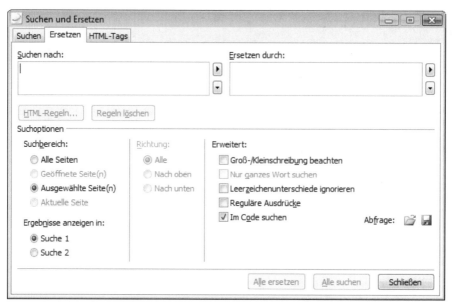

Bild 16.12: Rationeller arbeiten mit *Suchen und Ersetzen*.

Expression Web 2 durchsucht nun Ihr Web und präsentiert das Ergebnis in einer Liste der Seiten, die den gesuchten Begriff enthalten. Im Folgenden müssen Sie nur noch wie in der Rechtschreibprüfung verfahren. Doppelklicken Sie auf die Seite und sie wird zur Bearbeitung geöffnet.

16.2 Ein Web publizieren

Eine der meist gestellten Fragen in meinen Webdesignkursen ist an dieser Stelle, wie man nun diese Seiten »ins Internet« bekommt.

Mit Expression Web 2 ist das ganz einfach zu bewerkstelligen, denn das Programm bringt dazu alles mit, was Sie benötigen. Stehen Ihre Seiten und ist alles überprüft, dann stellen Sie diese wie folgt online: Rufen Sie zunächst den Menüpunkt *Datei / Web veröffentlichen* auf. Es erscheint das folgende Dialogfenster *Eigenschaften der Remotewebsite*.

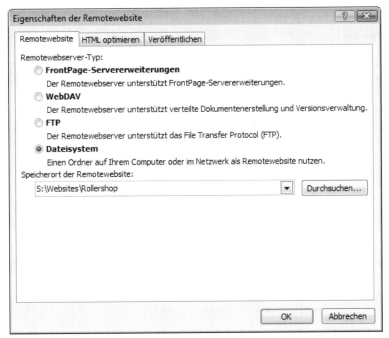

Bild 16.13: Hier müssen Sie sich entscheiden, wo Sie Ihre Seiten veröffentlichen wollen.

Wie Sie sehen, stehen Ihnen an dieser Stelle mehrere Möglichkeiten zur Verfügung, Ihr Web im Internet zu veröffentlichen:

- Sie können gleich die Vorgabe *Dateisystem* verwenden und die Website einmal testweise in einen Ordner auf Ihrem Computer veröffentlichen.

- Verwendet Ihr Webserver zur Übertragung das HTTP-Protokoll, dann verwenden Sie die Option *WebDAV* (Web-based Distributed Authoring and Versioning).

- Handelt es sich um einen gewöhnlichen FTP-Server, dann ist die Option *FTP* die richtige Wahl.

- Unterstützt Ihr Remotewebserver die *FrontPage-Servererweiterungen*, dann wählen Sie die erste Option.

 Um diese Option nutzen zu können, müssen auf dem Webserver die Front-Page-Servererweiterungen von Microsoft, SharePoint Team Services von Microsoft oder Microsoft Windows SharePoint Services installiert sein. Haben Sie Ihre Wahl durch Anwählen der Option getroffen, tragen Sie in allen Varianten den entsprechenden *Speicherort der Remotewebsite* in das Feld ein.

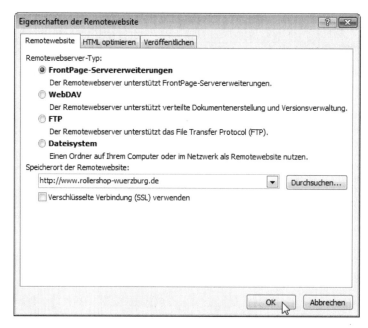

Bild 16.14: Geben Sie den Speicherort der Remotewebsite an.

Nachdem Sie mit *OK* bestätigt haben, werden Sie (außer bei der Variante *Dateisystem*) im folgenden Dialogfenster aufgefordert, Ihren Benutzernamen und das Kennwort einzugeben.

Bild 16.15: Angabe von Benutzername und Kennwort

Geben Sie die entsprechenden Daten ein und bestätigen Sie dieses Dialogfenster wieder mit *OK*. Im Folgenden erhalten Sie eine Liste aller Dateien, die veröffentlicht werden sollen. Klicken Sie dann auf *Website veröffentlichen*

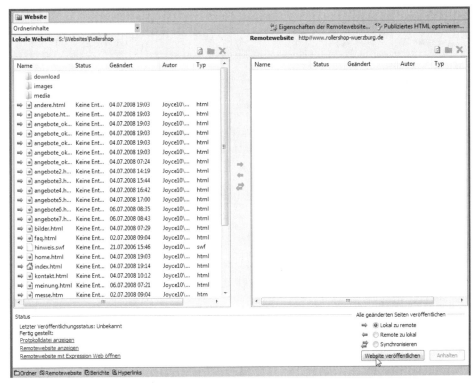

Bild 16.16: Die Verbindung zum Server steht.

Danach beginnt der Upload. Expression Web 2 kopiert nun alle Dateien auf Ihren Webserver und zeigt Ihnen einen Fortschrittsbalken im unteren Bereich des Fensters an.

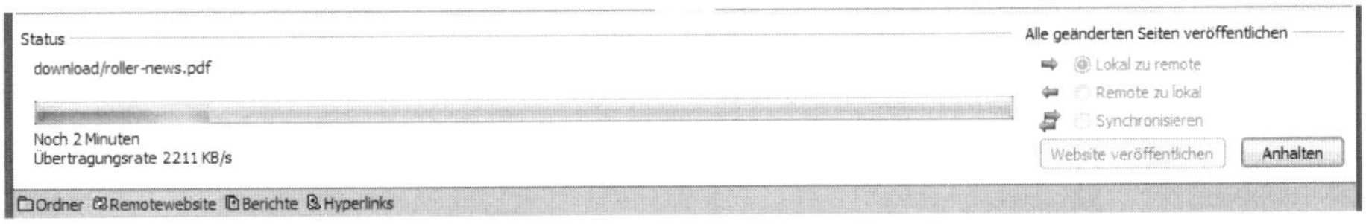

Bild 16.17: Der Upload hat begonnen.

Ist der Aufspielvorgang abgeschlossen, finden Sie unten rechts im Bereich *Status* einen entsprechenden Hinweis. Abschließend können Sie einen Vergleich zwischen den Dateien auf Ihrem PC und denen im Internet vornehmen.

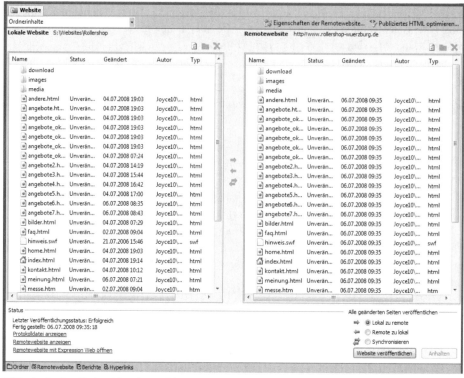

Bild 16.18: Der Upload ist abgeschlossen.

In diesem Fenster können Sie entweder gleich Ihre Webseite im Browser betrachten oder Sie sehen sich eine Protokolldatei (*Protokolldatei anzeigen*) an, der Sie entnehmen, welche Datei erfolgreich kopiert wurde. Mit einem Klick auf den Link *Remotewebseite anzeigen* können Sie gleich das Ergebnis im Browser betrachten.

Schließlich wählen Sie den Hyperlink *Remotewebsite mit Expression Web 2 öffnen* und führen Ihre Arbeiten gleich fort.

Ist Ihr Web veröffentlicht und alles zu Ihrer Zufriedenheit, trennen Sie die Internetverbindung wieder. Sind alle Arbeiten beendet, schließen Sie noch die Website über die Menüfolge *Datei / Site schließen.*

16.3   Ich bin im Netz – und nun?

Wenn die Website dann endlich im Internet steht, sollten Sie nicht die Hände in den Schoß legen und sich ausruhen, sondern verschiedene Folgemaßnahmen durchführen. Ein Internetauftritt lebt nämlich davon, dass Sie stets für Aktualität und Neues sorgen und so den Betrachtern einen Anreiz bieten, mal wieder bei Ihnen vorbeizuschauen.

Erzählen Sie es weiter ...

Ein wichtiger Punkt bei der Erstellung Ihrer Internetpräsenz ist daher die Frage, wie Ihre (zukünftigen) Leser Sie bei Bedarf überhaupt im Internet finden werden.

Wenn heutzutage jemand Ihren Internetauftritt sucht, dann kontaktiert er vermutlich eine Suchmaschine. Die logische Konsequenz ist, dass Sie Ihre Website in diese Maschinen eintragen müssen, zumal die Eintragungen in die Suchsysteme (noch) kostenlos sind.

Bevor es richtig losgeht, sollten Sie überlegen, welchen Suchdienst Sie in Anspruch nehmen wollen:

- Die *Robots* (auch *Spider* oder *Crawler* genannt: Bei den *Robots* müssen Sie nur Ihre Adresse bekannt geben, den Rest macht der Suchdienst alleine. Er besucht Ihre Seiten im Internet, sammelt alle Begriffe, die er auf Ihren Seiten finden kann, und legt sie in seiner Datenbank ab. Sie werden also bei diesen Suchdiensten mit allen Begriffen gefunden, die auf Ihren Seiten vorkommen.

- Die *Internetverzeichnisse* versuchen, Internetseiten bestimmten Themengebieten zuzuordnen und zu kategorisieren. Bei den meisten dieser Dienste können Sie Ihre Seiten mit kurzen Sätzen beschreiben. Dieser Text hat eine Doppelfunktion. Zum einen soll er Ihre Seite beschreiben, denn wenn Ihre Internetadresse als Suchergebnis erscheint, wird dieser Text als Information zu dieser Adresse angezeigt. Zum anderen sind die Begriffe, die in Ihrem Text vorkommen, auch die Suchbegriffe, anhand deren Ihre Seite gefunden werden kann.

Bevor Sie eine Eintragung vornehmen, sollten Sie einige Überlegungen anstellen. Zunächst einmal sollten Sie sich mit der Frage beschäftigen, wonach potenzielle Besucher eigentlich suchen, wenn sie Ihr Angebot finden sollen. Die Antwort dazu kann sehr vielfältig und unterschiedlich ausfallen, je nachdem, welchen Zweck Sie verfolgen. Finden Sie zunächst heraus, was Ihre Webseite besonders ausmacht, was sie hervorhebt. Schreiben Sie diese Punkte auf ein Blatt und gliedern Sie sie gegebenenfalls.

Ein Eintrag in die deutschen Suchmaschinen sollte obligatorisch sein. Keine Angst, es ist einfacher, als man am Anfang denkt. Der Eintrag selbst ist kostenfrei und erfordert lediglich ein wenig Zeitaufwand.

Auch wenn Sie ein rein deutsches Angebot ins Netz stellen, ist es durchaus sinnvoll, dieses auf den internationalen Suchmaschinen zu registrieren. Bedenken Sie, dass sehr viele Internetnutzer bei diesen Suchmaschinen Anfragen starten. Auch hier ist der Eintrag im Regelfall kostenlos.

Im Folgenden soll Ihnen der Eintrag am Beispiel einer der beliebtesten Suchmaschinen, *google.de*, aufgezeigt werden.

Normalerweise braucht man seine Website bei Google nicht anzumelden. Google arbeitet vielmehr nach dem Rankingprinzip und benötigt demzufolge Links von anderen Webseiten zu Ihrer Website. In diesem Fall wird das Indizierungs-Programm von Google Ihre Website früher oder später automatisch aufnehmen.

Und so gehen Sie vor: Zunächst einmal rufen Sie die Suchmaschine über die Adresse *http://www.google.com/intl/de/addurl.html* auf. Sie erhalten ein Eintragungsformular, welches Ihnen das Vorgehen erklärt.

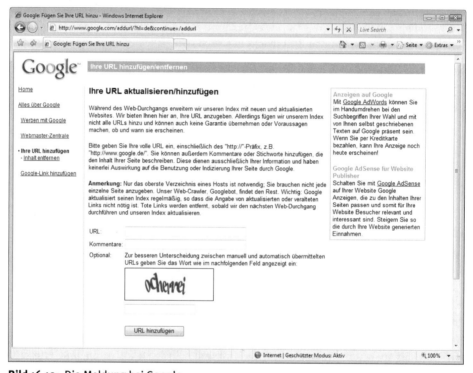

Bild 16.19: Die Meldung bei Google

Sicherlich sollten Sie Ihre Website nicht nur bei einer Suchmaschine anmelden. Doch es gibt generell keine Empfehlung, bei welcher Suchmaschine Sie sich (noch) eintragen sollten. Je mehr Sie jedoch von Ihrer Existenz berichten, desto besser.

Gibt es etwas Neues?

Mit einer Webseite ist es fast wie mit einer Tageszeitung. Sie muss ständig Neues bieten, damit sie gelesen wird. Nur aktuelle Informationen und Neuigkeiten ziehen die Leser in ihren Bann. Wer viele Leser haben möchte, der muss auch viel bieten.

Ein Hinweis, dass diese Seite zuletzt vor x Monaten aktualisiert wurde, ist darüber hinaus nicht gerade ein Anreiz, so schnell zu Ihrer Seite zurückzukehren.

Auch wenn es stark kribbelt, Sie sollten nicht unbedingt immer alle technischen Neuheiten auf Ihrer Seite bieten. So gibt es viele Besucher, die diese neuen Features (noch) nicht nutzen können, weil sie eben noch nicht die allerneueste Version der Browser auf ihrem System haben. Im günstigsten Fall werden diese Neuheiten nicht angezeigt und im schlimmsten Fall wird der Anwender vor lauter Fehlermeldungen nichts mehr sehen.

Stichwortverzeichnis